SIMULADOR DE RIESGO

Manual de Usuario en Español
(versión 2014 & y más reciente)

Johnathan Mun, Ph.D., MBA, MS, BS, CQRM, FRM, CFC, MIFC

Real Options Valuation, Inc.

Real Options Valuation, Inc.

Real Options Valuation, Inc.

4101F Dublin Blvd., Ste. 425

Dublin, California 94568 U.S.A.

Phone 925.271.4438 • Fax 925.369.0450

admin@realoptionsvaluation.com

www.risksimulator.com

www.realoptionsvaluation.com

TABLA DE CONTENIDOS

1. INTRODUCCIÓN

1.1 Bienvenido al Software
SIMULADOR DE RIESGO

El Simulador de Riesgo (Risk Simulator) es un software de simulación Monte Carlo, Pronóstico, y Optimización. El software está escrito en Microsoft .NET C# y funciona junto con Excel como un complemento. Este software también es compatible y a menudo usado con el software **Project Economics Analysis Toolkit (PEAT), Super Lattice Solver (SLS)** y el software **Employee Stock Options Valuation Toolkit (ESOV), ROV Compiler, ROV Extractor and Evaluator, ROV Dashboard, ROV BizStats, ROV Modeler, ROV Optimizer** y **ROV Valuator** también desarrollado por **Real Options Valuation, Inc.** Nótese que aunque se intentó ser detallado, el manual no es en lo absoluto un substituto del DVD de entrenamiento, los cursos de entrenamiento en vivo y los libros escritos por el creador del software (por ejemplo, Dr. Johnathan Mun, *Real Options Analysis*, 2nd Edition, Wiley Finance 2005; *Modeling Risk: Applying Monte Carlo Simulation, Real Options Analysis, Forecasting, and Optimization*, 3rd Edition, 2015; and *Valuing Employee Stock Options (2004 FAS 123R)*, Wiley Finance, 2004). Por favor visite nuestra página web en www.realoptionsvaluation.com para más información de estos productos.

El software **Simulador de Riesgo** tiene los siguientes módulos:

- Simulación Monte Carlo (corre simulaciones paramétricas y no paramétricas de 42 distribuciones de probabilidad con diferentes perfiles de simulación, simulaciones truncadas o correlacionadas, distribuciones personalizadas, simulaciones controladas en términos de precisión y error, y muchos otros algoritmos)

- Pronóstico (corre Box-Jenkins ARIMA, Regresión Múltiple, Extrapolación No Lineal, Procesos Estocásticos, y Análisis de Serie de Tiempo.)

- Optimización Bajo Incertidumbre (corre optimizaciones usando números enteros discretos y variables continuas para la optimización de portafolios, optimización de proyectos con y sin simulación).

- Modelación y Herramientas de Análisis (corre análisis de tornado, araña, y de sensibilidad, así como simulación de ajuste (bootstrap), pruebas de hipótesis, ajuste de distribución, etc.)

El software **SLS de Real Options** es usado para calcular el valor de opciones simples y complejas, y tiene la habilidad de crear modelos personalizados de opciones, que se pueden importar a hojas de trabajo Excel. El software **SLS de Real Options** tiene los siguientes módulos:

- Activo Único SLS (para resolución de opciones de abandono, selección, contracción, aplazamiento, opciones de expansión, tanto como para resolver necesidades personalizadas).

- Activo Múltiple y Múltiples Fases SLS (para resolver opciones multifase secuenciales, opciones con activos subyacentes y fases múltiples, combinación multifase-secuencial o con abandono, selección, contracción, aplazamiento, expansión, y opciones cambiantes; también puede ser usado para resolver opciones personalizadas).

- SLS Multinominal (para resolver opciones trinomiales de reversión a la media, opciones de difusión de salto tetranomial, y opciones de arco iris pentanomial).

- Funciones Agregadas a Excel (para resolver todas las opciones mencionadas arriba más otros modelos de forma exclusiva y con opciones ajustadas personalizadas en un ambiente basado en Excel).

1.2 Requisitos y Procedimientos de Instalación

Para instalar el software, siga las instrucciones en pantalla. Los Requisitos mínimos para este software son:

- Procesador Pentium IV o superior (Es recomendado un procesador Dual Core).

- Windows 7 o Windows 8 o Windows 10.

- Microsoft Excel 2007, 2010, 2013 o posterior.

- Microsoft .NET Framework 2.0/3.0.

- 500MB de espacio libre.

- 4GB RAM recomendado.

- Derechos administrativos para instalar el software.

La mayoría de las computadoras nuevas vienen con Microsoft .NET Framework ya pre instalado. Aun así, si aparece un mensaje de error requiriendo .NET Framework durante la instalación del **Simulador de Riesgo**, abandone la instalación. Entonces, instale el software .NET Framework 2.0 incluido en el CD (seleccione su idioma). Complete la instalación de .NET, reinicie el computador y entonces reinstale el software del **Simulador de Riesgo**.

Hay un archivo de licencia de prueba por 10 días que viene con el software. Para obtener una licencia empresarial completa, favor de contactar a Real Options Valuation, Inc. en admin@realoptionsvaluation.com o llame al +1 (925) 271-4438 o visite nuestro sitio web en www.realoptionsvaluation.com. Por favor visite este sitio web y de Click en DESCARGAR para obtener lo último en software, o de Click en el link FAQ para obtener cualquier información actualizada acerca de licencias o productos de instalación y accesorios.

1.3 Licencias

Si usted ha instalado el software y ha adquirido una licencia completa para usar el software, tendrá que enviarnos un e-mail con su Hardware ID (Identificación de Hardware) para que podamos generar un archivo de licencia para usted. Siga las siguientes instrucciones:

Para Windows 7/8/10 con Excel 2007/2010/2013:

- Primero, inicie Excel 2010/2013 dentro de Windows 7/8/10, vaya a la pestaña de menú del Simulador de Riesgo, de Click en el icono de **Licencia** o de Click **Simulador de Riesgo | Licencia**, copie y envíe vía e-mail su Identificación de Hardware (HARDWARE ID) de 11 a 20 dígitos alfanumérico (también puede seleccionar el Hardware ID y hacer una copia dando Click derecho o de Click en el e-mail del link del Hardware ID) a la siguiente dirección: admin@realoptionsvaluation.com. En el momento que hayamos obtenido este ID, una licencia permanente recién generada le será enviada vía e-mail. Una vez que obtenga este archivo de licencia, solo guárdelo en el disco duro. Inicie Excel y de Click en **Simulador de Riesgo | Licencia** o de Click en el icono de **Licencia** y de Click en **Instalar Licencia** y busque este nuevo archivo de licencia y acéptelo en el programa. Reinicie Excel y estará listo. El proceso completo le tomará menos de un minuto y entonces tendrá licencia completa para correr el software.

Una vez que se complete la instalación, inicie Microsoft Excel y si la instalación fue exitosa, usted debe ver una nueva pestaña *"Simulador de Riesgo"* adicional en la barra de menú en Excel XP/2003 o debajo del grupo ADD-IN (Agregado) en Excel 2007/2010/2013, y una nueva barra de iconos en Excel como se muestra en la Figura 1.2, indicando que el software está funcionando y cargando en Excel. La Figura 1.3 muestra también la barra de herramientas del Simulador de Riesgo. Si estos artículos existen en Excel, ya está listo para empezar a usar el software. Las siguientes secciones proveen instrucciones paso a paso acerca de cómo usar el software.

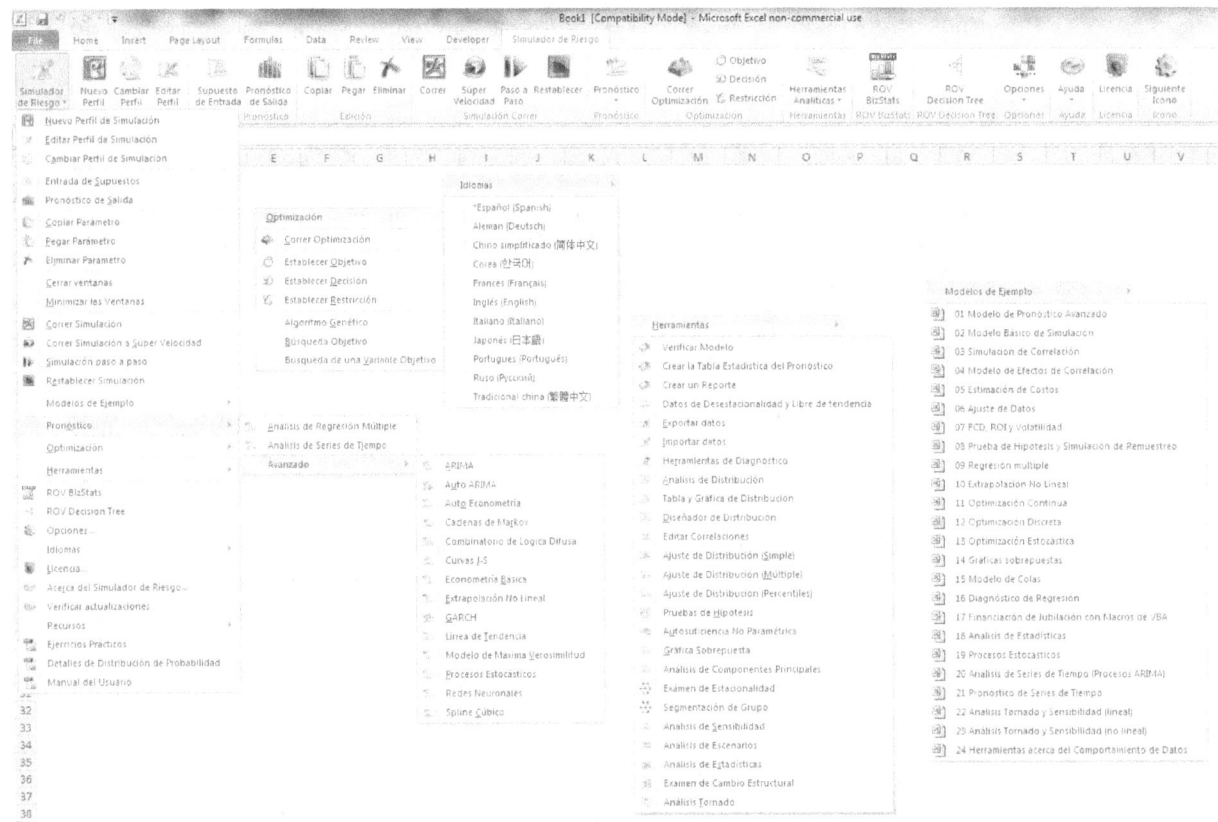

Figura 1.1 – Menú del Simulador de Riesgo y Barra de Iconos en Excel 2007/2010/2013

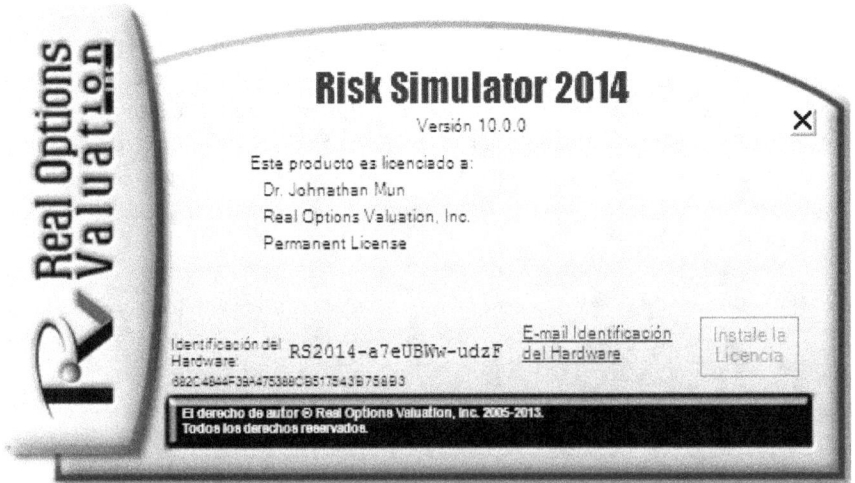

Figura 1.2 – Pantalla Inicial del Simulador de Riesgo

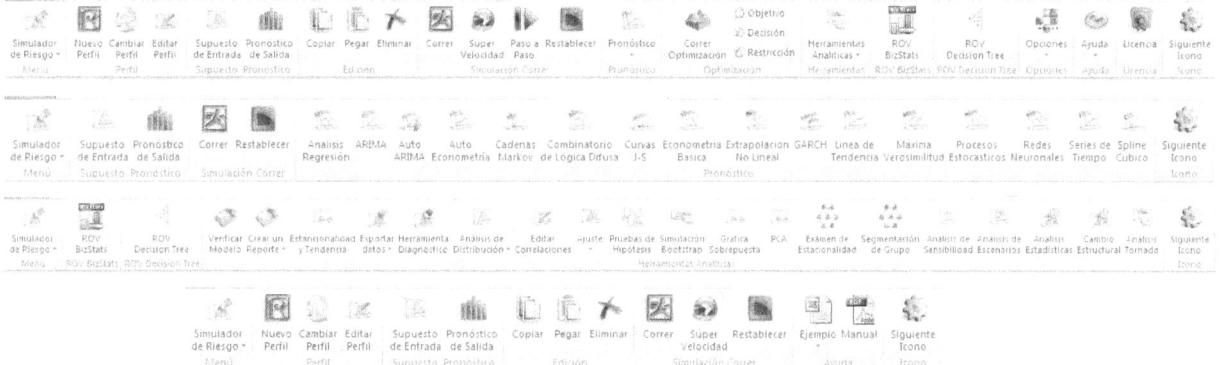

Figura 1.3 – Barra de Iconos de Herramientas del Simulador de Riesgo en Excel 2007/2010/2013

1.4 LO NUEVO EN LA VERSIÓN 2014

Lista completa de las capacidades del Simulador de Riesgo

A continuación se enumeran las principales capacidades de Risk Simulator, los elementos resaltados en rojo indican las últimas adiciones en la versión 2011/2012.

1.4.1 Capacidades Generales

1. Disponible en 12 idiomas: Inglés, Árabe, Francés, Alemán, Italiano, Japonés, Coreano, Portugués, Español, Chino Simplificado, Ruso, y Chino Tradicional.

2. El Árbol de Decisiones de ROV es utilizado para crear y evaluar modelos de árbol de estrategia. Metodologías avanzadas adicionales y herramientas de análisis también se encuentran incluidos:

    i. Modelos de Árbol de Decisiones

    ii. Simulación de Riesgo de Monte Carlo

    iii. Análisis de Sensibilidad

    iv. Análisis de Escenario

    v. Bayesiana (Actualización de Probabilidad Conjunta y Probabilidad Posterior)

    vi. Información del Valor Esperado

    vii. MINIMAX

    viii. MAXIMIN

    ix. Perfil de Riesgo

3. Libros: Teoría analítica, aplicación y casos de estudio con el apoyo de 10 libros.

4. Celdas comentadas: Control de comentarios con la decisión de visualizar o no, la explicación de los supuestos de entrada, pronósticos de salida y las variables de decisión.

5. Ejemplos de Modelos Detallados: 24 modelos de ejemplo en Risk Simulator y más de 300 modelos en Modeling Toolkit.

6. Reportes Detallados: Todos los análisis vienen con reportes detallados.

7. Manual del Usuario Detallado y un Manual del usuario pasó a paso.

8. Licencia Flexible: Capacidad de controlar la activación o desactivación de ciertas funciones para permitir al usuario personalizar de acuerdo a su experiencia en análisis en riesgo. Por ejemplo, si quien lo usa está interesado únicamente en el Módulo de Pronóstico del Simulador de Riesgo, puede obtener una licencia especial que únicamente active esa herramienta, mientras los otros módulos se desactivan, lo que le permitirá ahorros en el costo en la adquisición del software.

9. Requerimientos flexibles: El software trabaja con Windows 7/8/10; integrado con Excel 2013, 2010, 2007; compatible con sistemas operativos MAC que corren con esquema virtual.

10. Gráficos y colores totalmente personalizados: Tipos de gráficos manejables, en 3D, en color y mucho más.

11. Ejercicios prácticos: Con guía paso a paso para su ejecución con el Simulador de Riesgo, incluyendo la interpretación de resultados.

12. Múltiple copiado y pegado de celdas: Permite, que los supuestos, las variables de decisión y los pronósticos puedan ser copiados y pegados.

13. Perfiles: Permiten que múltiples perfiles puedan ser creados en un Modelo simple (Diferentes escenarios de Modelos de Simulación pueden ser creados, duplicados, editados y ejecutados en un Modelo Simple).

14. Iconos Revisados en Excel 2010/2013: Una barra de herramientas completamente revisada, intuitiva y amigable. Habrá cuatro conjunto de iconos que se adaptan a las diferentes resoluciones de pantalla (1280 x 720 y superiores).

15. Acceso rápido con el Click Derecho: Acceso a todas las herramientas del Simulador de Riesgo y los respectivos menús usando el Click Derecho del Mouse.

16. Integración del software ROV: Funciona bien con otro software ROV, incluyendo Real Options SLS, Modeling Toolkit, la herramienta de Basilea, el compilador, el extractor, el evaluador, el modelador, el valorador, el optimizador y el panel ROV, incluyendo el ESO Valuation Toolkit, y otros.

17. Funciones de RS en Excel: Inserta funciones de RS para supuestos y pronósticos con el botón derecho en Excel.

18. Troubleshooter: Esta herramienta le permite activar de Nuevo el software, verificar los requisitos del sistema, obtener la identificación del software y otros.

19. Análisis de Súper Velocidad: Esta nueva velocidad ejecuta pronósticos y otras herramientas de análisis a una velocidad increíble (Mejorada en la versión en la versión 5.2). El análisis y los resultados permanecen igual pero ahora los cálculos y los reportes son generados rápidamente.

20. Recursos Web, Casos de Estudio y Videos: Descarga de modelos gratis, obtener videos, casos de estudio, documentos técnicos y otros materiales desde nuestro sitio Web.

1.4.2 Módulo de Simulación

21. 6 generadores de números aleatorios: Generador Sustractor Avanzado ROV, generador sustractor aleatorio, generador de producción aleatoria de largo periodo, generador portable de producción aleatoria, generador veloz IEEE Hex, generador básico portátil.

22. 2 métodos de muestreo: Monte Carlo e Hypercubo Latino

23. 3 Correlaciones tipo Cópula: Aplicación de Cópula normal, Cópula T y Cópula cuasi-normal para simulaciones correlacionadas.

24. 42 distribuciones de probabilidad: Arco seno, Bernoulli, Beta, Beta 3, Beta 4, Binomial, Cauchy, Chi.cuadrado, Coseno, Personalizada, Uniforme Discreta, Doble Logaritmo, Erlang, Exponencial, Exponencial 2, Distribución F, Gamma, Geométrica, Gumbel máxima, Gumbel Mínima, Hipergeométrica, Laplace, Logística, Lognormal (aritmética) y Lognormal (log), Lognormal 3 (aritmética) y Lognormal 3 (log), Binomial Negativa, Normal, Parabólica, Pareto, Pascal, Pearson V, Pearson VI, PERT, Poisson, Power, Power 3, Rayleigh, T y T2, Triangular, Uniforme, Weibull, Weibull 3.

25. Parámetros alternativos: Se usan percentiles como una alternativa de introducción de parámetros.

26. Distribución Personalizada No Paramétrica: Haga sus propias distribuciones, corra simulaciones históricas y aplique el método Delphi

27. Distribución Truncada: permite límites en los datos.

28. Funciones Excel: Poner supuestos y pronósticos usando funciones en Excel

29. Simulación Multidimensional: Simulación de parámetros de entrada inciertos.

30. Control de Precisión: Determina si el número de ensayos dentro de la simulación fue suficiente.

31. Simulador de Súper Velocidad: Corre 100.000 ensayos en pocos segundos.

1.4.3 Módulo de Pronóstico

32. ARIMA: Modelo autorregresivo integrado de media móvil ARIMA (P,D,Q)

33. Auto ARIMA: Ejecuta las combinaciones más comunes de ARIMA y escoge la que más se ajusta.

34. Auto Econometría: Corre miles de combinaciones y permutaciones para escoger el modelo que mejor se ajusta a los datos existentes (Lineal, No lineal, relacional, intervalo, lead, tasa, diferencia)

35. Econometría Básica: Modelos de regresión lineales, no lineales y de interacción

36. Spline Cubico: Interpolación y Extrapolación no lineal

37. GARCH: proyecciones de volatilidad usando modelos de heterosticidad condicional auto regresivos; GARCH, GARCH-M, TGARCH, TGARCH-M, EGARCH, EGARCH-T, GJR-GARCH y GJR-TGARCH

38. Curva J: Curvas exponenciales J

39. Variables Dependientes Limitadas: Logit, Probit, y Tobit

40. Cadenas Markov: Dos elementos que compiten sobre el tiempo y el mercado compartiendo pronósticos.

41. Regresión Múltiple: regresiones lineales regulares y no lineales con metodologías paso a paso (adelante, atrás, correlación, adelante-atrás)

42. Extrapolación No lineal: Pronóstico no lineal de series de tiempo.

43. Curva S: Curva S Logística

44. Análisis de Series de Tiempo: 8 modelos de series de tiempo para niveles de pronóstico, tendencias y estacionalidades.

45. Pronóstico combinatorio de Lógica Difusa

46. Pronóstico de Redes Neuronales: lineal, logística, tangente hiperbólica, coseno con tangente hiperbólica

47. Líneas de Tendencia: Pronóstico y ajuste mediante polinomios, lineales, No lineales, logarítmicos, de potencia, exponenciales y de media móvil con bondad de ajuste.

1.4.4 Módulo de Optimización

48. Optimización lineal: Optimización multifase y optimización general lineal.

49. Optimización No Lineal: resultados detallados que incluyen la matriz Hessiana, las funciones de LaGrange y más.

50. Optimización Estática: Ejecuciones rápidas para números enteros, continuos y las ejecuciones binarias.

51. Optimización Dinámica: Simulación y Optimización

52. Optimización Estocástica: Criterios de convergencia, cuadrática, tangencial, central, etc.

53. Frontera Eficiente: Combinaciones de optimización estocástica y dinámica con fronteras de eficiencia multivariadas.

54. Algoritmos genéticos: usado para una gran variedad de problemas de optimización.

55. Optimización Multifase: Pruebas locales frente a un Óptimo Global lo que permite un mejor control de cómo se ejecuta la optimización y aumenta la precisión y la dependencia de los resultados.

56. Percentiles y Media Condicional: Estadísticas adicionales para la optimización estocástica, que incluye percentiles y la media condicional fundamentales para calcular el valor condicional en las medidas de riesgo.

57. Algoritmo de búsqueda: simples, rápidos y eficientes algoritmos de búsqueda para las variables de decisión y las aplicaciones de buscar objetivo.

58. Simulación de súper velocidad en las optimizaciones dinámicas y estocásticas: Corre la simulación a súper velocidad mientras se integra con la optimización.

1.4.5 Módulo de Herramientas Analíticas

59. Evaluar el modelo: Encuentra los errores más comunes en su modelo.

60. Editor de correlación: Permite efectuar grandes matrices de correlación las cuales se introducen directamente y se editan.

61. Crear informe: Genera automáticamente los supuestos y los pronósticos en un modelo.

62. Crear reporte de Estadísticas: Genera un reporte comparativo de estadísticas de todos los reportes.

63. Diagnósticos de datos: corre pruebas de heterosticidad, micronumerosidad, valores extremos, no linealidad, autocorrelación, normalidad, esfericidad, no estacionalidad, multicolinealidad y correlaciones.

64. Extracción y Exportación de Datos: Extrae datos a Excel o archivos planos y archivos del Simulador de Riesgo, corre reportes estadísticos y pronostica reportes de resultados.

65. Datos abiertos e importación: Recupera anteriores resultados de una simulación.

66. Desestacionalidad y No tendencia: Desestacionaliza y le quita la tendencia a sus datos.

67. Análisis de Distribución: Hace cómputo exacto en PDF, CDF, ICDF, de las 42 probabilidades de distribución y genera tablas de probabilidad.

68. Diseñador de Distribución: Crea sus propias distribuciones.

69. Ajuste de Distribución Múltiple: Corre múltiples variables simultáneamente, da cuenta de las correlaciones y de su importancia.

70. Ajuste de Distribución simple: Hace pruebas de Kolmogorov-Smirnov y Chi-Cuadrado en Distribuciones continuas, con un completo reporte y supuestos de distribución.

71. Prueba de Hipótesis: Prueba si dos pronósticos son estadísticamente similares o no.

72. Simulación no paramétrica: Simulación de estadísticas para obtener precisión y exactitud en los resultados.

73. Gráficas Sobrepuestas: Gráficos totalmente, personalizados de superposición de supuestos y pronósticos en conjunto (tipos de gráfico CDF, PDF, 2D/3D)

74. Análisis de componentes principales: Prueba la variable que mejor predice y reduce, así gran cantidad de datos.

75. Análisis de Escenarios: Cientos y Miles de escenarios en dos dimensiones.

76. Prueba de Estacionalidad: Pruebas para varios rezagos en la estacionalidad.

77. Segmentación de Conglomerados: Datos en grupos estadísticos, para la segmentación de datos.

78. Análisis de Sensibilidad: Sensibilidad dinámica (Análisis simultáneo)

79. Prueba de quiebres estructurales: Prueba si las series de tiempo han tenido cambios estructurales.

80. Análisis Tornado: sensibilidad de perturbaciones estáticas, el análisis tornado y araña, y las tablas de escenario.

1.4.6 Módulo de estadísticas y BizStats

81. Ajuste de distribución por percentil: Usa percentiles y optimización para encontrar el mejor ajuste de distribución.

82. Gráficos y tablas de Distribución de probabilidad: corre 45 distribuciones de probabilidad en sus cuatro momentos, CDF, ICDF, PDF, emite gráficos, sobrepone múltiples gráficos y genera tablas de distribución de probabilidad.

83. Análisis estadístico: Estadística descriptiva, ajuste de distribución, histogramas, gráficos, extrapolación no lineal, prueba de normalidad, parámetros de estimación estocásticos, pronóstico de series de tiempo, proyecciones de líneas de tendencia, etc.

84. Estadísticas de negocios ROV: cerca de 130 estadísticas de negocio y modelos analíticos:

Absolute Values, ANOVA: Randomized Blocks Multiple Treatments, ANOVA: Single Factor Multiple Treatments, ANOVA: Two Way Analysis, ARIMA, Auto ARIMA, Autocorrelation and Partial Autocorrelation, Autoeconometrics (Detailed), Autoeconometrics (Quick), Average, Combinatorial Fuzzy Logic Forecasting, Control Chart: C, Control Chart: NP, Control Chart: P, Control Chart: R, Control Chart: U, Control Chart: X, Control Chart: XMR, Correlation, Correlation (Linear, Nonlinear), Count, Covariance, Cubic Spline, Custom Econometric Model, Data Descriptive Statistics, Deseasonalize, Difference, Distributional Fitting, Exponential J Curve, GARCH, Heteroskedasticity, Lag, Lead, Limited Dependent Variables (Logit), Limited Dependent Variables (Probit), Limited Dependent Variables (Tobit), Linear Interpolation, Linear Regression, LN, Log, Logistic S Curve, Markov Chain, Max, Median, Min, Mode, Neural Network, Nonlinear Regression, Nonparametric: Chi-Square Goodness of Fit, Nonparametric: Chi-Square Independence, Nonparametric: Chi-Square Population Variance, Nonparametric: Friedman's Test, Nonparametric: Kruskal-Wallis Test, Nonparametric: Lilliefors Test, Nonparametric: Runs Test, Nonparametric: Wilcoxon Signed-Rank (One Var), Nonparametric: Wilcoxon Signed-Rank (Two Var), Parametric: One Variable (T) Mean, Parametric: One Variable (Z) Mean, Parametric: One Variable (Z) Proportion, Parametric: Two Variable (F) Variances, Parametric: Two Variable (T) Dependent Means, Parametric: Two Variable (T) Independent Equal Variance, Parametric: Two Variable (T) Independent Unequal Variance, Parametric: Two Variable (Z) Independent Means, Parametric: Two Variable (Z) Independent Proportions, Power, Principal Component Analysis, Rank Ascending, Rank Descending, Relative LN Returns, Relative Returns, Seasonality, Segmentation Clustering, Semi-Standard Deviation (Lower), Semi-Standard Deviation (Upper), Standard 2D Area, Standard 2D Bar, Standard 2D Line, Standard 2D Point, Standard 2D Scatter, Standard 3D Area, Standard 3D Bar, Standard 3D Line, Standard 3D Point, Standard 3D Scatter, Standard Deviation (Population), Standard Deviation (Sample), Stepwise Regression (Backward), Stepwise Regression (Correlation), Stepwise Regression (Forward), Stepwise Regression (Forward-Backward), Stochastic Processes (Exponential Brownian Motion), Stochastic Processes (Geometric Brownian Motion), Stochastic Processes (Jump Diffusion), Stochastic Processes (Mean Reversion with Jump Diffusion), Stochastic Processes (Mean Reversion), Structural Break, Sum, Time-Series Analysis (Auto), Time-Series Analysis (Double Exponential Smoothing), Time-Series Analysis (Double Moving Average), Time-Series Analysis (Holt-Winter's Additive), Time-Series Analysis (Holt-Winter's Multiplicative), Time-Series Analysis (Seasonal Additive), Time-Series Analysis (Seasonal Multiplicative), Time-Series Analysis (Single Exponential Smoothing), Time-Series Analysis (Single Moving Average), Trend Line (Difference Detrended), Trend Line (Exponential Detrended), Trend Line (Exponential), Trend Line (Linear Detrended), Trend Line (Linear), Trend Line (Logarithmic Detrended), Trend Line (Logarithmic), Trend Line (Moving Average Detrended), Trend Line (Moving Average), Trend Line (Polynomial Detrended), Trend Line (Polynomial), Trend Line (Power Detrended), Trend Line (Power), Trend Line (Rate Detrended), Trend Line (Static Mean Detrended), Trend Line (Static Median Detrended), Variance (Population), Variance (Sample), Volatility: EGARCH, Volatility: EGARCH-T, Volatility: GARCH, Volatility: GARCH-M, Volatility: GJR GARCH, Volatility: GJR TGARCH, Volatility: Log Returns Approach, Volatility: TGARCH, Volatility: TGARCH-M, Yield Curve (Bliss), and Yield Curve (Nelson-Siegel).

2. SIMULACIÓN
MONTE CARLO

La simulación Monte Carlo, nombrada así por famosa capital mundial del juego de Mónaco, es una metodología muy potente. Para los practicantes, la simulación abre la puerta para resolver problemas difíciles y complejos, pero prácticos con gran facilidad. Monte Carlo crea futuros artificiales al generar miles e incluso millones de caminos de resultados y observar sus características prevalentes. Para los analistas en una compañía, tomar cursos superiores de matemáticas avanzadas no es solo lógico o práctico. Un analista brillante usaría todas las herramientas disponibles a su disposición para obtener la misma respuesta en la manera más fácil y práctica posible. Y en todos los casos, cuando la modelación se hace correctamente, la simulación de Monte Carlo provee respuestas similares a la mayoría de los métodos matemáticamente elegantes. Así que, ¿qué es una simulación Monte Carlo y cómo funciona?

2.1 Qué es una simulación Monte Carlo?

Una simulación Monte Carlo en su forma más simple es un generador de números aleatorios que es útil para análisis de pronóstico, estimación y riesgo. Una simulación calcula numerosos contextos o escenarios de un modelo al escoger repetidamente valores de una *distribución de probabilidad* de un usuario predefinido para las variables inciertas y usando esos valores como insumo para el modelo. Ya que todos esos contextos producen resultados asociados en un modelo, cada contexto puede tener un *pronóstico*. Los *pronósticos* son eventos (usualmente con fórmulas o funciones) que usted define como salidas importantes del modelo. Estas usualmente son eventos tales como totales, ganancia neta, o gasto bruto.

De una manera muy sencilla, piense en el enfoque de la simulación Monte Carlo como sacar pelotas de golf de una gran canasta repetidamente con reemplazo. La medida y forma de la canasta depende del **supuesto de entrada** de distribución (por ejemplo, una distribución normal con una media de 100 y una desviación estándar de 10, contra una distribución uniforme o distribución triangular) donde algunas canastas son más profundas o más simétricas que otras, permitiendo que ciertas pelotas sean sacadas más frecuentemente que otras. El número de pelotas sacadas repetidamente depende del número de **intentos** simulados. Para un modelo grande con múltiple supuestos relacionados, imagine que el modelo grande es una canasta muy grande, donde varias canastas bebé residen. Cada canasta bebé tiene su propio conjunto de pelotas de golf que están rebotando alrededor. Algunas veces estas canastas bebés están tomadas de las manos unas con otras (si hay una *correlación* entre las variables) y las pelotas de golf están rebotando en parejas mientras que otras están rebotando independientemente una de otra. Las pelotas que son escogidas cada vez tienen interacciones dentro del modelo (la gran canasta central) son tabuladas y registradas, dando un resultado de *salida de pronóstico* de la simulación.

2.2 Comenzando con el Simulador de Riesgo

2.2.1 Una Mirada de Alto Nivel del Software

El software de *Simulador de Riesgo* tiene variadas y diferentes aplicaciones incluyendo la simulación Monte Carlo, Pronóstico, Optimización y Herramientas de Análisis Estadístico.

- La aplicación de la simulación le permite correr simulaciones en sus modelos basados en Excel ya existentes, generar pronósticos de simulación (distribuciones de resultados), ejecutar ajustes de distribución (encontrando automáticamente el mejor ajuste de distribución estadístico), computar correlaciones (mantener relaciones entre variables), identificar sensibilidades (creando gráficos de tornado y sensibilidad), también como correr simulaciones personalizadas y no paramétricas (simulaciones usando datos históricos sin especificar ninguna distribución o sus parámetros).

- La aplicación de pronóstico puede ser usada para generar pronósticos econométricos Box-Jenkins ARIMA, pronósticos de serie de tiempo automáticos (con estacionalidad y tendencia), regresiones multivariadas (regresiones lineales y no lineales), extrapolaciones no lineales (ajuste de curva), y procesos estocásticos (paseos aleatorios, reversiones a la media, procesos de salto de difusión).

- La aplicación de optimización se usa para optimizar múltiples enteros discretos, continuos, y variables de decisión mezcladas sujetas a restricciones para maximizar o minimizar un objetivo, y puede ser ejecutada ya sea como una optimización estática, optimización dinámica u optimización estocástica bajo incertidumbre junto con la simulación de Monte Carlo, y se puede aplicar para resolver optimizaciones lineales y no lineales.

- El *Super Lattice Solver* de *Real Options* es otro software separado que complementa el Simulador de Riesgo, es usado para resolver desde problemas simples hasta problemas complejos de opciones reales.

2.2.2 Correr una Simulación Monte Carlo

Básicamente, para correr una simulación en su modelo Excel, tiene que ejecutar los siguientes pasos:

1. Inicie un perfil de simulación o abra un perfil ya existente

2. Defina el supuesto de entrada en las celdas relevantes

3. Defina el pronóstico de salida en las celdas relevantes

4. Corra la simulación

5. Interprete los resultados

Si lo desea, y para efectos de práctica, abra el archivo de ejemplo llamado Modelo Básico de Simulación y siga el ejemplo para crear una simulación. El archivo de ejemplo se puede encontrar ya sea en el menú de inicio en **Inicio | Programas | Real Options Valuation | Simulador de Riesgo | Ejemplos** o directamente a través de **Simulador de Riesgo | Modelos de Ejemplo.**

Empezando un Nuevo Perfil de Simulación

Para empezar una nueva simulación, primero necesitará crear un perfil de simulación. Un perfil de simulación contiene un conjunto completo de instrucciones de cómo le gustaría correr la simulación, es decir, todos los supuestos, pronósticos, correr preferencias, y así sucesivamente. Tener perfiles facilita crear múltiples contextos de simulación. Es decir, usando los mismos modelos exactos se pueden crear varios perfiles, cada uno con sus propias y específicas propiedades y Requisitos de simulación. La misma persona puede crear diferentes contextos de prueba usando diferentes supuestos y entradas de distribución o varias personas pueden probar sus propios supuestos y salidas en el mismo modelo.

- **Inicie Excel** y cree un nuevo modelo o abra uno ya existente (puede usar el ejemplo de *"Modelo Básico de Simulación"*)

- De Click en **Simulador de Riesgo** y seleccione Nuevo Perfil de Simulación

- Especifique un título para su simulación así como toda información pertinente (Figura 2.1)

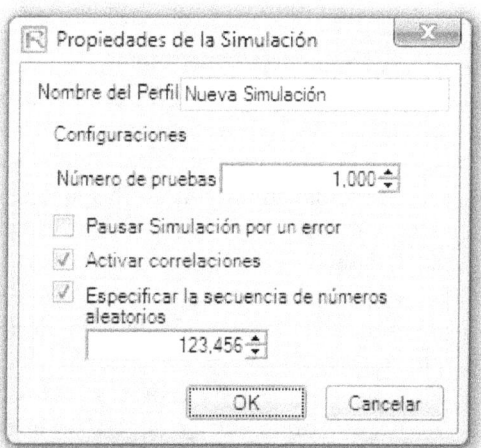

Figura 2.1 – Nuevo Perfil de Simulación

- **Título**: Especificar un título de simulación le permite crear múltiples perfiles de simulación en un solo libro de Excel. Esto significa que ahora puede guardar diferentes perfiles de contexto de simulación dentro del mismo modelo sin tener que borrar supuestos ya existentes y cambiarlos cada vez que se requiera un nuevo contexto de simulación. Usted siempre puede cambiar el nombre del perfil más tarde (**Simulador de Riesgo | Editar Perfil**).

- **Número de intentos**: Aquí es donde el número de intentos de simulación requerido se ingresa. O sea, correr 1,000 intentos significa que 1,000 repeticiones de salidas basadas en los supuestos de entrada se generarán. Usted puede cambiar esto cuando desee pero la entrada tiene que ser entero positivo. El número por default de corridas es de 1,000 intentos. Puede usar el control de precisión y error para automáticamente ayudar a determinar cuántos intentos de simulación correr (vea la sección de control de precisión y error para más detalles).

- **Pausar en un error de simulación**: Si se selecciona, la simulación se detiene cada vez que se encuentra un error en el modelo de Excel. Esto es, si su modelo encuentra un error de computación (por ejemplo, algunos valores de entrada generados en un intento de simulación podrían tener como resultado un error por tener un valor dividido por cero en una de sus celdas, la simulación se detiene. Esto es importante para ayudar a auditar su modelo para asegurarse que no haya errores computacionales en su modelo Excel. Sin embargo, si usted está seguro de que su modelo funciona, entonces no hay necesidad que se verifique está preferencia.

- **Activar correlaciones**: Si selecciona, las correlaciones entre supuestos de entrada en parejas serán computadas. De otra manera, las correlaciones serán establecidas a cero y una simulación se corre asumiendo que no hay correlaciones cruzadas entre los supuestos de entrada. Como un ejemplo, aplicar correlaciones darán resultados más exactos si realmente las correlaciones existen, y tendrá una tendencia a obtener una confiabilidad de pronóstico más baja si existen correlaciones negativas. Después de activar las correlaciones, puede establecer los coeficientes de correlación relevantes más tarde en cada supuesto generado (vea la sección de correlaciones para más detalles).

- **Especificar una secuencia de número aleatorio:** por definición, la simulación producirá resultados ligeramente diferentes cada vez que una simulación se ejecute. Esto es en virtud de la rutina de generación de números aleatorios en la simulación de Monte Carlo y es un hecho teórico en todos los generadores de números aleatorios. No obstante, al hacer presentaciones, algunas veces podría requerir los mismos resultados (especialmente cuando el reporte que se presenta muestra un conjunto de resultados y durante una presentación en vivo quisiera presentar los mismos resultados que se están generando, o cuando está compartiendo modelos con otros y quisiera que los mismos resultados se obtengan cada vez), entonces verifique está preferencia e ingrese un número de semilla inicial. El número semilla puede ser cualquier entero positivo. Usando el mismo valor semilla inicial, el mismo número de intentos, y los mismos supuestos de entrada, la simulación siempre producirá la misma secuencia de números aleatorios, garantizando el mismo conjunto de resultados final.

Note que una vez que un nuevo perfil de simulación ha sido creado, puede regresar más tarde y modificar estas selecciones. Para hacerlo, asegúrese que el perfil activo actualmente es el perfil que desea modificar, de otra manera, de Click en **Simulador de Riesgo | Cambiar Perfil de Simulación**, seleccione el perfil que desea cambiar y de Click en **OK** (la figura 2.2 muestra un ejemplo donde hay perfiles múltiples y como activar el perfil seleccionado). Entonces de Click en **Simulador de Riesgo |**

Editar Perfil de Simulación y haga los cambios requeridos. También puede duplicar o renombrar un perfil ya existente.

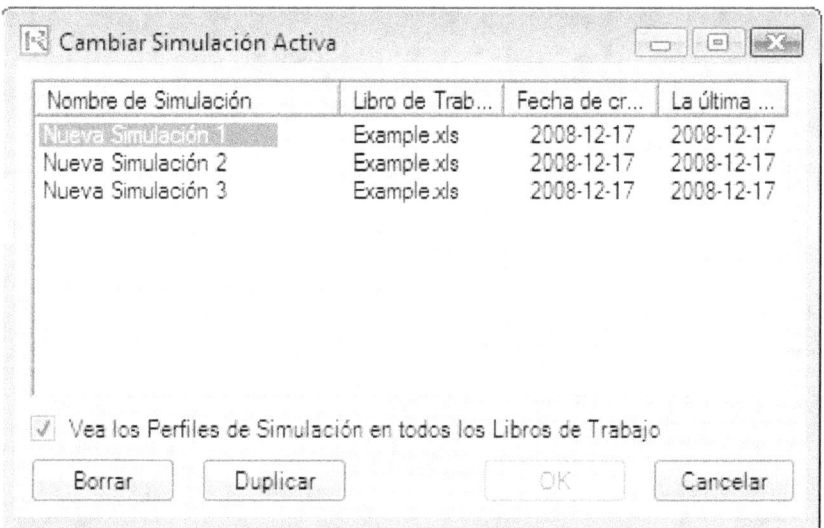

Figura 2.2 – Cambiar Simulación Activa

Definir Supuestos de Entrada

El paso siguiente es establecer los supuestos de entrada en su modelo. Note que los supuestos solo pueden ser asignados a celdas sin ninguna ecuación o función, es decir, valores numéricos escritos que son entradas en un modelo, en vista que los pronósticos de salida solo pueden ser asignados a celdas con ecuaciones y funciones, es decir, salidas de un modelo. Recuerde que los supuestos y pronósticos no pueden ser establecidos al menos que un perfil de simulación ya exista. Ejecute lo siguiente para establecer nuevos supuestos de entrada en su modelo:

- Asegúrese que exista un Perfil de Simulación, o abra un perfil ya existente, inicie un nuevo perfil (**Simulador de Riesgo | Nuevo Perfil de Simulación**)

- Seleccione la celda en la que desee establecer un supuesto (por ejemplo, celda G8 en el ejemplo Modelo de Simulación Básico)

- Haga Click en **Simulador de Riesgo | Entrada de Supuestos** o de Click en el tercer icono en la barra de iconos de herramientas en el Simulador de Riesgo

- Seleccione la distribución que desee e ingrese los parámetros de distribución relevantes y presione **OK** para insertar el supuesto de entrada en su modelo (Figura 2.3)

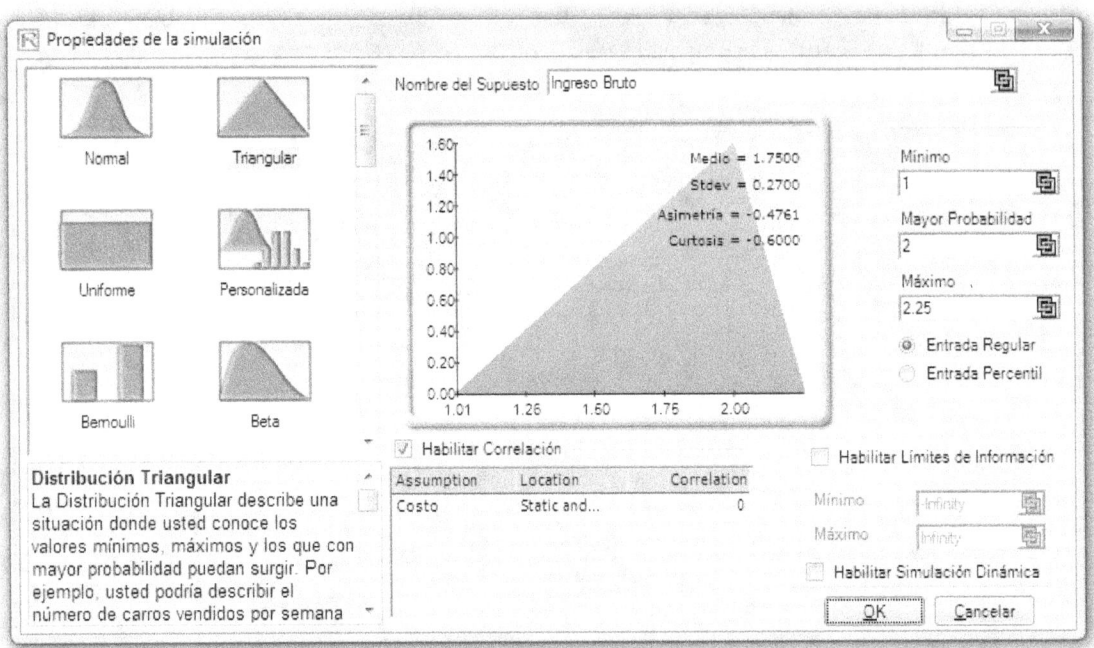

Figura 2.3 – Establecer un Supuesto de Entrada

Note que en las Propiedades de Supuesto, hay varias áreas clave dignas de mencionar. La Figura 2.4 muestra las diferentes áreas:

- **Nombre de Supuesto:** Esta es un área opcional que le permite ingresar nombres únicos para que los supuestos ayuden a rastrear lo que cada supuesto representa. Una buena práctica en modelación es usar nombres de supuestos cortos pero precisos.

- **Galería de Distribución:** Esta área a la izquierda muestra todas las diferentes distribuciones disponibles en el software. Para cambiar las vistas, de Click a la derecha en cualquier lugar de la galería y seleccione iconos grandes, iconos pequeños, o lista. Hay más de dos docenas de distribuciones disponibles.

- **Parámetros de Entrada:** Dependiendo de la distribución seleccionada, se muestran los parámetros relevantes requeridos. Usted puede, ya sea, ingresar los parámetros directamente o vincularlos a celdas específicas en su hoja de trabajo. Codificar o escribir los parámetros es útil cuando se asume que los parámetros de supuesto no cambian. Ligar a las celdas de la hoja de trabajo es útil cuando los parámetros de entrada necesitan ser visibles o puedan ser cambiados (de Click en el icono de link 🔲 para ligar un parámetro de entrada a una celda de la hoja de trabajo).

- **Límite de Distribución:** Estos no son usados típicamente por el analista promedio pero existen para truncar los supuestos dentro de la distribución. Por ejemplo, si se selecciona una distribución normal, los límites teóricos se encuentran entre infinito negativo e infinito positivo. Sin embargo, en la práctica, la variable simulada solo existe dentro de algún rango más pequeño y este rango puede entonces ser ingresado para truncar la distribución apropiadamente.

- **Correlaciones:** Las correlaciones en pares pueden ser asignadas a supuestos de entrada. Si los supuestos son requeridos, recuerde verificar la preferencia *Encender Correlaciones* al dar Click en **Simulador de Riesgo | Editar Perfil de Simulación**. Vea la discusión en correlaciones más tarde en este capítulo para más detalles de cómo asignar correlaciones y los efectos que las correlaciones tendrán en un modelo. Note que usted puede, ya sea, truncar una distribución o correlacionarla a otro supuesto pero no ambos efectos.

- **Descripciones Cortas:** Estas existen para cada distribución en la galería. Las descripciones cortas explican cuando una cierta distribución es usada así como los Requisitos de parámetro de entrada. Vea la sección en *Entender Distribuciones de Probabilidad para Simulación de Monte Carlo* para detalles en cada tipo de distribución disponibles en el software.

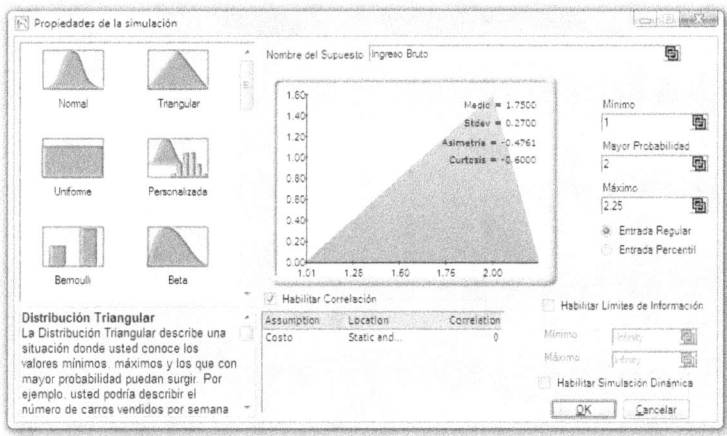

Figura 2.4 – Propiedades de un Supuesto

Nota: Si usted está siguiendo el ejemplo, continúe estableciendo otro supuesto en la celda G9. Está vez use la distribución Uniforme con un valor mínimo de 0.9 y un valor máximo de 1.1. Entonces proceda a definir el pronóstico de salida en el siguiente paso.

Definir Pronósticos de Salida

El siguiente paso es definir pronósticos de salida en el modelo. Los pronósticos solo pueden ser definidos en celdas de salida con ecuaciones o funciones. Lo siguiente describe el proceso para establecer pronósticos:

- Seleccione la celda en la que desea establecer el supuesto (por ejemplo, celda G10 en el ejemplo Modelo de Simulación Básico)

- De Click en **Simulador de Riesgo** y seleccione **Pronóstico de Salida** o de Click en el cuarto icono en la barra de iconos de herramientas en el Simulador de Riesgo (Figura 1.3)

- Ingrese la información relevante y de **OK**

La figura 2.5 ilustra el conjunto de propiedades para establecer un pronóstico.

- **Nombre de Pronóstico:** Especifique el nombre de la celda de pronóstico. Esto es importante porque cuando se tiene un modelo grande con múltiple celdas de pronóstico, el nombrar las celdas de pronóstico individualmente le permite acceder a los resultados correctos rápidamente. No subestime la importancia de este simple paso. Una buena práctica en modelación es usar nombres de supuestos cortos pero precisos.

- **Precisión de Pronóstico:** En vez de confiar en un cálculo aventurado de cuantos intentos correr en su simulación, puede precisar o establecer controles de error y precisión. Cuando una combinación de error-precisión ha sido alcanzada en la simulación, la simulación pausará e informará de la precisión lograda, haciendo del número de intentos de simulación un proceso automatizado y no requiere estimaciones o conjeturas en el número requerido de intentos para simular. Revise la sección de control de precisión y error para detalles más específicos.

- **Mostrar Ventana de Pronóstico:** Le permite al usuario mostrar o no una ventana de pronóstico en particular. El default es mostrar siempre una gráfica de pronóstico.

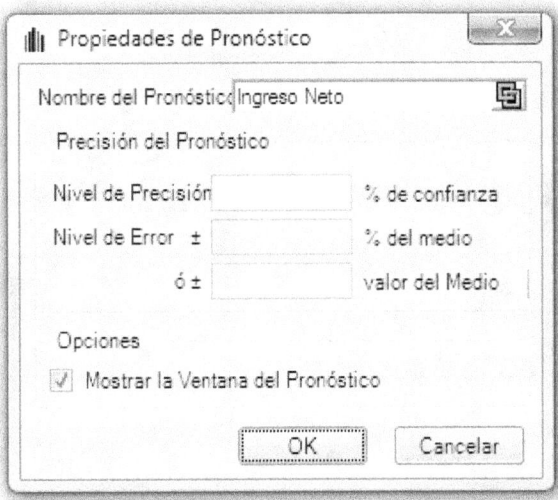

Figura 2.5 – Establecer un Pronóstico de Salida

Correr una Simulación

Si todo se ve bien, solo de Click en **Simulador de Riesgo | Correr Simulación** o de Click en el icono **Correr** (el octavo icono en la barra de herramientas del Simulador de riesgo) y la simulación procederá. Usted puede también restablecer una simulación después que ésta haya corrido para volver a correrla (**Simulador de Riesgo | Restablecer Simulación** o el décimo icono en la barra de herramientas), o para pausarla durante una corrida. También, la función *paso a paso* (**Simulador de Riesgo | Simulación Paso a Paso** o el noveno icono en la barra de herramientas) le permite simular un solo intento, uno a la vez, útil para educar a otros en simulación (es decir, usted puede mostrar cada intento, todos los valores de los supuestos están siendo reemplazados y el modelo entero es recalculado cada vez).

Interpretar los Resultados de Pronóstico

El paso final en la simulación Monte Carlo es interpretar las gráficas de pronóstico resultantes. Las figuras 2.6 a la 2.13 muestran las gráficas de los pronósticos y las estadísticas correspondientes generadas después de correr una simulación. Típicamente, lo siguiente es importante, ya que se interpretan los resultados de una simulación:

- **Gráfica de Pronóstico:** La gráfica de pronóstico mostrada en la Figura 2.6 es un histograma de probabilidad que muestra los cálculos de frecuencia de valores ocurriendo en el número total de intentos simulados. Las barras verticales muestran la frecuencia de un valor x particular ocurriendo en un número total de intentos, mientras la frecuencia acumulativa (línea uniforme) muestra el total de probabilidades de todos los valores en y debajo de x ocurriendo en el pronóstico.

- **Estadísticas de Pronóstico:** Las estadísticas de pronóstico mostradas en la Figura 2.7 resumen la distribución de los valores de pronóstico en términos de los cuatro momentos de una distribución. Vea la sección *Entendiendo las Estadísticas de Pronóstico* para más detalles en cuanto a que significan estas estadísticas. Puede rotar entre el histograma y la pestaña de estadísticas al presionar la barra correspondiente.

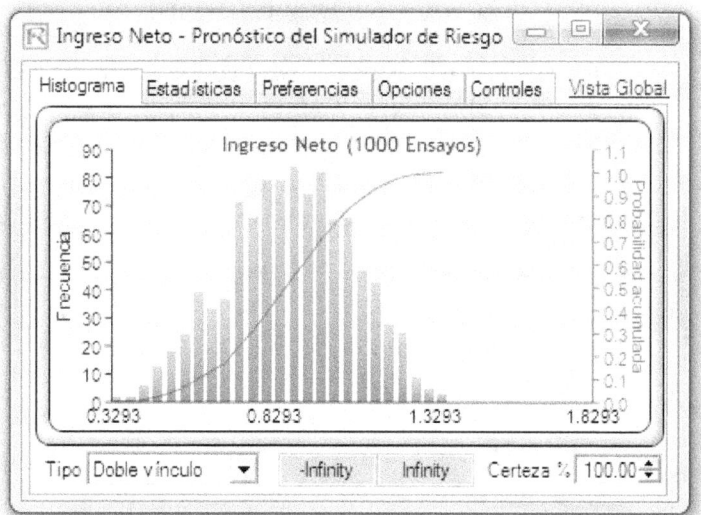

Figura 2.6 – Gráfica de Pronóstico

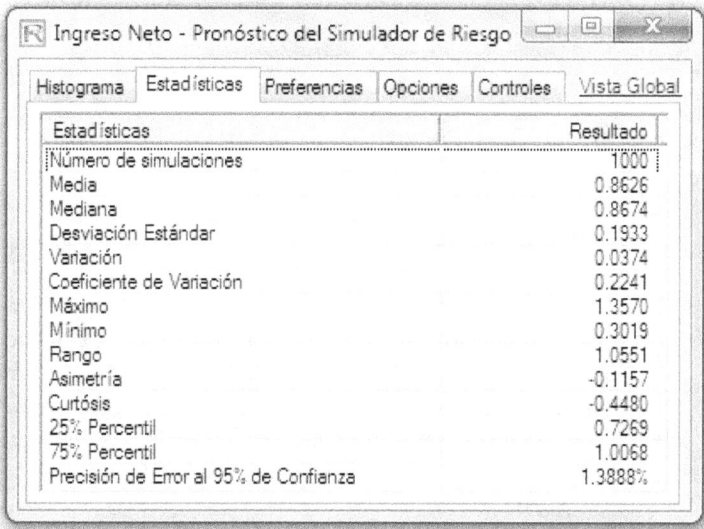

Figura 2.7 – Estadística del Pronóstico

- **Preferencias:** La pestaña de preferencias en la gráfica de pronóstico le permite cambiar la vista y la percepción de las gráficas. Por ejemplo, si se selecciona Siempre mostrar ventana en primer plano, las gráficas de pronóstico siempre serán visibles sin tomar en cuenta que otros programas estén corriendo en su computadora. *Resolución de Histograma* le permite cambiar el número de barras del histograma, desde cualquier punto de 5 barras a 100 barras. También al seleccionar **Actualizar Datos** le permite controlar que tan rápido corre la simulación mientras se actualiza la gráfica de pronóstico. Esto es, si desea ver la gráfica de pronóstico actualizada en casi cada intento, esto volverá más lenta la simulación ya que más memoria está siendo colocada para actualizar la gráfica en contra de correr la simulación. Esto es totalmente una preferencia del usuario y no cambia los resultados de la simulación, sólo la velocidad de finalización de la simulación. Para incrementar la velocidad de la simulación más adelante, puede minimizar Excel mientras la simulación está corriendo, de este modo reduciendo la memoria requerida para actualizar visualmente la hoja de Excel y liberar la memoria para correr la simulación. Los controles **Cerrar Todo** y **Minimizar Todo** controlan todas las gráficas de pronóstico abiertas.

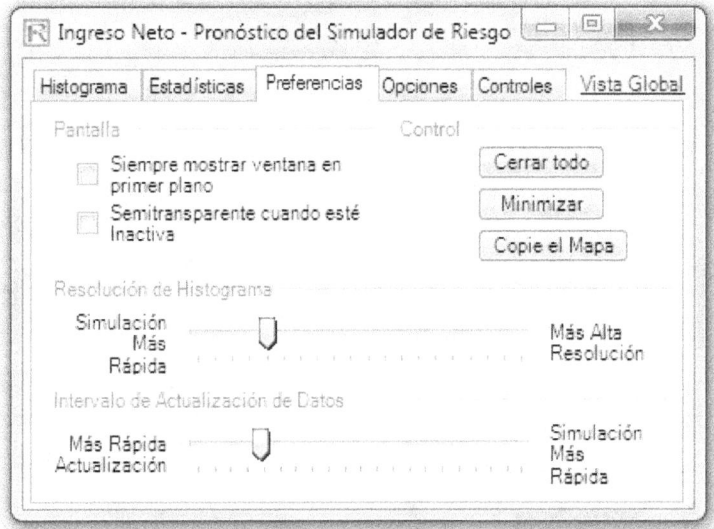

Figura 2.8 – Preferencias de Gráfica de Pronóstico

- **Opciones:** Está opción de gráfica de pronóstico le permite mostrar todos los datos de pronóstico o filtrar valores dentro/fuera que caigan en algún intervalo especifico que escoja. También el control de precisión puede ser establecido aquí para que este pronóstico especificado muestre los niveles de error en la tabla de estadísticas. Vea la sección sobre controles de precisión y errores para más detalles. *Mostrar las Estadísticas Siguientes* es una preferencia del usuario relacionado con las líneas de media, mediana, primer y tercer cuartil (25o y 75o percentiles) deben ser mostrados en la gráfica del pronóstico.

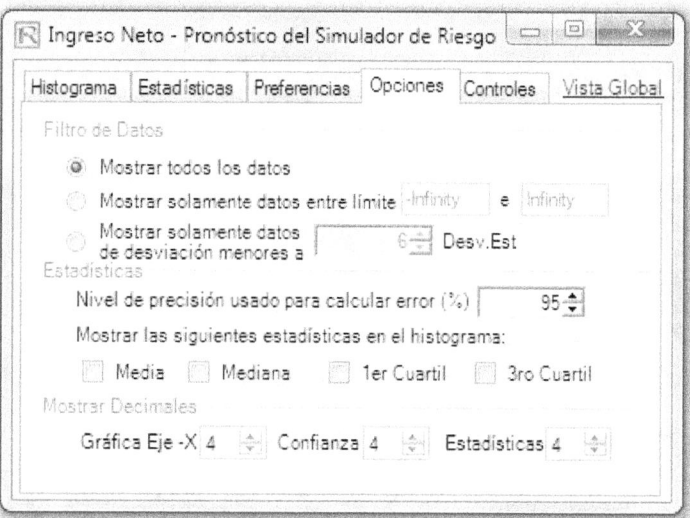

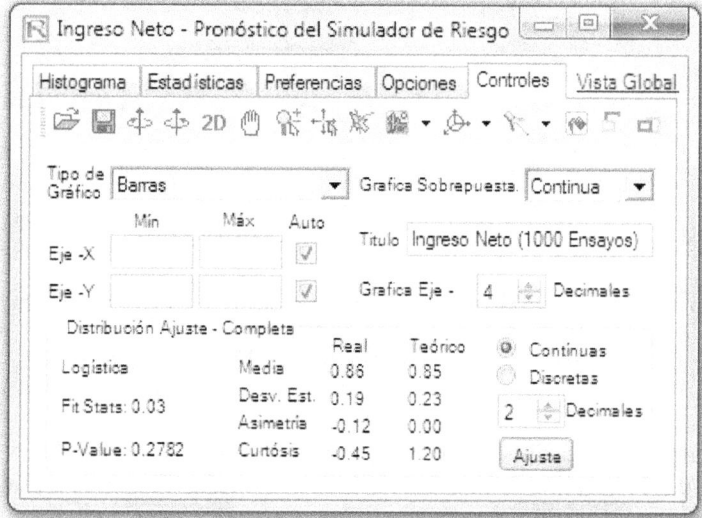

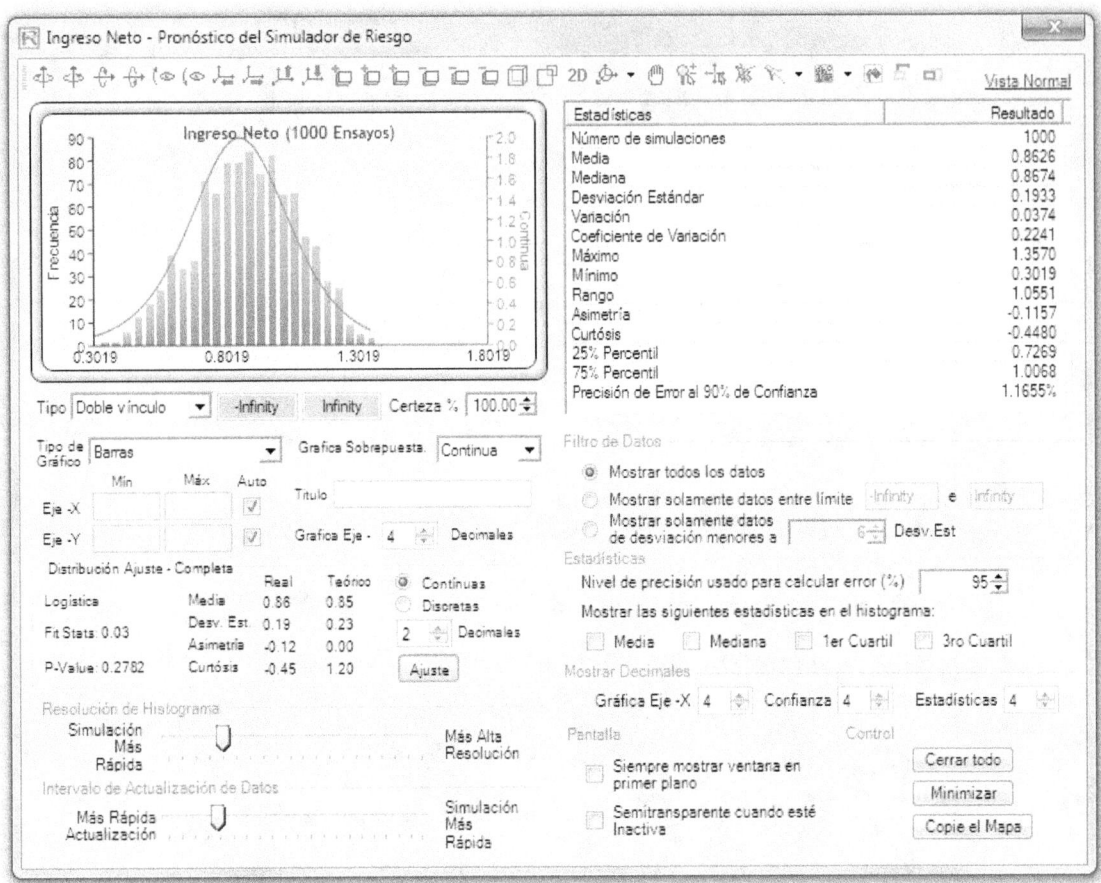

Figura 2.9 –Gráfica de Pronóstico

Usar Gráficas de Pronóstico e Intervalos de Confianza

En las gráficas de pronóstico usted puede determinar la probabilidad de ocurrencia definiendo intervalos de confianza. Esto es, dado dos valores, ¿cuáles son las probabilidades de que el resultado caiga entre estos dos valores? La Figura 2.10 ilustra que hay un 90% de probabilidad de que el resultado final (en este caso, el nivel de ingreso) este entre $0.5273 y $1.1739. El intervalo de confiabilidad de dos colas puede ser obtenido primero seleccionando Dos Colas como el Tipo, ingresando el valor de certeza deseado (por ejemplo, 90) y dando TAB en el teclado. Los dos valores computados correspondientes al valor de certeza serán entonces mostrados. En este ejemplo, hay 5% de probabilidad de que el ingreso esté por debajo de $0.5273 y otro 5% de probabilidad de que el ingreso esté arriba de $1.1739. Esto es, el intervalo de confianza de dos colas es un intervalo simétrico centrado en el intermedio o el valor del 50 percentil. Así, ambas colas tendrán la misma probabilidad.

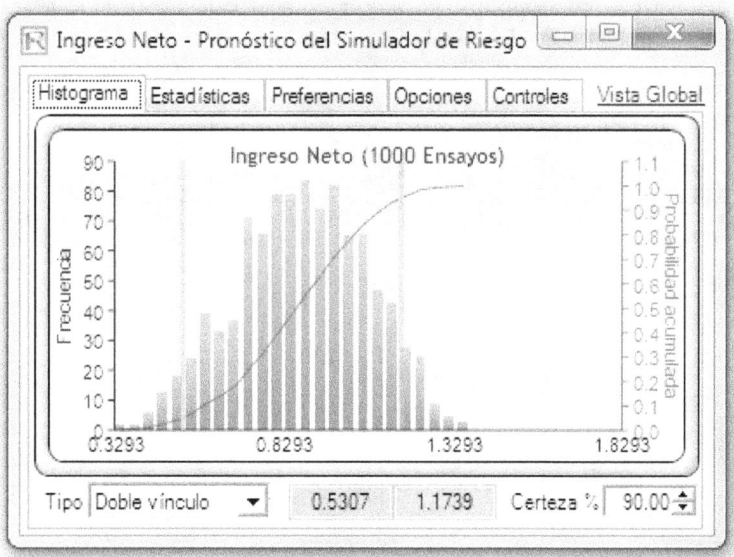

Figura 2.10 – Gráfica de Pronóstico de Intervalo de Confiabilidad de Dos Colas

Alternativamente, una probabilidad de una cola puede ser calculada. La Figura 2.11 muestra una selección de Cola Izquierda al 95% de confianza (es decir, escoja Cola Izquierda como el Tipo, ingrese 95 como el nivel de certeza, y de TAB en el teclado). Esto significa que hay un 95% de probabilidad de que el ingreso esté arriba de $1.1739, correspondiendo perfectamente con los resultados vistos en la Figura 2.10.

Figura 2.11 – Gráfica de Pronóstico del Intervalo de Confianza de Una Cola

Además de evaluar lo que es el intervalo de confianza (es decir, dado un nivel de probabilidad y encontrando los valores de ingreso relevantes), usted puede determinar la probabilidad de un valor de ingreso dado. Por ejemplo, ¿cuál es la probabilidad de que el ingreso sea menos de $1? Para hacer esto, seleccione el tipo de probabilidad de Cola Izquierda, ingrese 1 en la casilla de entrada de valor y de

TAB. La certeza correspondiente entonces será calculada (en este caso hay una probabilidad del 74.30% de que el ingreso esté por debajo de $1).

Figura 2.12 – Gráfica de Pronóstico de Evaluación de Probabilidad

Es posible también, seleccionar el tipo de probabilidad de Cola Derecha e ingresar el valor 1 en la casilla de entrada de valor, y dar TAB. La probabilidad resultante indica la probabilidad de cola derecha más allá del valor 1, esto es, la probabilidad de ingreso que exceda a $1 (en este caso vemos que hay una probabilidad del 25.70% de un ingreso superior a $1).

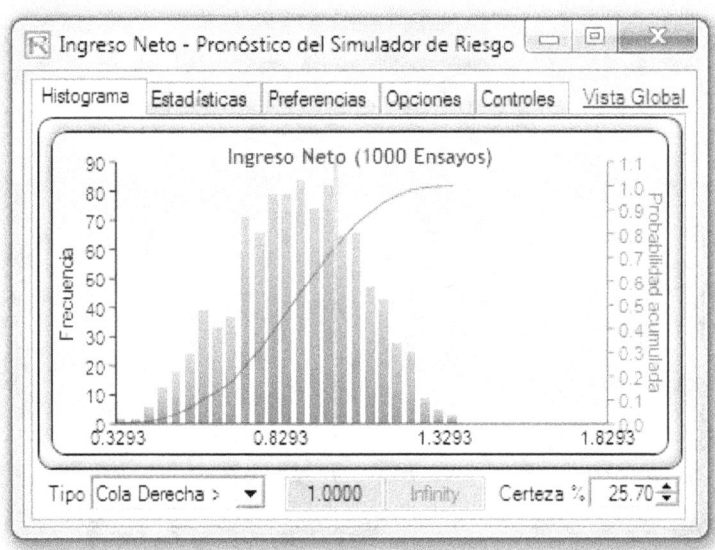

Figura 2.13 – Gráfica de Pronóstico de Evaluación de Probabilidad

TIPS: La ventana de pronóstico es ajustable al dar Click y arrastrar la esquina derecha del fondo de la ventana de pronóstico. Finalmente, siempre es aconsejable que antes de volver a correr una simulación, la simulación actual deba ser restablecida (**Simulador de Riesgo | Restablecer Simulación**). Recuerde que necesitará dar TAB en el teclado para actualizar la gráfica y los resultados cuando escriba los valores de certeza o valores de cola derecha o izquierda.

El coeficiente de correlación es una medida de la fuerza y la dirección de la relación entre dos variables, y puede tomar cualquier valor entre -1.0 y +1.0. Es decir, el coeficiente de correlación puede ser descompuesto en su signo (relación positiva o negativa entre dos variables) y la magnitud o fuerza de la relación (entre más alto el valor absoluto del coeficiente de correlación, más fuerte es la relación).

El coeficiente de correlación puede ser computado en varias maneras. El primer enfoque es calcular manualmente la correlación *r* de dos variables *X* y *Y* usando:

$$r_{x,y} = \frac{n\sum x_i y_i - \sum x_i \sum y_i}{\sqrt{n\sum x_i^2 - \left(\sum x_i\right)^2}\sqrt{n\sum y_i^2 - \left(\sum y_i\right)^2}}$$

El Segundo enfoque es usar la función de *CORREL* de Excel. Por ejemplo, si los 10 puntos de datos por *X* y *Y* son ordenadas en las celdas A1:B10, entonces la función de Excel a usar es: *CORREL (A1:A10, B1:B10)*.

El tercer enfoque es correr la *Herramienta Multi-Ajuste del Simulador de Riesgo* y la matriz de correlación resultante será calculada y mostrada.

Es importante notar que la correlación no implica causa. Dos variables aleatorias completamente no relacionadas podrían mostrar alguna correlación, pero esto no significa que exista alguna causa entre las dos (por ejemplo, actividad de las mancha solares y eventos en el mercado de valores están correlacionados pero no hay causa entre los dos).

Hay dos tipos generales de correlación: correlaciones paramétricas y no paramétricas. El Coeficiente de Correlación de Pearson es la medida de correlación más común, y usualmente se refiere como *coeficiente de correlación*. No obstante, la correlación de Pearson es una medida paramétrica, lo cual significa que requieren ambas variables estén correlacionadas para tener una distribución normal subyacente y que la relación entre las variables sea lineal. Cuando estas condiciones se violan, lo cual es muy seguido en el caso de la simulación Monte Carlo, las contrapartes no paramétricas se vuelven más importantes.

El Rango de Correlación de Spearman y el Tau de Kendall son las dos alternativas. La correlación de Spearman es más comúnmente usada y más apropiada cuando se aplica en el contexto de la simulación de Monte Carlo—no hay dependencia en distribución normal y linealidad, significando que las correlaciones entre variables diferentes con diferente distribución pueden ser aplicadas. Para calcular la correlación de Spearman, primero clasifique todos los valores de variable *X* y *Y* entonces aplique el cálculo de la correlación de Spearman.

En el caso del Simulador de Riesgo, la correlación empleada es la correlación más robusta del rango no paramétrico de Spearman. Sin embargo, para simplificar el proceso de simulación, y ser consistente con la función de correlación de Excel, las entradas de correlación requeridas son las del coeficiente de correlación de Pearson. El Simulador de Riesgo entonces aplicará sus propios algoritmos para convertirlos dentro del rango de correlación de Spearman, de este modo se simplifica el proceso. Sin embargo, para simplificar la interfaz del usuario, permitimos que los usuarios ingresen el producto del momento más común de la correlación de Pearson (por ejemplo, computado usando la función *CORREL* de Excel), mientras que en los códigos matemáticos, convertimos estas correlaciones simples en correlaciones basadas en el rango de Spearman para simulaciones de distribución.

2.3.2 Aplicar Correlaciones en el Simulador de Riesgo

Las correlaciones pueden ser aplicadas en el Simulador de Riesgo de varias maneras:

- Al definir supuestos (**Simulador de Riesgo** | Establecer Supuestos de Entrada), sólo ingrese las correlaciones en la matriz de correlación en la Galería de Distribución.

- Con los datos existentes, corra la herramienta Multi-Ajuste (**Simulador de Riesgo** | Herramientas | Ajuste Distribución Múltiple) para ejecutar el ajuste de distribución y obtener la matriz de correlación entre un par de variables. Si existe un perfil de simulación, los supuestos ajustados automáticamente van a contener los valores de correlación relevantes.

- Con supuestos existentes, puede dar Click en **Simulador de Riesgo** | **Herramientas** | Editar Correlaciones para ingresar las correlaciones en par de todos los supuestos directamente en la interfaz de usuario.

Note que la matriz de correlación debe de ser positiva definida. Esto es, la correlación debe de ser matemáticamente válida. Por ejemplo, suponga que está intentando correlacionar tres variables: calificaciones de estudiantes graduados en un año en particular, el número de cervezas que ellos consumen en una semana, y el número de horas que estudian en una semana. Uno supondría que las siguientes relaciones de correlación existen:

Calificaciones y Cerveza: –   *Entre más beben, calificaciones más bajas (no en exámenes)*

Calificaciones y Estudio: +   *Entre más estudian, calificaciones más altas*

Cerveza y Estudio: –   *Entre más beben, estudian menos (ebrios y festejando todo el tiempo)*

Sin embargo, si usted suministra una correlación negativa entre Calificaciones y Estudio, y suponiendo que los coeficientes de la correlación tienen altas magnitudes, la matriz de correlación será no definida positiva. Parecería lógico, Requisitos de correlación, y matemáticas matriciales. No obstante, coeficientes más pequeños pueden algunas veces funcionar aún con una lógica errada. Cuando se ingresa una matriz de correlación no positiva o errónea, el Simulador de Riesgo automáticamente le informará, y le ofrecerá ajustar estas correlaciones a algo que sea semipositivo definido mientras mantiene la estructura completa de la relación de la correlación (los mismos signos así como las mismas potencias relativas).

2.3.3 Los Efectos de Correlaciones en la Simulación de Monte Carlo

Aunque los cálculos requeridos para correlacionar variables en una simulación son complejos, los efectos resultantes son bastante claros. La Figura 2.14 muestra un modelo de correlación simple (Modelo de Efectos de Correlación en la carpeta de ejemplo) El cálculo de la ganancia es solamente el precio multiplicado por la cantidad. El mismo modelo es duplicado sin correlaciones, correlación positiva (+0.8), y correlación negativa (-0.8) entre el precio y cantidad.

Modelo de Correlación			
	Sin Correlación	Correlación Positiva	Correlación Negativa
Precio	$2.00	$2.00	$2.00
Cantidad	1.00	1.00	1.00
Ingresos Brutos	$2.00	$2.00	$2.00

Para copiar este modelo, utilice las siguientes suposiciones:
Los Precios se establecen como Distribuciones Triangulares (1.8, 2.0, 2.2) mientras que
la Cantidad se establece como Distribuciones Uniformes (0.9, 1.1) con correlaciones
establecidas en 0.0, +0.8, -0.8 en 1,000 pruebas con valor sembrado de 123456.

Figura 2.14 – Modelo de Correlación Simple

Las estadísticas resultantes se muestran en la Figura 2.15. Note que la desviación estándar del modelo sin correlaciones es de 0.1450, comparado con 0.1886 para la correlación positiva y 0.0717 para la correlación negativa. Es decir, para modelos simples, las correlaciones negativas tienden a reducir la extensión promedio de la distribución y crear una ajustada y más concentrada distribución del pronóstico cuando se compara a las correlaciones positivas con extensiones de promedio más grandes. En todo caso, la media permanece relativamente estable. Esto implica que las correlaciones hacen poco para cambiar el valor esperado de proyectos pero pueden reducir o incrementar un riesgo de proyecto.

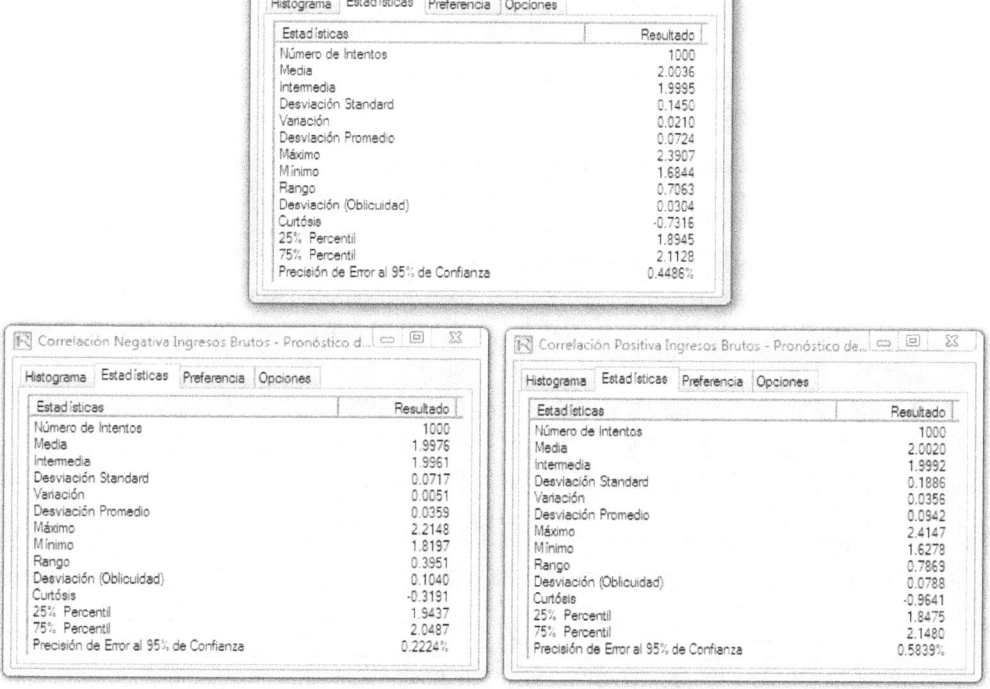

Figura 2.15 – Resultados de Correlación

La Figura 2.16 ilustra los resultados después de correr una simulación, extrayendo los datos sin analizar de los supuestos y calculando las correlaciones entre las variables. La figura muestra que los supuestos de entrada son recuperados en la simulación. Esto es, usted ingresa correlaciones +0.8 y -0.8 y los valores simulados resultantes tienen las mismas correlaciones.

Estos son los valores extraídos sin procesar de la simulación. Están correlacionados para verificar si en efecto dichas correlaciones se ingresaron en las suposiciones en las cuales las correlaciones fueron modeladas realmente. El Coeficiente de Correlación Pearson es una correlación linear, y los resultados indican que las correlaciones ingresadas (+0.80 and -0.80) son de hecho correlaciones entre las variables. Ver "Modeling Risk," del Dr. Johnathan Mun (Wiley 2006) para mayor información.

Correlacion Positiva de Precio	Correlación Positiva de Cantidad			Correlación Negativa de Precio	Correlación Negativa de Cantidad	
1.95	0.91			1.89	1.06	
1.92	0.95			1.98	1.05	
2.02	1.04	Correlación de Pearson:		1.89	1.09	Correlación de Pearson:
2.04	1.03			1.88	1.04	
1.89	0.91		0.80	1.96	0.93	-0.80
1.98	1.05			2.02	0.93	
2.05	1.03			2.00	1.02	
1.87	0.91			1.86	1.04	
1.84	0.91			1.96	1.02	

Figura 2.16 –Correlaciones Recuperadas

2.3.4 Control de Precisión y Error

Una herramienta muy poderosa en la simulación de Monte Carlo es la del control de precisión. Por ejemplo, ¿cuántos intentos son considerados suficientes para correr en un modelo complejo? El control de precisión saca al tanteo la estimación del número relevante de intentos al permitir que la simulación se detenga si el nivel de precisión pre especificado es alcanzado.

La funcionalidad del control de precisión le deja establecer cuán preciso quiere que sea su pronóstico. Hablando en términos generales, entre más intentos son calculados, el intervalo de confiabilidad se hace más angosto y las estadísticas se vuelven más precisas. La presentación del control de precisión en el Simulador de Riesgo usa la característica de intervalos de confianza para determinar cuando la exactitud especificada de una gráfica ha sido lograda. Para cada pronóstico, usted puede especificar el intervalo de confianza para el nivel de precisión.

Asegúrese de no confundir tres diferentes términos: error, precisión y confiabilidad. Aunque suenan similares, los conceptos son significativamente distintos. Una simple ilustración está al orden. Suponga que usted es un fabricante de tortillas especiales para tacos y está interesado en averiguar cuantas de estas tortillas están rotas en promedio en una caja de 100 de ellas. Una manera de hacer esto es recolectar una muestra de cajas previamente empacadas de 100 tortillas, abrirlas, y contar cuántas de ellas están rotas. Usted manufactura 1 millón de cajas al día (está es su *población*) pero usted abre 10 cajas al azar (este es su tamaño de *muestra*, también conocida como su número de *intentos* en una simulación). El número de tortillas rotas en cada caja es: 24, 22, 4, 15, 33, 32, 4, 1, 45 y 2. El número promedio calculado de tortillas rotas es de 18.2. Basado en estas 10 pruebas o intentos, el promedio es de 18.2

unidades, ya que basado en el ejemplo, el 80 por ciento de confiabilidad del intervalo está ubicado entre 2 y 33 unidades (es decir, 80 por ciento del tiempo, el número de tortillas rotas está entre 2 y 33 *basado en esta tamaño de muestra o número de intentos ejecutados*).

Sin embargo, ¿qué tan seguro está usted de que 18.2 es el promedio correcto? ¿Son 10 intentos suficientes para establecer esto? El intervalo de confianza entre 2 y 33 es demasiado amplio y demasiado variable. Suponga que usted requiere un valor del promedio más exacto donde el error es de ±2 tortillas el 90 por ciento del tiempo--- esto significa que si para usted *todas* las cajas manufacturadas en un día, o sea 1 millón de ellas, 900,000 de estas cajas tendrán tortillas rotas en promedio a alguna unidad media de ±2 tortillas. ¿Cuántas cajas más de tortillas necesitaría usted entonces probar (o correr intentos) para obtener este nivel de precisión? Aquí, las 2 tortillas es el nivel de error mientras el 90 por ciento es el nivel de precisión. Si suficientes números de intentos son corridos, entonces el 90 por ciento del intervalo de confianza será idéntico al 90 por ciento del nivel de precisión, donde una medida más precisa del promedio es obtenida de manera tal que el 90 por ciento del tiempo, el error, y por ende, la confiabilidad serán ± 2 tortillas.

Como un ejemplo, digamos que el promedio es de 20 unidades, entonces el 90 por ciento del intervalo de confianza estará entre 18 y 22 unidades, donde este intervalo es preciso el 90 por ciento del tiempo, donde al abrir el millón de cajas, 9000 de ellas tendrán entre 18 y 22 tortillas rotas. El número de intentos requerido para dar esta precisión está basado en la ecuación de error de prueba de $\bar{x} \pm Z\frac{s}{\sqrt{n}}$ donde $Z\frac{s}{\sqrt{n}}$ es el error de 2 tortillas, $\bar{x}$ es el promedio de prueba, Z es el puntaje normal-Estándar Z obtenido del 90 por ciento del nivel de precisión, s es la desviación estándar de la muestra y n es el número de intentos requeridos para dar este nivel de error con la precisión especificada.

Las Figuras 2.17 y 2.18 ilustran como el control de precisión puede ser ejecutado en múltiples pronósticos simulados en el Simulador de Riesgo. Esta característica evita que el usuario tenga que decidir cuántos intentos correr en una simulación y elimina toda posibilidad de tanteo.

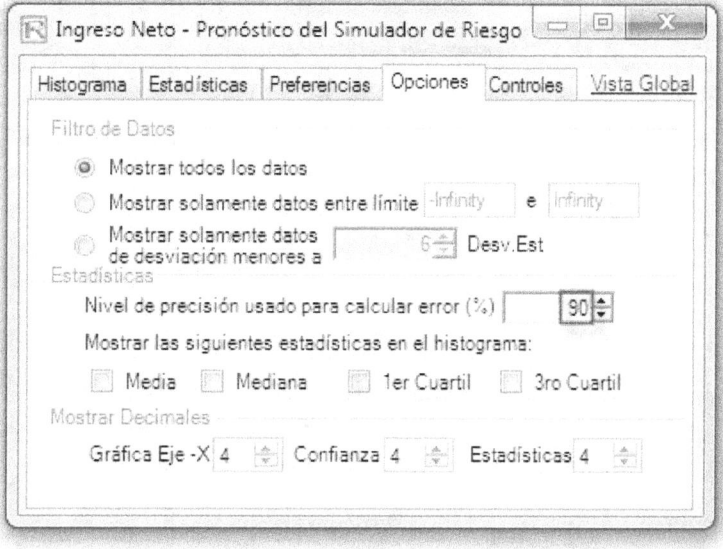

Figura 2.17 – Establecer el Nivel de Precisión del Pronóstico

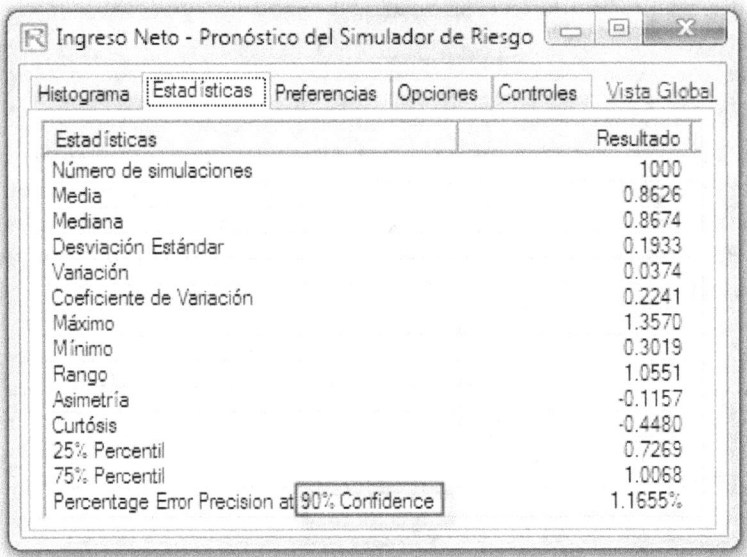

Figura 2.18 – Computando el Error

2.3.5 Entender las Estadísticas de Pronóstico

La mayoría de las distribuciones pueden ser definidas hasta cuatro momentos. El primer momento describe su localización o tendencia central (retornos esperados), el segundo momento describe su amplitud o extensión (riesgos), el tercer momento es desviación direccional (los eventos más probables), y el cuarto momento su grado más alto o amplitud en las colas (pérdidas o ganancias catastróficas). Los cuatro momentos deben de ser calculados prácticamente e interpretados para proveer una visión más comprensible del proyecto bajo análisis. El Simulador de Riesgo provee resultados de los cuatro momentos en su tabla de *Estadísticas* en la gráfica de pronóstico.

Medir el Centro de la Distribución—el Primer Momento

El primer momento de una distribución mide la proporción esperada de la ganancia de un proyecto particular. Mide la localización de los contextos del proyecto y posibles resultados en promedio. Las estadísticas comunes para el primer momento incluyen la media (promedio), mediana (centro de distribución), y la moda (el valor que ocurre más frecuentemente). La Figura 2.19 ilustra el primer momento—donde, en este caso, el primer momento de esta distribución se mide por la media *(μ)* o valor promedio.

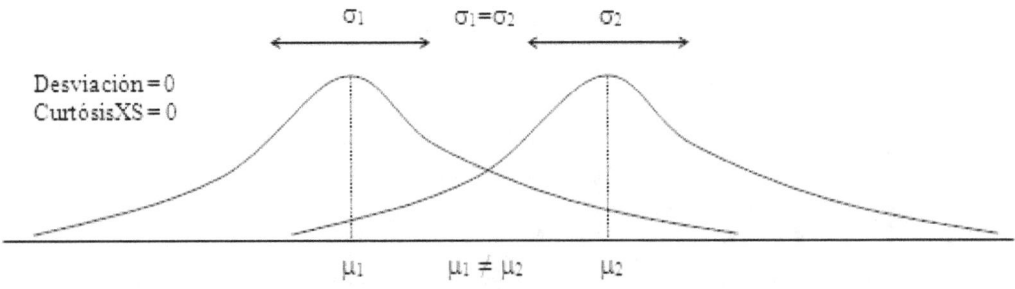

Figura 2.19 – Primer Momento

El Segundo momento mide la extensión de una distribución, la cual es una medida de riesgo. La extensión o amplitud de una distribución mide la variabilidad de una variable, es decir, el potencial de que una variable pueda caer en diferentes regiones de la distribución—en otras palabras, los potenciales escenarios de los resultados. La Figura 2.20 ilustra dos distribuciones con primeros momentos idénticos (medias idénticas) pero segundos momentos muy diferentes o riesgos. La visualización puede ser más clara en la Figura 2.21. Como ejemplo, supongamos que hay dos acciones y los movimientos de la primera acción (ilustrado por la línea más oscura) con fluctuaciones más pequeñas es comparado con los movimientos de la segunda acción (ilustrado por la línea punteada) que tiene una fluctuación mucho mayor en su precio. Claramente un inversionista vería la acción con la fluctuación más dispersa como más riesgosa porque los resultados de la acción más arriesgada son relativamente más desconocidos que el de la acción de menor riesgo. El eje vertical en la Figura 2.21 mide los precios de las acciones, de esta manera, la acción más riesgosa tiene un rango más amplio de resultados potenciales. Este rango se traduce en una amplitud de distribución (el eje horizontal) en la Figura 2.20, donde la distribución más amplia representa el capital más riesgoso. De ahí que, la amplitud o extensión de una distribución mide los riesgos de una variable.

Note que en la Figura 2.20, ambas distribuciones tienen primeros momentos idénticos o tendencias centrales pero claramente las distribuciones muy son diferentes. Está diferencia en la amplitud de distribución es medible. Matemática y estadísticamente, la amplitud o riesgo de una variable puede medirse a través de diferentes estadísticas, incluyendo el rango, la desviación estándar (σ), varianza, coeficiente de variación, y percentiles.

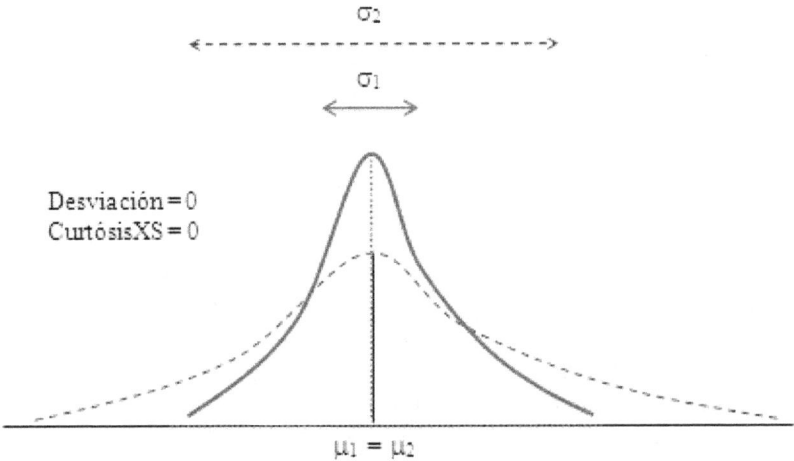

Figura 2.20 – El Segundo Momento

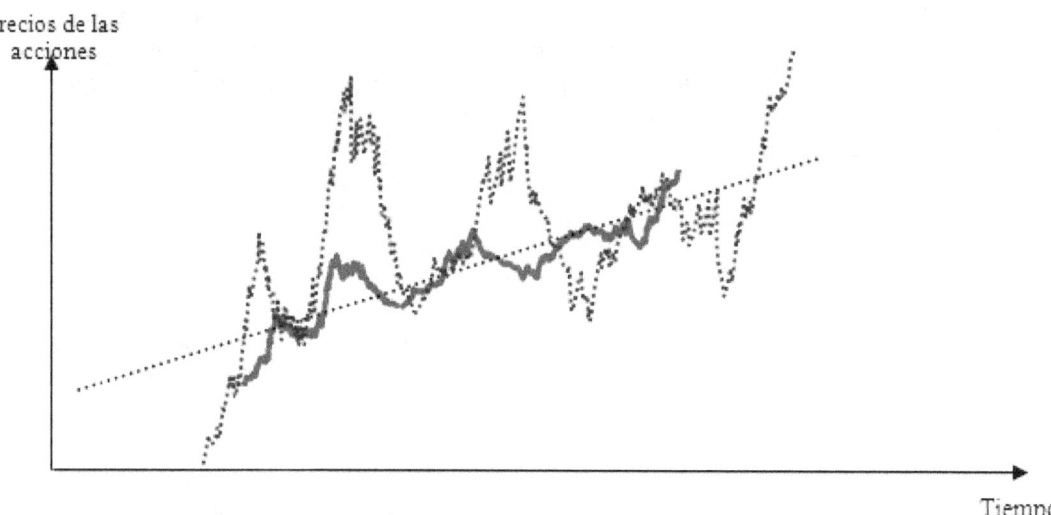

Precios de las acciones

Tiempo

Figura 2.21 – Fluctuaciones del Precio de una acción

Medir la Desviación de la Distribución— el Tercer Momento

El tercer momento mide la desviación de una distribución, es decir, la distribución está orientada hacia un lado o al otro. La Figura 2.22 ilustra una desviación negativa o desviación izquierda (la cola de los puntos de la distribución está orientada hacia a la izquierda) y la Figura 2.23 ilustra una desviación positiva o desviación derecha (la cola de los puntos de la distribución está orientada a la derecha). La media es siempre desviada hacia la cola de la distribución mientras que la mediana permanece constante. Otra manera de ver esto es que la media se mueve pero la desviación estándar, varianza, o amplitud pueden permanecer aún constante. Si el tercer momento no es considerado, entonces sólo se deberían mirar los retornos esperados (por ejemplo, mediana o media) y el riesgo (desviación estándar), *¡un proyecto positivamente desviado podría ser escogido incorrectamente!*

Por ejemplo, si el eje horizontal representa las ganancias netas de un proyecto, entonces claramente una distribución desviada negativamente o a la izquierda podría ser preferida ya que hay una probabilidad más alta de mayores ganancias (Figura 2.22) comparada a probabilidad más alta de un nivel menor de mayores ganancias (Figura 2.23). De este modo, en una distribución desviada, el promedio es una mejor medida de ganancias, ya que las medianas para ambas figuras 2.22 y 2.23 son idénticas, los riesgos son idénticos, y de ahí, un proyecto con distribución negativamente desviada en sus beneficios netos es una mejor opción. La falla al estimar una desviación de una distribución de un proyecto podría significar escoger el proyecto incorrecto (por ejemplo, dos proyectos podrían tener primeros y segundos momentos idénticos, es decir, ambos tienen ganancias y perfiles de riesgo idénticos, pero sus desviaciones de distribución pueden ser muy diferentes).

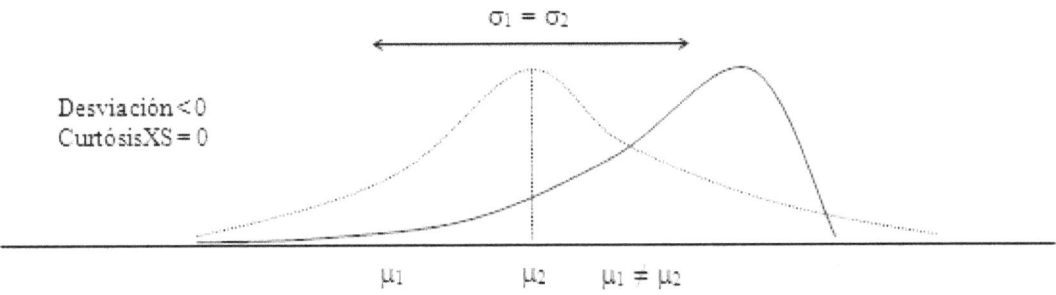

Figura 2.22 – Tercer Momento (Desviación Izquierda)

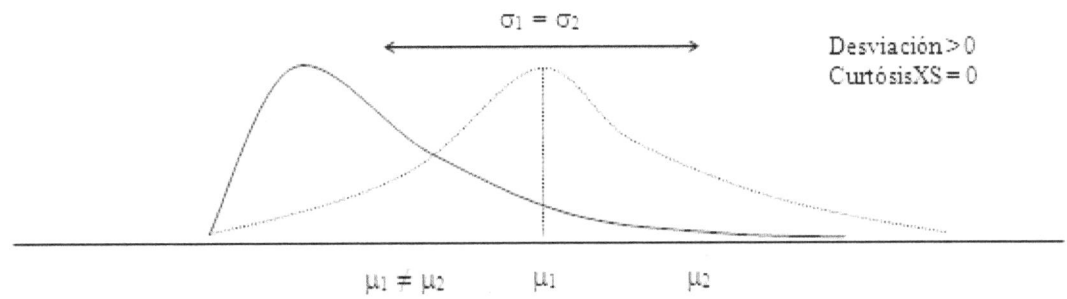

Figura 2.23 – Tercer Momento (Desviación Derecha)

Medir la Cola de Eventos Catastróficos en una Distribución— el Cuarto Momento

El cuarto momento o Curtosis mide el punto más alto de una distribución. La Figura 2.24 ilustra este efecto. El fondo (denotado por una línea punteada) es una distribución normal con Curtosis de 3.0, un exceso de Curtosis (CurtosisXS) de 0.0. Los resultados del Simulador de Riesgo muestran que el valor de CurtosisXS, usando 0 como el nivel normal de Curtosis, lo que significa que una CurtosisXS negativa indica colas más planas (distribuciones platicúrtica como la distribución Uniforme), mientras los valores positivos indican colas más gruesas (distribuciones leptocúrticas como las distribuciones de t - student o Lognormal). La distribución descrita por la línea en negrita tiene un exceso de Curtosis más alto, así que el área debajo de la curva es más gruesa en las colas y tiene menos área en el cuerpo central. Está condición tiene mayores impactos en el análisis de riesgo como para las dos distribuciones en la Figura 2.24, Los primeros tres momentos (medio, desviación Estándar, y desviación) pueden ser idénticos pero el cuarto momento (Curtosis) es discreta. Está condición significa que, aunque las ganancias y riesgos son idénticos, las probabilidades de que ocurran eventos extremos y catastróficos (grandes pérdidas potenciales o grandes ganancias) sean más altas para una distribución de alta Curtosis (por ejemplo, las ganancias del mercado de bolsa son leptocúrticas o tienen Curtosis altas). Ignorar la Curtosis de un proyecto puede ser perjudicial. Básicamente, un valor con exceso de Curtosis más alto indica que los riesgos debajo son más altos (por ejemplo, el Valor en Riesgo de un proyecto podría ser significante).

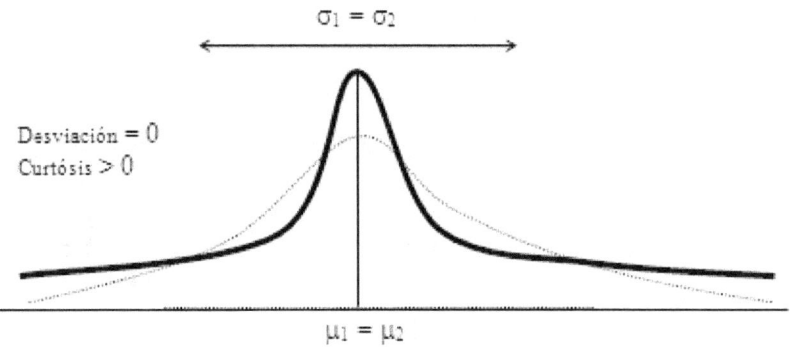

Figura 2.24 – El Cuarto Momento

2.3.6 Entender las Distribuciones de Probabilidad para una Simulación Monte Carlo

Esta sección demuestra el poder de la simulación Monte Carlo, pero para comenzar con la simulación, se necesita primero el concepto de distribuciones de probabilidad. Para empezar a comprender probabilidad, considere este ejemplo: Usted desea observar la distribución de salarios no exentos dentro de cierto departamento de una gran compañía. Primero, reúna datos sin analizar—en este caso, los salarios de cada empleado sin excepción en el departamento. Segundo, organice los datos en un formato adecuado y trace los datos como una distribución de frecuencias en una gráfica. Para crear una distribución de frecuencia, divida los salarios en intervalos de grupo y muestre estos intervalos en el eje horizontal de la gráfica. Después ordene el número o frecuencia de empleados en cada intervalo en el eje vertical de la gráfica. Ahora ya puede ver fácilmente la distribución de salarios dentro del departamento

Una mirada a la gráfica ilustrada en la Figura 2.25 revela que la mayoría de los empleados (aproximadamente 60 de un total de 180) gana entre $7.00 a $9.00 por hora.

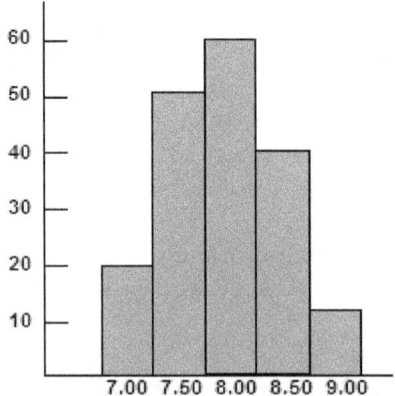

Figura 2.25 – Histograma de Frecuencia I

Usted puede poner en una gráfica los datos como una distribución de probabilidad. Una distribución de probabilidad muestra el número de empleados en cada intervalo como una fracción del número total de empleados. Para crear una distribución de probablidad, divida el número de empleados en cada intervalo por el número total de empleados y enliste los resultados en el eje vertical de la gráfica.

La gráfica en la Figura 2.26, muestra el número de empleados en cada grupo de salario como una fracción de todos los empleados; puede estimar la probabilidad de que un empleado seleccionado al azar del grupo entero gane un salario dentro de un intervalo definido. Por ejemplo, suponiendo las mismas condiciones que existen en el momento que el ejemplo fue tomado, la probabilidad es de 0.33 (una oportunidad de tres) de que un empleado sacado al azar del grupo entero gane entre $8.00 y $8.50 por hora)

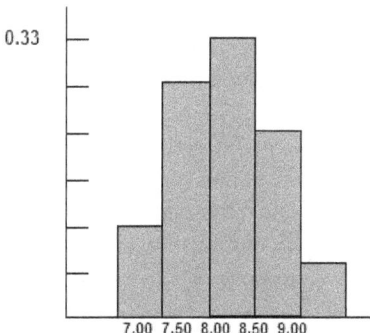

Figura 2.26 – Histograma de Frecuencia II

Las distribuciones de probabilidad son, discretas o continuas. Las *Distribuciones de Probabilidad Discreta* describen valores discretos, enteros, sin valores intermedios y se muestran como una serie de barras verticales. Una distribución Discreta, por ejemplo, puede describir el número de caras en cuatro lanzamientos de una moneda como 0, 1, 2, 3, y 4. Las *Distribuciones Continuas* son realmente abstracciones matemáticas porque suponen la existencia de cualquier intervalo posible entre dos números. Es decir, una distribución continua asume que hay un número infinito de valores entre dos puntos cualquiera, en la distribución. Sin embargo, en muchas situaciones, usted puede usar una distribución Continua efectivamente para aproximar una distribución Discreta aún cuando el modelo continuo no necesariamente describa la situación exactamente.

Seleccionar la Distribución de Probablidad Correcta

Gráficar los datos es una guía para seleccionar una probabilidad de distribución. Los pasos siguientes proveen de otro proceso para seleccionar una distribución de probabilidad que mejor describa las variables inciertas en sus hojas de trabajo.

Para seleccionar la distribución de probabilidad correcta, siga los siguientes pasos:

- Vea la variable en cuestión. Haga una lista de todo lo que sabe de las condiciones alrededor de esta variable. Usted podría reunir valiosa información acerca de la variable incierta a partir de los datos históricos. Si los datos históricos no están disponibles, use su propio criterio, basado en la experiencia, al enlistar todo lo que conozca acerca de la variable incierta.

- Revise las descripciones de las distribuciones de probabilidad.

- Seleccione la distribución que caracteriza a esta variable. Una distribución caracteriza a una variable cuando las condiciones de la distribución hacen juego con las de la variable.

Una simulación Monte Carlo en su forma más simple es un generador de números aleatorios que es útil para análisis de pronóstico, estimación y riesgo. Una simulación calcula numerosos contextos o escenarios de un modelo al escoger repetidamente valores de una *distribución de probabilidad* de un usuario predefinido para las variables inciertas y usando esos valores como insumo para el modelo. Ya que todos esos contextos producen resultados asociados en un modelo, donde cada contexto puede tener un *pronóstico*. Los *pronósticos* son eventos (usualmente con fórmulas o funciones) que usted define como salidas importantes del modelo. Estas usualmente son eventos tales como totales, ganancia neta, o gasto bruto.

De una manera muy sencilla, piense en el enfoque de la simulación Monte Carlo como sacar pelotas de golf de una gran canasta repetidamente con reemplazo. La medida y forma de la canasta depende del **supuesto de entrada** de distribución (por ejemplo, una distribución normal con una media de 100 y una desviación estándar de 10, contra una distribución uniforme o distribución triangular) donde algunas canastas son más profundas o más simétricas que otras, permitiendo que ciertas pelotas sean sacadas más frecuentemente que otras. El número de pelotas sacadas repetidamente depende del número de **intentos** simulados. Para un modelo grande con múltiples supuestos relacionados, imagine que el modelo grande es una canasta muy grande, donde varias canastas bebé residen. Cada canasta bebé tiene su propio conjunto de pelotas de golf que están rebotando alrededor. Algunas veces estas canastas bebés están tomadas de las manos unas con otras (si hay una **correlación** entre las variables) y las pelotas de golf están rebotando en parejas mientras que otras están rebotando independientemente una de otra. Las pelotas que son escogidas cada vez tienen interacciones dentro del modelo (la gran canasta central) son tabuladas y registradas, dando un resultado de **salida de pronóstico** de la simulación.

Con la simulación Monte Carlo, el Simulador de Riesgo genera valores aleatorios para cada supuesto de distribución de probabilidad que son totalmente independientes. En otras palabras, el valor aleatorio seleccionado para un intento no tiene efecto en el próximo valor aleatorio generado. Utilice las pruebas de Monte Carlo cuando quiera simular contextos de "supuestos-reales-si" para su modelo de hoja de cálculo.

2.4 Distribuciones Discretas

El siguiente es un listado detallado de los diferentes tipos de distribuciónes de probabilidad que pueden ser usadas en la simulación Monte Carlo. Esta lista se incluye en el apéndice para referencia del lector.

Distribución Bernoulli o Si/No

La distribución Bernoulli es una distribución Discreta con dos resultados (por ejemplo, cara o cruz, éxito o fallo, 0 o 1). La distribución Bernoulli es la distribución binomial con un intento y puede ser usada para simular condiciones Si/No o Éxito/Fallo. Está distribución es piedra base de otras distribuciones más complejas. Por ejemplo:

- Distribución Binomial: la distribución Bernoulli con el número más alto del total de intentos n y calcula la probabilidad de éxitos x dentro de este total de intentos.

- Distribución Geométrica: la distribución Bernoulli con el número más alto de intentos y calcula el número de fallos requeridos antes de que ocurra el primer éxito.

- Distribución Binomial Negativa: la distribución Bernoulli con el número más alto de intentos y computa el número de fallos antes de que el x-*esimo* éxito ocurra.

Las construcciones matemáticas para la distribución de Bernoulli son las siguientes:

$$P(n) = \begin{cases} 1-p & \text{para } x = 0 \\ p & \text{para } x = 1 \end{cases}$$

o

$$P(n) = p^x (1-p)^{1-x}$$

$$\text{Media} = p$$

$$\text{Desviación estandar} = \sqrt{p(1-p)}$$

$$\text{Asimetría} = \frac{1-2p}{\sqrt{p(1-p)}}$$

$$\text{Exceso de Curtosis} = \frac{6p^2 - 6p + 1}{p(1-p)}$$

La probabilidad de éxito (p) es el único parámetro de distribución. También es importante notar que sólo hay un intento en la distribución Bernoulli, y el valor simulado resultante es de 0 ó 1.

Requisitos de Entrada:

Probabilidad de éxito > 0 y < 1 (es decir, $0.0001 \leq p \leq 0.9999$)

Distribución Binomial

La distribución binomial describe el número de veces en el que un evento en particular ocurre en un número fijo de intentos, tales como el número de caras en 10 vueltas de una moneda o el número de artículos defectuosos escogidos de entre 50.

Condiciones

Las tres condiciones subyacentes a la distribución binomial son:

- Para cada intento, sólo dos resultados son posibles dado que son mutualmente exclusivos.

- Los intentos son independientes–lo que sucede en el primer intento no afecta al siguiente.

- La probabilidad de que ocurra un evento se queda igual de intento a intento.

Las construcciones matemáticas para la distribución binomial son las siguientes:

$$P(x) = \frac{n!}{x!(n-x)!} p^x (1-p)^{(n-x)} \quad \text{para } n > 0; x = 0, 1, 2, \ldots n; \text{ y } 0 < p < 1$$

Media $= np$

Desviación estandar $= \sqrt{np(1-p)}$

Asimetría $= \dfrac{1-2p}{\sqrt{np(1-p)}}$

Exceso de Curtosis $= \dfrac{6p^2 - 6p + 1}{np(1-p)}$

La probabilidad de éxito (p) y el número entero de intentos en total (n) son parámetros de distribución. El número de intentos exitosos es denotado por x. Es importante notar que la probabilidad de éxito (p) de 0 ó 1 son condiciones triviales y no requieren ninguna simulación, y de ahí que no son permitidos en el software.

Requisitos de entrada:

Probabilidad de éxito > 0 y < 1 (es decir, $0.0001 \leq p \leq 0.9999$)

Número de intentos ≥ 1 o enteros positivos y ≤ 1000 (para intentos más grandes, utilice la distribución normal con la media binomial calculada relevante y la desviación estándar como los parámetros de la distribución normal).

Distribución Uniforme Discreta

La distribución uniforme discreta es también conocida como la distibución de *resultados igualmente probables*, donde la distribución tiene un conjunto de N elementos, y entonces la selección de cada elemento tiene la misma probabilidad. Esta distribución está relacionada a la distribución uniforme pero sus elementos son discretos y no continuos.

Las construcciones matemáticas para la distribución uniforme son las siguientes:

$$P(x) = \frac{1}{N}$$

Media $= \dfrac{N+1}{2}$ valor en rango

$$\text{Desviación estándar}= \sqrt{\frac{(N-1)(N+1)}{12}} \text{ valor en rango}$$

Asimetría = 0 (es decir, la distribución es perfectamente simétrica)

$$\text{Curtosis de exceso} = \frac{-6(N^2+1)}{5(N-1)(N+1)} \text{ valor en rango}$$

Requisitos de entrada:

Mínimo < Máximo y ambos deben ser enteros (enteros negativos y cero son permitidos)

Distribución Geométrica

La distribución geométrica describe el número de intentos hasta que ocurra el primer éxito, tales como el número de veces que usted necesita hacer girar una ruleta antes de ganar.

Condiciones

Las tres condiciones subyacentes a la distribución geométrica son:

- El número de intentos no es fijo.

- Los intentos continúan hasta el primer éxito.

- La probabilidad de éxito es la misma de intento a intento.

Las construcciones matemáticas para la distribución geométrica son las siguientes:

$$P(x) = p(1-p)^{x-1} \quad \text{para } 0 < p < 1 \text{ y } x = 1, 2, ..., n$$

$$\text{Media} = \frac{1}{p} - 1$$

$$\text{Desviación estandar} = \sqrt{\frac{1-p}{p^2}}$$

$$\text{Asimetria} = \frac{2-p}{\sqrt{1-p}}$$

$$\text{Curtosis} = \frac{p^2 - 6p + 6}{1-p}$$

La probabilidad de éxito (p) es el unico parámetro de la distribución. El número de intentos exitosos simulados es denotado por x, el cual solo puede tomar valores enteros positivos.

Requisitos de entrada:

Probabilidad de éxito > 0 y < 1 (es decir, $0.0001 \leq p \leq 0.9999$). Es importante notar que la probabilidad de éxito (p) de 0 ó 1 son condiciones triviales y no requieren ninguna simulación, y de ahí que no son permitidas como parámetros en el software.

Distribución Hipergeométrica

La distribución hipergeométrica es similar a la distribución binomial, pues ambas describen el número de veces que un evento en particular ocurre en un número fijo de intentos. La diferencia es que los intentos de la distribución binomial son independientes, mientras que en la distribución hipergeométrica cambian la probabilidad para cada cambio subsecuente y son llamados "intentos sin remplazo". Por ejemplo, suponga que una caja de partes manufacturadas es conocida por contener partes defectuosas. Usted escoge una parte de la caja y encuentra que está defectuosa, y quita esa parte de la caja. Si usted escoge otra parte de la caja, la probabilidad de que este defectuosa es de alguna manera más baja que la primera parte porque ya ha quitado una parte defectuosa. Si hubiera reemplazado la parte defectuosa, las probabilidades habrían quedado igual, y el proceso habría satisfecho las condiciones para la distribición binomial.

Condiciones

Las condiciones subyacentes de la distribución hipergeométrica son:

- El total de números de artículos o elementos (la medida de la población) es un número fijo, una población finita. La medida de la población debe ser menos o igual a 1,750.

- El tamaño de la muestra (número de intentos) representa una porción de la población.

- La probabilidad inicial conocida de éxito en la población cambia después de cada intento.

Las construcciones matemáticas para la distribución hipergeométrica son las siguientes:

$$P(x) = \frac{\dfrac{(N_x)!}{x!(N_x - x)!} \dfrac{(N - N_x)!}{(n-x)!(N - N_x - n + x)!}}{\dfrac{N!}{n!(N - n)!}} \quad \text{para } x = Max(n - (N - N_x), 0), ..., Min(n, N_x)$$

$$\text{Media} = \frac{N_x n}{N}$$

$$\text{Desviación estándar} = \sqrt{\frac{(N - N_x)N_x n(N - n)}{N^2(N - 1)}}$$

$$\text{Asimetria} = \sqrt{\frac{N - 1}{(N - N_x)N_x n(N - n)}}$$

Exceso de curtosis = Función compleja

Número de artículos en la población o Tamaño de Población (N), intentos muestrales o Tamaño de Muestra (n), y número de de artículos en la población que tiene el rasgo existoso o Éxitos de Población (N_x) son los parámetros de distribución. El número de intentos exitosos se denota por x.

Requisitos de entrada:

Tamaño de Población ≥ 2 y entero

Tamaño Muestral > 0 y entero

Éxitos de Población > 0 y entero

Tamaño de Población $>$ Éxitos de Población; Tamaño de la Muestra $<$ Éxitos de Población; Tamaño de Población < 1750

La distribución binomial negativa es útil para modelar la distribución del número de intentos adicionales requeridos en el número más alto de ocurrencias exitosas requeridas (R). Por ejemplo, para cerrar un total de 10 oportunidades de venta, ¿cuántos llamadas de ventas extras necesitaría hacer por encima de las 10 llamadas dada alguna probabilidad de éxito en cada llamada? El eje x muestra el número de llamadas adicionales requeridas o el número de llamadas sin éxito. El número de intentos no es fijo, los intentos continúan hasta el éxito *R-esimo* y la probabilidad de éxito es la misma de intento a intento. La probabilidad de éxito (p) y el número de éxitos requeridos (R) son los parámetros de la distribución. Es esencialmente una *superdistribución* de las distribuciones geométrica y binomial. Está distribución muestra las probabilidades de cada número de intentos en exceso de R para producir el éxito R requerido.

Condiciones

Las tres condiciones subyacentes de la distribución binomial negativa son:

- El número de intentos no es fijo.

- Los intentos continúan hasta el éxito *r*-vo.

- La probabilidad de éxito es la misma de intento a intento.

Las construcciones matemáticas para la distribución binomial negativa son las siguientes:

$$P(x) = \frac{(x+r-1)!}{(r-1)!\,x!}\, p^r (1-p)^x \quad \text{para } x = r, r+1, \ldots; \text{ y } 0 < p < 1$$

$$\text{Media} = \frac{r(1-p)}{p}$$

$$\text{Desviación estandar} = \sqrt{\frac{r(1-p)}{p^2}}$$

$$\text{Asimetría} = \frac{2-p}{\sqrt{r(1-p)}}$$

$$\text{Exceso de curtosis} = \frac{p^2 - 6p + 6}{r(1-p)}$$

La probabilidad de éxito (p) y éxitos requeridos (R) son los parámetros de distribución.

Requisitos de entradas:

Los éxitos requeridos deben ser enteros positivos > 0 y < 8000.

La probabilidad de éxito > 0 y < 1 (es decir, $0.0001 \leq p \leq 0.9999$). Es importante notar que la probabilidad de éxito (p) de 0 o 1 son condiciones triviales y no requieren ninguna simulación, y de ahí que no son permitidos en el software.

La distribución poisson describe el número de veces que un evento ocurre en un intervalo dado, tales como el número de llamadas telefónicas por minuto o el número de errores por página en un documento.

Condiciones

Las tres condiciones subyacentes la distribución Poisson son:

El número de posibles ocurrencias en cualquier intervalo es ilimitado.

Las ocurrencias son independientes. El número de ocurrencias en un intervalo no afecta el número de ocurrencias en otros intervalos.

El número promedio de ocurrencias debe permanecer el mismo de intervalo a intervalo.The

Las construcciones matemáticas para Poisson son las siguientes:

$$P(x) = \frac{e^{-\lambda} \lambda^x}{x!} \quad \text{para } x \text{ y } \lambda > 0$$

Media $= \lambda$

Desviación estándar $= \sqrt{\lambda}$

Asimetría $= \dfrac{1}{\sqrt{\lambda}}$

Exceso de curtosis $= \dfrac{1}{\lambda}$

Clasificación o Lambda (λ) es el único parámetro de distribución.

Requisitos de entrada:

Tasa > 0 y ≤ 1000 (es decir, $0.0001 \leq$ clasificación ≤ 1000)

Distribución Arcoseno

La distribución arcoseno tiene forma de U y es un caso especial de la distribución Beta cuando la forma y la escala son iguales a 0.5. Los valores cerca del mínimo y máximo tienen alta probabilidad de ocurrencia mientras que los valores entre estos dos extremos tienen una probabilidad muy baja de ocurrencia. El mínimo y máximo son los parámetreos de distribución.

Las construcciones matemáticas para la distribución Arcoseno son las siguientes:

$$f(x) = \begin{cases} \dfrac{1}{\pi\sqrt{x(1-x)}} & for\ 0 \le x \le 1 \\ 0 & otherwise \end{cases}$$

$$F(x) = \begin{cases} 0 & x < 0 \\ \dfrac{2}{\pi}\sin^{-1}(\sqrt{x}) & for\ 0 \le x \le 1 \\ 1 & x > 1 \end{cases}$$

$$Media = \frac{Min + Max}{2}$$

$$Desviación\ estandar = \sqrt{\frac{(Max - Min)^2}{8}}$$

Asimetría = 0

Exceso de curtosis = 1.5

Requerimientos de entrada:

Mínimo < Máximo

Distribución Beta

La distribución beta es muy flexible y es comunmente usada para representar variabilidad sobre un rango fijo. Una de las más importantes aplicaciones de la distribución beta es su uso como una distribución conjugada para el parámetro de una distribución de Bernoulli. En está aplicación, la distribución beta se usa para representar la incertidumbre en la probabilidad de ocurrencia de un evento. También se usa para describir datos empíricos y predecir el comportamiento aleatorio de porcentajes y fracciones, como el rango de resultados es tipicamente entre 0 y 1.

El valor de la distribución beta reside en la amplia variedad de formas que puede asumir cuando usted varía los dos parámetros, alfa y beta. Si los parámetros son iguales, la distribución es simétrica. Si cualquiera de los dos parámetros es 1 y el otro parámetro es más grande que 1, la distribución es en forma de "J". Si alfa es menos que beta, se dice que la distribución sea positivamente desviada (la mayoría de los valores están cerca del valor mínimo). Si alfa es más grande que beta, la distribución es negativamente desviada (la mayoría de los valores están cerca del valor máximo).

Las construcciones matemáticas para la distribución beta son las siguientes:

$$f(x) = \frac{(x)^{(\alpha-1)}(1-x)^{(\beta-1)}}{\left[\frac{\Gamma(\alpha)\Gamma(\beta)}{\Gamma(\alpha+\beta)}\right]} \quad \text{para } \alpha > 0;\ \beta > 0;\ x > 0$$

$$\text{Media} = \frac{\alpha}{\alpha + \beta}$$

$$\text{Desviación estandar} = \sqrt{\frac{\alpha\beta}{(\alpha+\beta)^2(1+\alpha+\beta)}}$$

$$\text{Asimetría} = \frac{2(\beta-\alpha)\sqrt{1+\alpha+\beta}}{(2+\alpha+\beta)\sqrt{\alpha\beta}}$$

$$\text{Exceso de curtosis} = \frac{3(\alpha+\beta+1)[\alpha\beta(\alpha+\beta-6)+2(\alpha+\beta)^2]}{\alpha\beta(\alpha+\beta+2)(\alpha+\beta+3)} - 3$$

Alfa (α) y beta (β) son los dos parámetros de distribución de forma, y Γ es la función Gamma.

Condiciones

Las dos condiciones subyacentes de la distribución beta son:

- La variable incierta es un valor aleatorio entre 0 y un valor positivo.

- La forma de la distribución puede ser especificada usando dos valores positivos.

Requisitos de entrada:

Alfa y beta ambos > 0 y pueden ser cualquier valor positivo

Distribución Multiplicativa de Beta3, Beta 4 Desplazado

La distribución Beta es muy flexible y es comúnmente utilizada para representar la variabilidad sobre un rango específico. Es utilizada para describir datos empíricos y predecir el comportamiento aleatorio de porcentajes y fracciones, ya que el rango de salida se encuentra típicamente entre 0 y 1. El valor de la distribución beta se sustenta en una amplia variedad de formas que puede asumir cuando varía los dos parámetros, alfa y beta. La distribución beta desplazada es obtenida multiplicando la distribución beta por un factor y desplazando los resultados de algunos parámetros de ubicación para permitir que el rango de resultados se expanda más allá de sus límites 0 y 1 natural con un punto de partida diferente a 0. Alfa, Beta, Ubicación, y Factor son los parámetros de entrada.

Requerimientos de entrada:

Alfa > 0

Beta > 0

La Ubicación puede ser cualquier valor positivo o negativo incluyendo el cero.

Factor > 0

Distribución Cauchy o Distribución Lorentziana o Distribución Breit-Wigner

La distribución Cauchy, también llamada la distribución Lorentziana o distribución Breit-Wigner, es una distribución continua que describe comportamiento de resonancia. También describe la distribución en las distancias horizontales en la cual un segmento de línea inclinado en un ángulo aleatorio corta el eje x.

Las construcciones matemáticas para la distribución Cauchy o Lorentziana son las siguientes:

$$f(x) = \frac{1}{\pi} \frac{\gamma / 2}{(x-m)^2 + \gamma^2 / 4}$$

La distribución Cauchy es un caso especial donde no tiene ningún momento teorético (media, desviación estándar, asimetria, y Curtosis) ya que son todos indefinidos.

La localización de moda (α) y escala (β) son los únicos dos parámetros en esta distribución. El parámetro de localización especifica la cima o *moda* de la distibución mientras el parámetro de *escala* especifica la media amplitud hasta el máximo medio de la distribución. Además, la media y la varianza de una distribución Cauchy o Lorentziana son indefinidas.

Además, la distribución Cauchy es la distribución t del Estudiante con solo 1 grado de libertad. Está distribución es también construida al tomar la razón entre dos distribuciones normales estándar (distribuciones normales con una media de cero y una variación de uno) que son independientes una de la otra.

Requisitos de entrada:

La localización Alfa puede ser cualquier valor

Escala Beta > 0 y puede ser cualquier valor positivo

Distribución Chi-Cuadrado

La distribución chi-cuadrado es una distribución de probabilidad usada predominantemente en pruebas de hipótesis y está relacionada con la distribución gamma y la distribución normal estándar. Por ejemplo, la suma de las distribuciones normales independientes son distribuidas como chi-cuadrado (χ^2) con grados k de libertad:

$$Z_1^2 + Z_2^2 + \ldots + Z_k^2 \overset{d}{\sim} \chi_k^2$$

Las construcciones matemáticas para la distribución chi-cuadrado son las siguientes:

$$f(x) = \frac{0.5^{-k/2}}{\Gamma(k/2)} x^{k/2-1} e^{-x/2} \quad \text{para todos } x > 0$$

Media = k

Desviación estándar= $\sqrt{2k}$

Asimetría = $2\sqrt{\frac{2}{k}}$

Exceso de curtosis = $\frac{12}{k}$

Γ es la función gamma. Los grados de libertad k son el único parámetro de distribución.

La distribución chi-cuadrado puede ser también modelada usando una distribución gamma al establecer los parametros:

Parámetro de forma $= \dfrac{k}{2}$ *y escala* $= 2S^2$ donde S es la escala.

Requisitos de entrada:

Grados de libertad > 1 y debe ser un entero < 300

Distribución Coseno

La distribución coseno se parece a una distribución logística donde el valor del medio se encuentra entre el mínimo y el máximo tiene el pico o modo más alto, teniendo consigo la máxima probabilidad de ocurrencia, mientras que en las colas extremas cercanas a los valores mínimo y máximo tiene probabilidad más baja. El mínimo y el máximo son parámetros de la distribución.

Las construcciones matemáticas para la distribución coseno son las siguientes:

$$f(x) = \begin{cases} \dfrac{1}{2b}\cos\left[\dfrac{x-a}{b}\right] & \text{for } \min \leq x \leq \max \\ 0 & \text{otherwise} \end{cases}$$

$$where \; a = \dfrac{\min+\max}{2} \; and \; b = \dfrac{\max-\min}{\pi}$$

$$F(x) = \begin{cases} \dfrac{1}{2}\left[1+\sin\left(\dfrac{x-a}{b}\right)\right] & \text{for } \min \leq x \leq \max \\ 1 & \text{for } x > max \end{cases}$$

$$\text{Media} = \dfrac{Min + Max}{2}$$

$$\text{Desviación estandar} = \sqrt{\dfrac{(Max-Min)^2(\pi^2-8)}{4\pi^2}}$$

Asimetría $= 0$

$$\text{Exceso de curtosis} = \dfrac{6(90-\pi^4)}{5(\pi^2-6)^2}$$

Requerimientos de entrada:

Mínimo $<$ Máximo

Distribución de Doble Logaritmo

La distribución de doble logaritmo se parece a la distribución de Cauchy donde la tendencia central tiene un pico y tiene consigo el valor de densidad de probabilidad más alto, pero, disminuye rápidamente a medida que se aleja del centro, creando una distribución simétrica con un punto extremo entre el mínimo y el máximo. El mínimo y el máximo son los parámetros de la distribución.

Las construcciones matemáticas para la distribución doble logaritmo son las siguientes:

$$f(x) = \begin{cases} \dfrac{-1}{2b}\ln\left(\dfrac{|x-a|}{b}\right) & \text{for } \min \leq x \leq \max \\ 0 & \text{otherwise} \end{cases}$$

$$where \; a = \dfrac{\min+\max}{2} \; and \; b = \dfrac{\max-\min}{2}$$

$$F(x) = \begin{cases} \left[\dfrac{1}{2} - \left(\dfrac{|x-a|}{2b} \right) \right] \left[1 - \ln\left(\dfrac{|x-a|}{b} \right) \right] & \textit{for } \min \leq x \leq a \\[4ex] \left[\dfrac{1}{2} + \left(\dfrac{|x-a|}{2b} \right) \right] \left[1 - \ln\left(\dfrac{|x-a|}{b} \right) \right] & \textit{for } a \leq x \leq \max \end{cases}$$

Media $= \dfrac{Min + Max}{2}$

Desviación estandar $= \sqrt{\dfrac{(Max - Min)^2}{36}}$

Asimetría $= 0$

Requerimientos de entrada:

Mínimo < Máximo

Distribución de Erlang

La distribución de Erlang es la misma distribución Gamma con el requerimiento de que Alfa o el parámetro de forma, debe ser un entero positivo. Un ejemplo de aplicación de la distribución de Erlang es calibrar el rango de transición de los elementos a través de un sistema de estaciones. Dichos sistemas son ampliamente utilizados en biología y ecología (ejemplo., en epidemiología, un individuo puede progresar a un rango exponencial de estar saludable a convertirse en un portador de enfermedades, y continuar exponencialmente de ser portador a ser infeccioso). Alfa (también conocida como la forma) y Beta (también conocida como la escala) son los parámetros de distribución.

Las construcciones matemáticas para la distribución Erlang son las siguientes:

$$f(x) = \begin{cases} \dfrac{\left(\dfrac{x}{\beta} \right)^{\alpha-1} e^{-x/\beta}}{\beta(\alpha-1)} & \textit{for } x \geq 0 \\[3ex] 0 & \textit{otherwise} \end{cases}$$

$$F(x) = \begin{cases} 1 - e^{-x/\beta} \displaystyle\sum_{i=0}^{\alpha-1} \dfrac{(x/\beta)^i}{i!} & \textit{for } x \geq 0 \\[2ex] 0 & \textit{otherwise} \end{cases}$$

Media $= \alpha\beta$

Desviación estandar $= \sqrt{\alpha\beta^2}$

Asimetría $= \dfrac{2}{\sqrt{\alpha}}$

Exceso de curtosis $= \dfrac{6}{\alpha} - 3$

Requerimientos de Entrada:

Alfa (Forma > 0) y es un entero

Beta (Escala) > 0

**Distribución
Exponencial**

La distribución exponencial es ampliamente usada para describir eventos recurriendo a puntos aleatorios en el tiempo, tales como el tiempo entre fallas del equipo electrónico o el tiempo entre llegadas a una cabina de servicio. Está relacionanda a la distribución Poisson, la cual describe el número de ocurrencias de un evento en un intervalo de tiempo dado. Una característica importante de la distribución exponencial es la propiedad "sin memoria" ("memoryless"), la cual significa que la vida futura de un objeto dado tiene la misma distribución, sin importar el tiempo que haya existido. En otras palabras, el tiempo no tiene efecto en los resultados futuros.

Las construcciones matemáticas para la distribución exponencial son las siguientes:

$$f(x) = \lambda e^{-\lambda x} \quad \text{para } x \geq 0; \lambda > 0$$

$$\text{Media} = \frac{1}{\lambda}$$

$$\text{Desviación estándar} = \frac{1}{\lambda}$$

Asimetría = 2 (este valor aplica a todas las entradas λ de clasificación de éxito)

Exceso de curtosis = 6 (este valor aplica a todas las entradas λ de clasificación de éxito)

El rango de éxito (λ) es el único parámetro de distribución. El número de intentos exitosos es denotado por x.

Condiciones

La condición subyacente de la distribución exponencial es:

La distribución exponencial describe el monto de tiempo entre ocurrencias de eventos.

Requisitos de entrada:

Clasificación > 0

**Distribución
Exponencial
Desplazada**

La Distribución Exponencial por lo general se utiliza para describir eventos recurriendo a puntos aleatorios en el tiempo. Tales como el tiempo que transcurre entre eventos como pueden ser fallas en equipo electrónico o el tiempo entre llegadas en una caseta de cobro. Está relacionada con la distribución Poisson, la cual describe el número de acontecimientos de un evento en un intervalo señalado. Una característica importante de la distribución exponencial es su propiedad sin memoria, esto significa que el curso de vida de un objeto específico tiene la misma distribución sin importar el tiempo que existió, en otras palabras, el tiempo no tiene efecto en los resultados futuros. La tasa de éxito (λ) es el único parámetro de distribución.

Requisitos de entrada:

Tasa Lambda > 0

La Ubicación puede ser cualquier valor positivo o negativo incluyendo el cero.

La distribución de valor extremo (Tipo 1) es comunmente usada para descrbir el valor más grande de una respuesta por un periodo de tiempo, por ejemplo, en corrientes de inundaciones, precipitación de lluvia, y terremotos. Otras aplicaciones incluyen las fuerzas de ruptura de materiales, diseño de construcción, cargas aereas y tolerancias. La distribución de valor extremo es también conocida como la distribución Gumbel.

Las construcciones matemáticas para la distribución de valor extremo son las siguientes:

$$f(x) = \frac{1}{\beta} z e^{-Z} \text{ donde } z = e^{\frac{x-\alpha}{\beta}} \quad \text{para } \beta > 0; \text{ y cualquier valor de } x$$

Media $= \alpha + 0.577215\beta$

Desviación estándar $= \sqrt{\frac{1}{6}\pi^2\beta^2}$

Asimetría $= \frac{12\sqrt{6}(1.2020569)}{\pi^3} = 1.13955$ (esto aplica para todos los valores de moda y escala)

Curtosis de exceso $= 5.4$ (esto aplica para todos los valores de moda y escala)

Moda (α) y escala (β) son los parámetros de distribución.

Calcular Parámetros

Hay dos parámetros estándar para la distribución de valor extremo: *moda y escala*. El parámetro de moda es el valor más probable para la variable (el punto más alto en la distribución de probabilidad). Después que seleccione el parámetro de moda, usted puede estimar el parámetro de escala. El parámetro de escala es un número mayor que 0. Entre más grande sea el parámetro de escala, más grande será la variación.

Requisitos de entrada:

Moda (Alfa) puede ser cualquier valor.

Escala (Beta) > 0

La distribución F, también conocida como la distribución Fisher-Snedecor, es también otra distribución continua usada más frecuentemente en pruebas de hipótesis. Especificamente, es usada para probar la diferencia estadística entre dos variaciones en análisis de pruebas de variación y pruebas de cociente de probabilidad. La distribución F con los grados de libertad n en el numerador y grados de libertad m en el denominador está relacionada con la distribución chi-cuadrado en:

$$\frac{\chi_n^2 / n}{\chi_m^2 / m} \overset{d}{\sim} F_{n,m}$$

Media $= \dfrac{m}{m-2}$

Desviación estándar $= \dfrac{2m^2(m+n-2)}{n(m-2)^2(m-4)}$ para todo $m > 4$

$$\text{Asimetría} = \frac{2(m+2n-2)}{m-6}\sqrt{\frac{2(m-4)}{n(m+n-2)}}$$

Exceso de curtosis =

$$\frac{12(-16+20m-8m^2+m^3+44n-32mn+5m^2n-22n^2+5mn^2}{n(m-6)(m-8)(n+m-2)}$$

Los grados de libertad n en el numerador y grados de libertad m en el denominador son los únicos parámetros de la distribución.

Requisitos de entrada:

Grados de libertad en el numerador y grados de libertad en el denominador > 0 y enteros.

Distribución
Gamma
(Distribución
Erlang)

La distribución gamma es aplicable a un amplio rango de cantidades físicas y está relacionada a otras distribuciones: lognormal, exponencial, Pascal, Erlang, Poisson, y Chi-cuadrada. Se usa en procesos metereológicos para representar concentraciones contaminantes y cantidades de precipitación. La distribución gamma también es usada para medir el tiempo entre la ocurrencia de eventos cuando el proceso de eventos no es completamente aleatorio. Otras aplicaciones de la distribución gamma incluyen control de inventario, teoría económica y teoría de seguros de riesgo.

Condiciones

La distribución gamma es mayormente usada como la distribución de un periodo de tiempo hasta la *r-esima* ocurrencia de un evento en un proceso Poisson. Cuando se usa en esta forma, las tres condiciones subyacentes de la distribución gamma son:

El número de posibles ocurrencias en cualquier unidad de medida no está limitada a un número fijo.

Las ocurrencias son independientes. El número de ocurrencias en una unidad de medición no afecta el número de ocurrencias en otras unidades.

El número promedio de ocurrencias debe permanecer igual de unidad a unidad.

Las construcciones matemáticas para la distribución gamma son las siguientes:

$$f(x) = \frac{\left(\dfrac{x}{\beta}\right)^{\alpha-1} e^{-\frac{x}{\beta}}}{\Gamma(\alpha)\beta} \quad \text{con cualquier valor de } \alpha > 0 \text{ y } \beta > 0$$

Media = $\alpha\beta$

Desviación estándar = $\sqrt{\alpha\beta^2}$

Asimetría = $\dfrac{2}{\sqrt{\alpha}}$

Exceso de curtosis = $\dfrac{6}{\alpha}$

Parámetro de forma alfa (α) y parámetro de escala beta (β) son parámetros de distribución, y Γ es la función Gamma.

Cuando el parámetro alfa es un entero positivo, la distribución gamma es llamada distribución Erlang, usada para predecir tiempos de espera en sistemas de formación de colas, donde la distribución Erlang es la suma de variables independientes e idénticamente distribuidas aleatoriamente cada una teniendo una distribución exponencial sin memoria. Establecer *n* como número de estas variables aleatorias, las construcciones matemáticas de la distribución Erlang son:

$$f(x) = \frac{x^{n-1}e^{-x}}{(n-1)!}, \text{ para todo } x > 0 \text{ y todos enteros positivos de } n$$

Requisitos de entrada:

Escala beta > 0 y puede ser cualquier valor positivo

Forma Alfa ≥ 0.05 y cualquier valor positivo

Localización puede ser cualquier valor

Distribución de Laplace

La distribución de Laplace es a veces llamada la distribución doble exponencial porque puede ser construida con dos distribuciones exponenciales (con un parámetro de ubicación adicional) colocadas juntas espalda con espalda, creando un pico inusual en el medio. La función de densidad de probabilidad de la distribución de Laplace se parece a la de la distribución normal. Sin embargo, mientras la distribución normal es expresada en términos de diferencia cuadrada a partir de la media, la densidad de Laplace es expresada en términos de la diferencia absoluta de la media, haciendo la cola de la distribución de Laplace más ancha que aquellas de la distribución normal. Cuando el parámetro de ubicación es puesto en cero, la variable aleatoria de la distribución de Laplace es exponencialmente distribuida con el inverso del parámetro de escala. Alfa (también conocido como la ubicación) y Beta (también conocida como la escala) son parámetros de la distribución.

Las construcciones matemáticas para la distribución Laplace son las siguientes:

$$f(x) = \frac{1}{2\beta} \exp\left(-\frac{|x-\alpha|}{\beta}\right)$$

$$F(x) = \begin{cases} \frac{1}{2}\exp\left[\frac{x-\alpha}{\beta}\right] & \text{when } x < \alpha \\ 1 - \frac{1}{2}\exp\left[-\frac{x-\alpha}{\beta}\right] & \text{when } x \geq \alpha \end{cases}$$

Media = α

Desviación estandar = 1.4142β

Asimetría = 0

Exceso de curtosis = 3

Requerimientos de entrada:

Alfa (Ubicación) puede ser cualquier valor positivo o negativo incluyendo el cero

Beta (Escala) > 0

Distribución Logística

La distribución logística es comúnmente usada para describir crecimiento, es decir, el tamaño de una población expresada como una función variable en el tiempo. También puede ser usada para describir reacciones químicas y el curso de crecimiento para poblaciones o individuos.

Las construcciones matemáticas para la distribución logística son las siguientes:

$$f(x) = \frac{e^{\frac{\alpha-x}{\beta}}}{\beta \left[1 + e^{\frac{\alpha-x}{\beta}} \right]^2} \quad \text{para cualquier valor de } \alpha$$

Media $= \alpha$

Desviación estandar $= \sqrt{\frac{1}{3} \pi^2 \beta^2}$

Asimetría = 0 (esto aplica a toda media y entradas de escala)

Curtosis de exceso = 1.2 (esto aplica a toda media y entradas de escala)

Media (α) y escala (β) son los parámetros de la distribución.

Calcular Parámetros

Hay dos parámetros estándar para la distribución logística: *media y escala*. El parámetro de media es el valor promedio, el cual para esta distribución el mismo que la moda, porque esta es una distribución simétrica. Después que seleccione el parámetro de media, puede estimar el parámetro de escala. El parámetro de escala es un número mayor a 0. Entre más grande sea el parámetro de escala, mayor será la variación.

Requisitos de entrada:

Escala Beta > 0 y puede ser cualquier valor positivo

La media Alfa puede ser cualquier valor

Distribución Lognormal

La distribución lognormal es ampliamente usada en situaciones donde los valores son positivamente desviados, por ejemplo, en análisis financiero para valuación de seguridad o en bienes y raíces para valuación de propiedades, y donde los valores no pueden caer bajo cero.

Los precios de las acciones son usualmente desviados positivamente en vez de normalmente (simétricamente) distribuidos. Los precios de las acciones muestran esta tendencia porque no pueden caer más abajo del límite de cero pero se podrían incrementar a cualquier precio sin límites. Similarmente, los precios de bienes raíces ilustran desviación positiva como valores de propiedad no pueden llegar a ser negativos.

Condiciones

Las tres condiciones subyacentes de la distribución lognormal son:

- La variable incierta puede incrementarse sin límites pero no puede caer bajo cero.

- La variable incierta es positivamente desviada, con la mayoría de los valores cerca del límite más bajo.

- El logaritmo natural de la variable incierta produce una distribución normal.

Generalmente, si el coeficiente de variabilidad es mayor al 30 por ciento, use una distribución lognormal. De otra manera, use una distribución normal.

Las construcciones matemáticas para a distribución lognormal son las siguientes:

$$f(x) = \frac{1}{x\sqrt{2\pi}\ln(\sigma)}e^{-\frac{[\ln(x)-\ln(\mu)]^2}{2[\ln(\sigma)]^2}} \quad \text{para } x > 0; \mu > 0 \text{ y } \sigma > 0$$

$$\text{Media} = \exp\left(\mu + \frac{\sigma^2}{2}\right)$$

$$\text{Desviación estándar} = \sqrt{\exp(\sigma^2 + 2\mu)[\exp(\sigma^2) - 1]}$$

$$\text{Asimetría} = \left\lfloor\sqrt{\exp(\sigma^2) - 1}\right\rfloor(2 + \exp(\sigma^2))$$

$$\text{Curtosis de exceso} = \exp(4\sigma^2) + 2\exp(3\sigma^2) + 3\exp(2\sigma^2) - 6$$

Media (μ) y desviación Estándar (σ) son los parámetros de distribución.

Requisitos de entrada:

Media y desviación estándar ambas > 0 y pueden ser cualquier valor positivo

Conjunto de Parámetros Lognormal

Por default, la distribución lognormal usa la media arimética y la desviación estándar. Para aplicaciones para las cuales los datos históricos están disponibles, es más apropiado usar, ya sea, la media logarítmica y la desviación estándar, o la media geométrica y la desviación estándar.

Distribución Lognormal Desplazada

La distribución lognormal es ampliamente utilizada donde los valores con sesgados positivamente, por ejemplo, en análisis financiero para una valuación de seguridad o en un estado real para la valuación de una propiedad, y cuando los valores no pueden caer bajo cero. Los precios de almacén son generalmente sesgados positivamente mas que distribuidos normalmente (simétricamente). Los precios de almacén muestran esta tendencia porque no pueden caer menor que el límite inferior de cero pero pueden incrementarse a cualquier precio sin un límite. En cambio, la distribución lognormal desplazada es la misma distribución lognormal, pero, es desplazada de manera que el valor resultante pueda tener valores negativos. La media (promedio), desviación estándar, y el desplazamiento son parámetros de la distribución.

Requerimientos de entrada:

Media > 0

Desviación Estándar > 0

El desplazamiento puede ser cualquier valor positivo o negativo incluyendo el cero

La distribución normal es la más importante distribución en teoría de probabilidad porque describe muchos fenómenos naturales, tales como el IQ de las personas o su altura. Los que toman la decisión pueden usar la distribución normal para describir variables inciertas tales como el nivel de inflación o el precio futuro de la gasolina.

Condiciones

Las tres condiciones subyacentes de la distribución normal son:

- Algúnos valores de la variable incierta son más probables (la media de distribución).

- La variable incierta podría probablemente estár por encima de la media así como podría estar como podría estar debajo de ella (simétrica en relación a la media).

- La variable incierta es más probable que esté en la cercanía de la media a que se encuentre más lejos.

Las construcciones matemáticas para la distribución normal son las siguientes:

$$f(x) = \frac{1}{\sqrt{2\pi}\sigma} e^{-\frac{(x-\mu)^2}{2\sigma^2}} \quad \text{para todos los valores de } x$$

$$y \; \mu; \text{ mientras } \sigma > 0$$

Media $= \mu$

Desviación estandar $= \sigma$

Asimetría = 0 (esto aplica a toda entrada de media y desviación estándar)

Curtosis = 0 (esto aplica a toda entrada de media y desviación estándar)

Media (μ) y desviación estándar (σ) son los parámetros de la distribución.

Requisitos de entrada:

Desviación Estándar > 0 y puede ser cualquier valor positivo

La media puede tomar cualquier valor

Distribución Parabólica

La distribución parabólica es un caso especial de la distribución de beta cuando Forma = Escala = 2. Los valores cierran al mínimo y el máximo tiene probabilidades bajas de ocurrencia mientras que valores entre estos dos extremos tienen probabilidades u ocurrencia más altas. El mínimo y el máximo son los parámetros de distribución.

Las construcciones matemáticas para la distribución parabólica son las siguientes:

$$f(x) = \frac{(x)^{(\alpha-1)}(1-x)^{(\beta-1)}}{\left[\frac{\Gamma(\alpha)\Gamma(\beta)}{\Gamma(\alpha+\beta)} \right]} \quad \text{for } \alpha > 0; \beta > 0; x > 0$$

Alpha = Beta = 2

$$\text{Media} = \frac{Min + Max}{2}$$

$$\text{Desviación estandar} = \sqrt{\frac{(Max - Min)^2}{20}}$$

Asimetría = 0

Exceso de curtosis = −0.8571

Requerimientos de entrada:

Mínimo < Máximo

Distribución de Pareto

La distribución de Pareto es ampliamente usada para la investigación de distribuciones asociadas con fenómenos empíricos tales como la medida de población de las ciudades, la presencia de recursos naturales, el tamaño de las compañías, ingresos personales, fluctuaciónes en el precio de acciones, y agrupamientos de error en circuitos de comunicación.

Las construcciones matemáticas para la distribución Pareto son las siguientes:

$$f(x) = \frac{\beta L^\beta}{x^{(1+\beta)}} \quad \text{para } x > L$$

$$\text{Media} = \frac{\beta L}{\beta - 1}$$

$$\text{Desviación estandar} = \sqrt{\frac{\beta L^2}{(\beta - 1)^2 (\beta - 2)}}$$

$$\text{Asimetría} = \sqrt{\frac{\beta - 2}{\beta}}\left[\frac{2(\beta + 1)}{\beta - 3}\right]$$

$$\text{Exceso de curtosis} = \frac{6(\beta^3 + \beta^2 - 6\beta - 2)}{\beta(\beta - 3)(\beta - 4)}$$

Forma (α) y Localización (β) son los parámetros de distribución.

Calcular Parámetros

Hay dos parámetros estándar para la distribución de Pareto: *localización y forma*. El parámetro de localización es el límite más bajo para la variable. Después de que seleccione el parámetro de localización, puede estimar el parámetro de forma. El parámetro de forma es un número mayor a 0, usualmente mayor a 1. Entre más grande sea el parámetro de forma, más pequeña será la variación y más gruesa la cola derecha de la distribución.

Requisitos de entrada:

Localización > 0 y puede ser cualquier valor positivo

Forma ≥ 0.05

Distribución Pascal

La distribución Pascal es útil para modelar la distribución de un número de intentos totales requerido para obtener el número de ocurrencias satisfactorias solicitado. Por ejemplo, con la finalidad de concretar un total de 10 oportunidades de venta, ¿cuántas llamadas de ventas necesitas hacer para obtener cierta probabilidad de éxito en cada llamada? El eje X muestra el número total de llamadas requeridas, el cual incluye llamadas exitosas y no exitosas. El número de intentos no se ajusta, los intentos continúan hasta el R-ésimo éxito, y la probabilidad de éxito es la misma de un intento a otro. La distribución de Pascal se encuentra relacionada a la distribución binomial negativa. La distribución binomial negativa computa el número de eventos requerido por encima del número de éxitos solicitados dada cierta probabilidad (en otras palabras, el total de fracasos), mientras que la distribución de Pascal calcula el número total de eventos requeridos (en otras palabras, la suma de fracasos y éxitos) para alcanzar los éxitos requeridos dada cierta probabilidad. Los Éxitos requeridos y la probabilidad son parámetros de la distribución.

Las construcciones matemáticas para la distribución Pascal son las siguientes:

$$f(x) = \begin{cases} \dfrac{(x-1)!}{(x-s)!(s-1)!}\, p^S (1-p)^{X-S} & \text{for all } x \geq s \\ 0 & \text{otherwise} \end{cases}$$

$$F(x) = \begin{cases} \displaystyle\sum_{x=1}^{k} \dfrac{(x-1)!}{(x-s)!(s-1)!}\, p^S (1-p)^{X-S} & \text{for all } x \geq s \\ 0 & \text{otherwise} \end{cases}$$

$$\text{Media} = \frac{s}{p}$$

$$\text{Desviación estandar} = \sqrt{s(1-p)p^2}$$

$$\text{Asimetría} = \frac{2-p}{\sqrt{r(1-p)}}$$

$$\text{Exceso de curtosis} = \frac{p^2 - 6p + 6}{r(1-p)}$$

Requerimientos de entrada:

Éxitos requeridos > 0 y es un entero

$0 \leq \text{Probabilidad} \leq 1$

Distribución de Pearson V

La distribución de Pearson V se encuentra relacionada a la distribución de Gamma Inversa, donde ésta es el recíproco de la variable distribuida de acuerdo a la distribución Gamma. La distribución de Pearson V también es empleada para modelar el tiempo de retraso donde el mínimo retraso y el máximo retraso no están acotados, ejemplo., retraso en la llegada de servicios de emergencia y tiempo en reparar una máquina. Alfa (también conocida como forma) y Beta (también conocida como escala) son los parámetros de la distribución.

Las construcciones matemáticas para la distribución Pearson V son las siguientes:

$$f(x) = \frac{x^{-(\alpha+1)} e^{-\beta/x}}{\beta^{-\alpha} \Gamma(\alpha)}$$

$$F(x) = \frac{\Gamma(\alpha, \beta/x)}{\Gamma(\alpha)}$$

$$\text{Media} = \frac{\beta}{\alpha - 1}$$

$$\text{Desviación estandar} = \sqrt{\frac{\beta^2}{(\alpha-1)^2 (\alpha-2)}}$$

$$\text{Asimetría} = \frac{4\sqrt{\alpha - 2}}{\alpha - 3}$$

$$\text{Exceso de curtosis} = \frac{30\alpha - 66}{(\alpha - 3)(\alpha - 4)} - 3$$

Requerimientos de entrada:

Alfa (Forma) > 0

Beta (Escala) > 0

Distribución de Pearson VI

La distribución de Pearson VI se encuentra relacionada con la distribución Gamma, donde ésta es la función racional de dos variables distribuidas de acuerdo a dos distribuciones Gamma. Alfa 1 (también conocida como forma 1), Alfa 2 (también conocida como forma 2), y Beta (también conocida como escala) son los parámetros de la distribución.

Las construcciones matemáticas para la distribución Pearson VI son las siguientes:

$$f(x) = \frac{(x/\beta)^{\alpha_1 - 1}}{\beta\, B(\alpha_1, \alpha_2)[1 + (x/\beta)]^{\alpha_1 + \alpha_2}}$$

$$F(x) = F_B\left(\frac{x}{x + \beta}\right)$$

$$\text{Media} = \frac{\beta \alpha_1}{\alpha_2 - 1}$$

$$\text{Desviación estandar} = \sqrt{\frac{\beta^2 \alpha_1 (\alpha_1 + \alpha_2 - 1)}{(\alpha_2 - 1)^2 (\alpha_2 - 2)}}$$

$$\text{Asimetría} = 2\sqrt{\frac{\alpha_2 - 2}{\alpha_1(\alpha_1 + \alpha_2 - 1)}}\left[\frac{2\alpha_1 + \alpha_2 - 1}{\alpha_2 - 3}\right]$$

$$\text{Exceso de curtosis} = \frac{3(\alpha_2 - 2)}{(\alpha_2 - 3)(\alpha_2 - 4)}\left[\frac{2(\alpha_2 - 1)^2}{\alpha_1(\alpha_1 + \alpha_2 - 1)} + (\alpha_2 + 5)\right] - 3$$

Requerimientos de entrada:

Alfa 1 (Forma 1) > 0

Alfa 2 (Forma 2) > 0

Beta (Escala) > 0

Distribución de PERT

La distribución PERT es ampliamente utilizada en la gestión de programas y proyectos para definir el peor de los casos, el caso más probable, y los mejores escenarios posibles de tiempo para completar el proyecto. Se relaciona con la distribución Beta y la distribución triangular. La distribución PERT puede utilizarse para identificar los riesgos en un proyecto y los modelos de costes basado en la probabilidad de cumplimiento de los objetivos y metas a través de cualquier número de componentes del proyecto utilizando valores mínimos, más probables, y valores máximos, pero está diseñada para generar una distribución que se asemeje más a distribuciones de probabilidad realistas. La distribución PERT puede proporcionar un mejor ajuste a la distribución normal o lognormal. Al igual que la distribución triangular, la distribución PERT hace hincapié en el valor "más probable" respecto de las estimaciones mínimas y máximas. Sin embargo, a diferencia de la distribución triangular, la distribución PERT construye una curva suave que hace hincapié cada vez más en valores en torno a (cerca) el valor más probable, en favor de los valores alrededor de los bordes. En la práctica, esto significa que "confiamos" en la estimación del valor más probable, y creemos que aunque no es exactamente preciso (como son las estimaciones), tenemos la expectativa de que el valor resultante será similar a la estimación. Suponiendo que muchos fenómenos del mundo real se distribuyen normalmente, el atractivo de la distribución PERT es que produce una curva similar a la curva normal en forma, sin saber los parámetros exactos relacionados con la curva normal. El Mínimo, el más probable, y el máximo son los parámetros de distribución.

Las construcciones matemáticas para la distribución PERT son las siguientes:

$$f(x) = \frac{(x-min)^{A1-1}(max-x)^{A2-1}}{B(A1, A2)(max-min)^{A1+A2-1}}$$

$$where\ A1 = 6\left[\frac{\frac{min+4(likely)+max}{6} - min}{max-min}\right]\ and\ A2 = 6\left[\frac{max - \frac{min+4(likely)+max}{6}}{max-min}\right]$$

and B is the Beta function

$$Media = \frac{Min + 4Mode + Max}{6}$$

$$Desviación\ estandar = \sqrt{\frac{(\mu - Min)(Max - \mu)}{7}}$$

$$Asimetría = \sqrt{\frac{7}{(\mu - Min)(Max - \mu)}}\left(\frac{Min + Max - 2\mu}{4}\right)$$

Requerimientos de Entrada:

Mínimo ≤ Más Probable ≤ Máximo pueden ser positivos, negativos o cero.

Distribución Potencia

La distribución Potencia se encuentra relacionada con la distribución exponencial en que la probabilidad de pequeños resultados es grande pero exponencialmente decrece a medida que los valores de los resultados incrementan. Alfa (también conocida como forma) es el único parámetro de la distribución.

Las construcciones matemáticas para la distribución potencia son las siguientes:

$$f(x) = \alpha x^{\alpha-1}$$
$$F(x) = x^{\alpha}$$

$$Media = \frac{\alpha}{1+\alpha}$$

$$Desviación\ estandar = \sqrt{\frac{\alpha}{(1+\alpha)^2(2+\alpha)}}$$

$$Asimetría = \sqrt{\frac{\alpha+2}{\alpha}}\left(\frac{2(\alpha-1)}{\alpha+3}\right)$$

Requerimientos de entrada:

Alfa (Forma) > 0

Distribución Multiplicativa de Potencia Desplazado

La distribución Potencia se encuentra relacionada con la distribución exponencial en que la probabilidad de pequeños resultados es grande pero exponencialmente decrece a medida que los valores de los resultados incrementan. Alfa (también conocida como forma) es el único parámetro de la distribución.

Requerimientos de entrada:

Alfa (Forma) > 0

La Ubicación puede ser cualquier valor positivo o negativo incluyendo el cero.

Factor > 0

Distribución T - Student

La distribución t - student es la distibución más ampliamente usada en prueba de hipótesis. Esta distribución es usada para estimar la media de una población distribuida normalmente cuando el tamaño de la muestra es pequeño, y es usada para probar la significancia estadística de la diferencia entre dos medias muestrales o intervalos de confianza para tamaños de muestras pequeñas.

Las construcciones matemáticas para la distribución t son las siguientes:

$$f(t) = \frac{\Gamma[(r+1)/2]}{\sqrt{r\pi}\ \Gamma[r/2]}(1+t^2/r)^{-(r+1)/2}$$

Media = 0 (esto aplica a todos los grados de libertad r excepto si la distribución es cambiada a otra localización central no cero).

Desviación estándar = $\sqrt{\dfrac{r}{r-2}}$

Asimetria = 0 (esto aplica a todo grado de libertad r)

Exceso de curtosis= $\dfrac{6}{r-4}$ para todo $r > 4$

donde $t = \dfrac{x - \bar{x}}{s}$ y Γ es la función gamma.

Grados de libertad r es el único parámetro de la distribución.

La distribución t está relacionada a la distribución F como sigue: el cuadrado de un valor de t con grados r de libertad es distribuido como F con 1 y grados r de libertad. La forma completa de la función de densidad de probabilidad de la distribución t también se parece a la forma de campana de una variable distribuida normalmente con media 0 y variación 1, excepto que es un poco más baja y amplia o es leptocúrtica (colas gruesas a los extremos y centro en pico). Ya que el número de grados de libertad crece (digamos, arriba de 30), la distribución t se acerca a la distribución normal con media 0 y variación 1.

Requisitos de entrada:

Grados de libertad ≥ 1 y debe ser un entero

La distribución triangular describe una situación donde usted conoce los valores mínimos, máximos, y más probables a ocurrir. Por ejemplo, usted podría describir el número de carros vendidos por semana, cuando ventas pasadas muestran el número mínimo, máximo, y usual de carros vendidos.

Condiciones

Las tres condiciones subyacentes de la distribución triangular son:

- El número minimo de artículos es fijo.

- El número máximo de artículos es fijo.

- El número más probable de artículos cae entre los valores máximos y mínimos, formando una distribución en forma de triangulo, la cual muestra que los valores cerca del mínimo y el máximo son menos probables de ocurrir que aquellos cerca del valor más probable.

Las construcciones matemáticas para la distribución triangular son:

$$f(x) = \begin{cases} \dfrac{2(x - Min)}{(Max - Min)(probable - min)} & \text{para } Min < x < probable \\ \dfrac{2(Max - x)}{(Max - Min)(Max - probable)} & \text{para } probable < x < Max \end{cases}$$

Media = $\dfrac{1}{3}(Min + probable + Max)$

Desviación estándar=

$$\sqrt{\frac{1}{18}(Min^2 + probable^2 + Max^2 - Min\,Max - Min\,probable - Max\,probable)}$$

Asimetría =

$$\frac{\sqrt{2}(Min + Max - 2probable)(2Min - Max - probable)(Min - 2Max + probable)}{5(Min^2 + Max^2 + probable^2 - MinMax - Minprobable - Maxprobable)^{3/2}}$$

Exceso de curtosis= –0.6 (esto aplica a toda entrada de *Min*, *Max*, y *Probable*)

Valor Mínimo (*Min*), valor más probable (*Probable*) y valor máximo (*Max*) son los parámetros de la distribución.

Requisitos de entrada:

Min ≤ Más Probable ≤ Max y puede tomar cualquier valor

Sin embargo, Min < Max y pueden tomar cualquier valor

Con la distribución uniforme todos los valores caen entre el mínimo y máximo y ocurren con la misma probabilidad.

Condiciones

Las tres condiciones subyacentes de la distribución uniforme son:

El valor mínimo es fijo.

El valor máximo es fijo.

Todos los valores entre el mínimo y máximo ocurren con la misma probabilidad.

Las construcciones matemáticas para la distribución uniforme son:

$$f(x) = \frac{1}{Max - Min} \text{ para todos los valores tales que } Min < Max$$

$$\text{Media} = \frac{Min + Max}{2}$$

$$\text{Desviación estandar} = \sqrt{\frac{(Max - Min)^2}{12}}$$

Asimetría = 0 (esto aplica a toda entrada *Min* y *Max*)

Exceso de curtosis = −1.2 (esto aplica a toda entrada *Min* y *Max*)

Valor Máximo (*Max*) y valor mínimo (*Min*) son los parámetros de distribución.

Requisitos de entrada:

Min < Max y pueden tomar cualquier valor.

Distribución Weibull (Distribución Rayleigh)

La distribución Weibull describe datos resultantes de pruebas de vida y fatiga. Es comúnmente usada para describir tiempo de falla en estudios de confianza y pruebas de control de calidad. Las distribuciones Weibull también son usadas para representar varias cantidades físicas, tales como la velocidad del viento.

La distribución Weibull es una familia de distribuciones que pueden asumir las propiedades de otras distribuciones. Por ejemplo, dependiendo del parámetro de forma que usted defina, la distribución Weinbull puede ser usdada para modelar las distribuciones exponencial y Rayleigh, entre otras. La distribución Weibull es muy flexible. Cuando el parámetro de forma de Weibull es igual a 1.0, la distribución es idéntica a la distribución exponencial.

El parámetro de localización Weibull le permite establecer una distribución exponencial para iniciar en una localización distinta de 0. Cuando el parámetro de forma es menor a 1.0, la distribución de Weibull se vuelve una curva en decline. Un manufacturador podría encontrar este efecto muy útil para describir fallas parciales durante un periodo de prueba.

Las construcciones matemáticas para la distribución Weibull son las siguientes:

$$f(x) = \frac{\alpha}{\beta} \left[\frac{x}{\beta}\right]^{\alpha-1} e^{-\left(\frac{x}{\beta}\right)^{\alpha}}$$

$$\text{Media} = \beta \Gamma(1 + \alpha^{-1})$$

$$\text{Desviación estandar} = \beta^2 \left[\Gamma(1 + 2\alpha^{-1}) - \Gamma^2(1 + \alpha^{-1})\right]$$

$$\text{Asimetría} = \frac{2\Gamma^3(1 + \beta^{-1}) - 3\Gamma(1 + \beta^{-1})\Gamma(1 + 2\beta^{-1}) + \Gamma(1 + 3\beta^{-1})}{\left[\Gamma(1 + 2\beta^{-1}) - \Gamma^2(1 + \beta^{-1})\right]^{3/2}}$$

Exceso de curtosis =

$$\frac{-6\Gamma^4(1 + \beta^{-1}) + 12\Gamma^2(1 + \beta^{-1})\Gamma(1 + 2\beta^{-1}) - 3\Gamma^2(1 + 2\beta^{-1}) - 4\Gamma(1 + \beta^{-1})\Gamma(1 + 3\beta^{-1}) + \Gamma(1 + 4\beta^{-1})}{\left[\Gamma(1 + 2\beta^{-1}) - \Gamma^2(1 + \beta^{-1})\right]^2}$$

Forma (*α*) y escala de localización central (*β*) son los parámetros de distribución, y *Γ* es la función Gamma.

Requisitos de entrada:

Forma Alfa ≥ 0.05

Escala Beta > 0 y puede ser cualquier valor positivo

Distribución Multiplicativa de Weibull y Rayleigh Desplazado

La distribución Weibull y describe la información resultante de pruebas de vida o fatiga en materiales. Comúnmente utilizada para describir el tiempo de falla en estudios de integridad estructural al igual que la resistencia de materiales en estudios de control de calidad. La Distribución Rayleigh es un caso especial de Distribución Weibull cuando el parámetro de forma es igual a 2.0. La Distribución Weibull es una familia de distribuciones que pueden asumir las propiedades de varias distribuciones. Las distribuciones Weibull también se utilizan para representar varias cantidades físicas, como es la velocidad del viento. La distribución Weibull es una familia de distribuciones que pueden adoptar las propiedades de otras distribuciones. Por ejemplo, dependiendo de la forma de parámetro que usted defina, la distribución Weibull se puede utilizar para moldear las distribuciones Exponenciales y Rayleigh, entre otras. La distribución Weibull es muy flexible. Cuando el parámetro de forma de Weibull es igual a 1.0, la distribución Weibull es idéntica a la de la distribución exponencial. La escala de ubicación central Weibull o el parámetro beta le permite establecer una distribución exponencial para comenzar una ubicación aparte de 0.0. Cuando el parámetro de forma sea menor de 1.0, la distribución Weibull drásticamente se convierte en una curva empinada. Un fabricante puede encontrar este efecto útil al describir las fallas de piezas en periodo de marcado. Forma (α) y escala (β) son los parámetros de distribución.

Requisitos de entrada:

Forma Alfa > 0.05

Escala de Ubicación Central o Beta > 0 y puede ser cualquier valor positivo.

La Ubicación puede ser cualquier valor positivo o negativo incluyendo el cero.

Factor > 0

3. PRONÓSTICO

P ronosticar es el acto de predecir el futuro, ya sea, basado en datos históricos o especulación acerca del futuro cuando no existe historia o información. Cuando los datos históricos existen, un enfoque cuantitativo o estadístico es lo mejor, pero si no existen datos históricos, entonces potencialmente un enfoque cualitativo o de juicio es usualmente el único recurso. La Figura 3.1 enlista las más comunes metodologías para pronosticar.

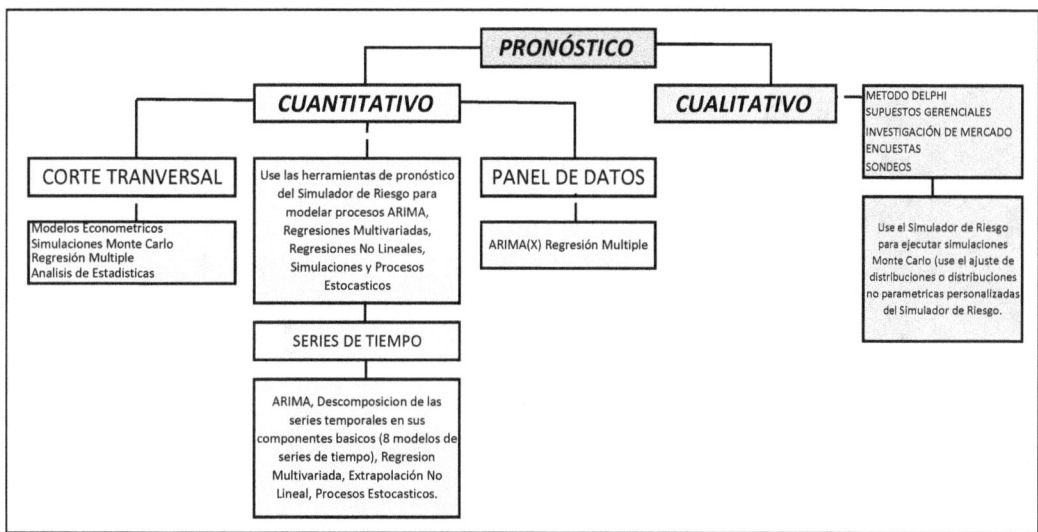

Figura 3.1 – Métodos de Pronóstico

3.1 Diferentes Tipos de Técnicas de Pronóstico

Generalmente, pronosticar puede dividirse en cuantitativo y cualitativo. El pronóstico cualitativo es usado cuando la información histórica, o reciente es poco confiable, o existen pocos datos comparativos. Existen algunos métodos cualitativos como el Delphi o la opinión de expertos (una construcción de opiniones de expertos en un campo, expertos de mercadeo, o personal interno de la empresa), supuestos gerenciales (la tasa de crecimiento objetivo definida por el consejo administrativo o la gerencia general), así como investigaciones de mercado o datos externos o encuestas de opinión (datos obtenidos a través de distintos recursos, indicadores industriales, desde la investigación activa del mercado). Estos estimativos pueden ser puntuales (un consenso promedio) o un conjunto de variables de pronóstico (como una distribución de pronósticos). Este último se puede introducir en el *simulador de riesgo* como una distribución personalizada y los resultados del pronóstico pueden ser simulados. Esta es una simulación no paramétrica usando datos estimados como la distribución.

En el lado cuantitativo del pronóstico, los datos disponibles o datos que se necesitan para realizar el pronóstico pueden ser divididos en series de tiempo (valores que tienen un componente temporal, como los ingresos en diferentes años, tasas de inflación, tasas de interés, acciones de mercado, y así sucesivamente), datos de corte transversal (valores que son independientes del tiempo, como el promedio entre los estudiantes universitarios en la nación en un año particular, tomando de cada uno, los valores de sus exámenes SAT, puntajes de coeficiente intelectual y el número de bebidas alcohólicas consumidas por semana), o datos de panel (combinación entre datos de series de tiempo y de corte transversal, por ejemplo, los mismos estudiantes y sus puntajes pero estudiados a través del tiempo, etc.).

El programa del *Simulador de Riesgo* ofrece al usuario diversas metodologías de pronóstico:

1. ARIMA (Proceso Autoregresivo Integrado de Media Móvil)

2. Auto ARIMA

3. Auto Econometría

4. Econometría Básica

5. Distribución Personalizada No Paramétrica

6. Lógica Difusa Combinatoria

7. Spline Cúbico

8. GARCH (Proceso Autoregresivo de Heteroscedasticidad Condicional Generalizada)

9. Curvas J

10. Curvas S

11. Cadena de Markov

12. Máxima Probabilidad

13. Redes Neuronales

14. Extrapolación No Lineal

15. Análisis de Regresión

16. Pronóstico Estocástico

17. Análisis de Series de Tiempo

18. Líneas de Tendencia

Los detalles del análisis de cada método del pronóstico quedan fuera del ámbito de éste manual de usuario. Para más detalles, por favor revise *Modeling Risk*, 3rd Edition, del Dr. Johnathan Mun (2015), quien es también el creador del programa del *Simulador de Riesgo*. Sin embargo, a continuación se ilustra algunas de las aplicaciones más comunes. Todas las demás aplicaciones de pronóstico son bastante fáciles de aplicar dentro del Simulador de Riesgo.

3.2 Correr la Herramienta de Pronóstico en el Simulador de Riesgo

En general, para crear pronósticos, se requieren varios pasos rápidos:

- Inicie Excel e ingrese o abra sus datos históricos ya existentes

- Seleccione los datos, y de Click en *Simulación* y seleccione *Pronosticar*

- Seleccione las secciones relevantes (ARIMA, Regresión Multivariada, Extrapolación No lineal, Pronóstico Estocástico, Análisis de Serie de Tiempo) e ingrese las entradas relevantes

La Figura 3.2 ilustra la herramienta de *Pronóstico* y las distintas metodologías.

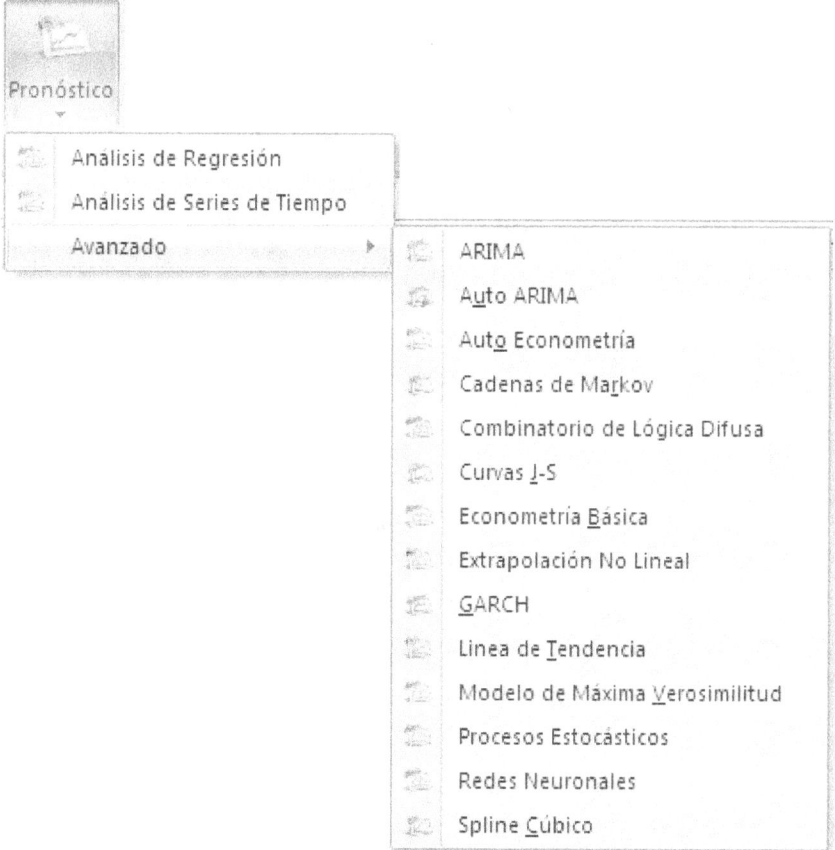

Figura 3.2 – Métodos de Pronóstico del Simulador de Riesgo

Lo siguiente provee un rápido repaso de cada metodología y rápidos ejemplos de *"como empezar"* al usar el software. El archivo de ejemplo puede ser encontrado ya sea en el menú de inicio en **Inicio / Programas / Real Options Valuation / Simulador de Riesgo / Ejemplos** o ingresando directamente a través **Simulador de Riesgo / Modelos de Ejemplo**.

3.3 Análisis de Serie de Tiempo

Teoría

La Figura 3.3 muestra los ocho modelos de serie de tiempo más comunes, discriminados por estacionalidad y tendencia. Por ejemplo, si la variable de datos no tiene tendencia o estacionalidad, entonces un modelo único de promedio móvil o un modelo de exponencial de suaviza miento simple serían suficientes. Pero, si la estacionalidad existe pero ninguna tendencia discernible está presente, se utilizaría mejor un modelo aditivo estacional o un modelo multiplicativo estacional, y así por sucesivamente.

	No Estacionalidad	Con Estacionalidad
Sin Tendencia	*Promedio Movil Simple*	*Aditivo Estacional*
Sin Tendencia	*Suavizamiento Exponencial Simple*	*Multiplicatvo Estacional*
Con Tendencia	*Promedio Movil Doble*	*Aditivo Holt-Winter's*
Con Tendencia	*Suavizamiento Exponencial Doble*	*Multiplicativo Holt-Winter's*

Figura 3.3 – Los Ocho Métodos de Series de Tiempo Más Comunes

Procedimiento

- Inicie Excel y abra sus datos históricos si se requiere (el ejemplo abajo usa el archivo ***Pronóstico de Serie de Tiempo*** en la carpeta de ejemplos)
- Seleccione los datos históricos (los datos deben ser enlistados en una sola columna)
- Seleccione S***imulador de Riesgo*** | ***Pronóstico*** | ***Análisis de Series de Tiempo***
- Escoja el modelo a aplicar, ingrese los supuestos relevantes, y de Click en ***OK***

Ingresos Históricos por Ventas			
Año	Trimestre	Período	Ventas
2006	1	1	$684.20
2006	2	2	$584.10
2006	3	3	$765.40
2006	4	4	$892.30
2007	1	5	$885.40
2007	2	6	$677.00
2007	3	7	$1,006.60
2007	4	8	$1,122.10
2008	1	9	$1,163.40
2008	2	10	$993.20
2008	3	11	$1,312.50
2008	4	12	$1,545.30
2009	1	13	$1,596.20
2009	2	14	$1,260.40
2009	3	15	$1,735.20
2009	4	16	$2,029.70
2010	1	17	$2,107.80
2010	2	18	$1,650.30
2010	3	19	$2,304.40
2010	4	20	$2,639.40

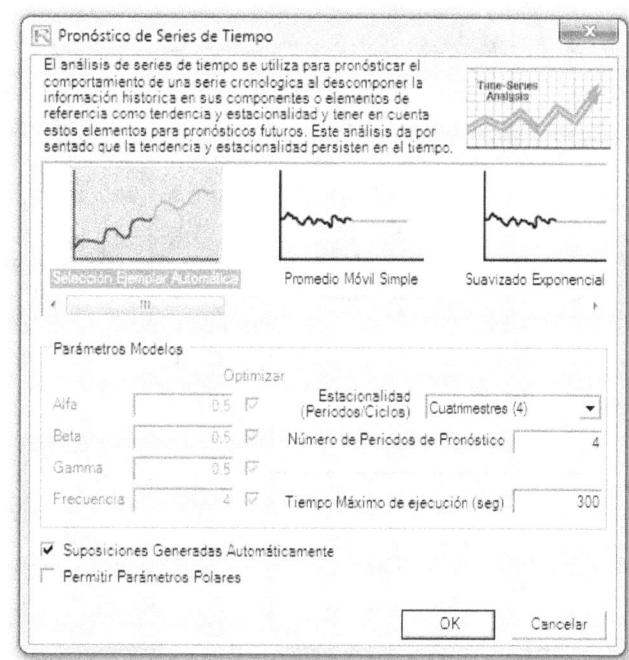

Figura 3.4 – Análisis de Serie de Tiempo

Interpretación de Resultados

La Figura 3.5 ilustra los resultados generados al usar la herramienta de *Pronóstico*. El modelo usado era el modelo Multiplicativo de Holt-Winters. Note que en la Figura 3.5, las gráficas de ajuste del modelo y pronóstico indican que la tendencia y estacionalidad son escogidas gentilmente por el modelo Multiplicativo de Holt-Winters. El reporte de análisis de la serie de tiempo provee los parámetros optimizados alfa, beta y gamma relevante, las medidas de error, los datos ajustados, valores de pronóstico, y gráfica de pronóstico ajustado. Los parámetros son simplemente para referencia. *Alfa* captura el efecto de memoria de los cambios del nivel de base a través del tiempo, *beta* es el parámetro de tendencia que mide la fuerza de la tendencia, mientras que *gamma* mide la fuerza de estacionalidad de los datos históricos. El análisis descompone los datos en estos tres elementos y entonces los recompone para predecir el futuro. Los datos ajustados ilustran los datos históricos también como los datos ajustados usando el modelo recompuesto y muestra que tan cerca están los pronósticos en el pasado (una técnica llamada backcasting). Los valores de pronóstico son estimados de punto único o supuestos (si la opción "Supuestos Generados Automáticamente" se escoge y si un perfil de simulación existe). La gráfica resultante ilustra estos valores históricos, ajustados, y de pronóstico. La gráfica es una poderosa herramienta visual de comunicación para observar que tan bueno es el modelo de pronóstico.

Notas

Este módulo de análisis de serie de tiempo contiene los ocho modelos de serie de tiempo vistos en a Figura 3.3. Usted puede escoger el modelo específico a correr basado en los criterios de tendencia y estacionalidad o escoger la Selección de Auto-Modelo, la cual automáticamente itera a través de los ochos modelos, optimiza los parámetros, y encuentra el modelo de mejor ajuste para sus datos. Alternativamente, si escoge uno de los ocho modelos, puede también no seleccionar las casillas de *optimizar* e ingresar sus propios parámetros alfa, beta y gamma. Refiérase a *Modeling*

Risk, 3rd Edition: *Applying Monte Carlo Simulation, Real Options Analysis, Forecasting and Optimization* (2015) para más detalles sobre las especificaciones de estos parámetros.

Además, necesitaría ingresar los periodos relevantes de estacionalidad si escoge la selección de modelo automático en cualquiera de los modelos estacionales. La entrada de estacionalidad tiene que ser un entero positivo (por ejemplo, si los datos son trimestrales, ingrese 4 como el número de estaciones o ciclos por año, o ingrese 12 si los datos son mensuales). Después, ingrese el número de periodos a pronosticar. Este valor también tiene que ser un entero positivo. El tiempo máximo de corrida se establece a 300 segundos. Básicamente, no se requieren cambios. Sin embargo, al pronosticar con un monto significativo de datos, el análisis podría ser ligeramente más largo y si el tiempo de proceso excede este tiempo de corrida, el proceso se terminará.

Usted también puede elegir generar automáticamente los supuestos. Es decir, en vez de estimados de punto único, los pronósticos serán supuestos. Finalmente, la opción de parámetros polares le permite optimizar los parámetros *alfa, beta, y gamma* para incluir cero y uno. Ciertos programas de pronóstico permiten estos parámetros polares mientras que otros no. El Simulador de Riesgo le permite escoger cuál de estos usar. Básicamente, no hay necesidad de usar parámetros polares.

Multiplicatión Holt-Winter

Sumario Estadístico

Alfa, Beta, Gamma	RMSE		Alfa, Beta, Gamma	RMSE
0.00, 0.00, 0.00	914.824		0.00, 0.00, 0.00	914.824
0.10, 0.10, 0.10	415.322		0.10, 0.10, 0.10	415.322
0.20, 0.20, 0.20	187.202		0.20, 0.20, 0.20	187.202
0.30, 0.30, 0.30	118.795		0.30, 0.30, 0.30	118.795
0.40, 0.40, 0.40	101.794		0.40, 0.40, 0.40	101.794
0.50, 0.50, 0.50	102.143			

El análisis se llevó a cabo ejecutando alfa = 0.0001, beta = 1.000, gamma = 1.0000, y estacionalidad = 6

Sumario del Análisis Tiempo-Series

Cuándo tanto la temporada como la tendencia existen, los modelos más avanzados se requieren a descomponerse los datos en sus elementos despreciablees: un nivel (L) del caso de la base compensado por el parámetro alfa; un componente (b) de la tendencia compensado por el parámetro de beta; y un componente (S) de temporada compensado por el parámetro de la gamma. Varios métodos existen pero el dos muy común son los Inviernos de Holt' temporada de añadidura e Inviernos de Holt' los métodos de temporada de multiplicative. En el modelo de multiplicative de Holt-Winter, el nivel despreciable del caso, la temporada, y la tendencia se agregan para

La prueba que mejor se adapta para el pronóstico promedio utiliza la media de la raíz cuadrada de los errores al cuadrado (RMSE). La RMSE calcula la raíz cuadrada de la desviación al cuadrado promedio de los valores adaptados contra los puntos de datos reales.

El Error Cuadrático Medio (MSE) es una medida de error absoluto que ajusta los errores (la diferencia entre los datos históricos y los datos del pronóstico ajustado pronosticados por el modelo) para prevenir que los errores positivos y negativos se cancelen entre sí. Esta medida también tiende a exagerar errores grandes ponderando los errores grandes con mayor importancia que los errores pequeños cuadrándolos, lo cual puede ayudar cuando se comparan diferentes modelos de tiempo-series. El Error de la Media al Cuadrado (RMSE) es la raíz cuadrada de MSE y es la medida más popular de error, también conocida como pérdida de la función cuadrática. El RMSE puede definirse como el promedio de los valores absoltos de los errores del pronóstico y es muy apropiado cuando el costo de los errores del pronóstico es proporcional a el tamaño absoluto del error del pronóstico. El RMSE se utiliza como un criterio de selección para los mejores modelos tiempo-series ajustados.

El Porcentaje de la Media de Error Absouto (MAPE) es una medida de error relativo como un porcentaje promedio de error de los datos históricos y es más apropiado cuando el costo del error del pronóstico tiene una relación más cercana a el porcentake de error que a un número dado de error. Finalmente, una medida asociada es la estadística de la U de Theil, la cual mide la credulidad del pronóstico del modelo. Es decir, si la estadística de la U de Theil es menor a 1.0, entonces el método utilizado para el pronóstico proporciona un estmiado que es estadísticamente mejor que especulario.

Periodo	Real	tico Ajustado		Medidas de Error	
1	684.20			RMSE	71.8132
2	584.10			MSE	5157.1348
3	765.40			MAD	53.4071
4	892.30			MAPE	4.50%
5	885.40	684.20		U de Theil	0.3054
6	677.00	667.55			
7	1006.60	935.45			
8	1122.10	1198.09			
9	1163.40	1112.48			
10	993.20	887.95			
11	1312.50	1348.38			
12	1545.30	1546.53			
13	1596.20	1572.44			
14	1260.40	1299.20			
15	1735.20	1704.77			
16	2029.70	1976.23			
17	2107.80	2026.01			
18	1650.30	1637.28			
19	2304.40	2245.93			
20	2639.40	2643.09			
Forecast 21		2713.69			
Forecast 22		2114.79			
Forecast 23		2900.42			
Forecast 24		3293.81			

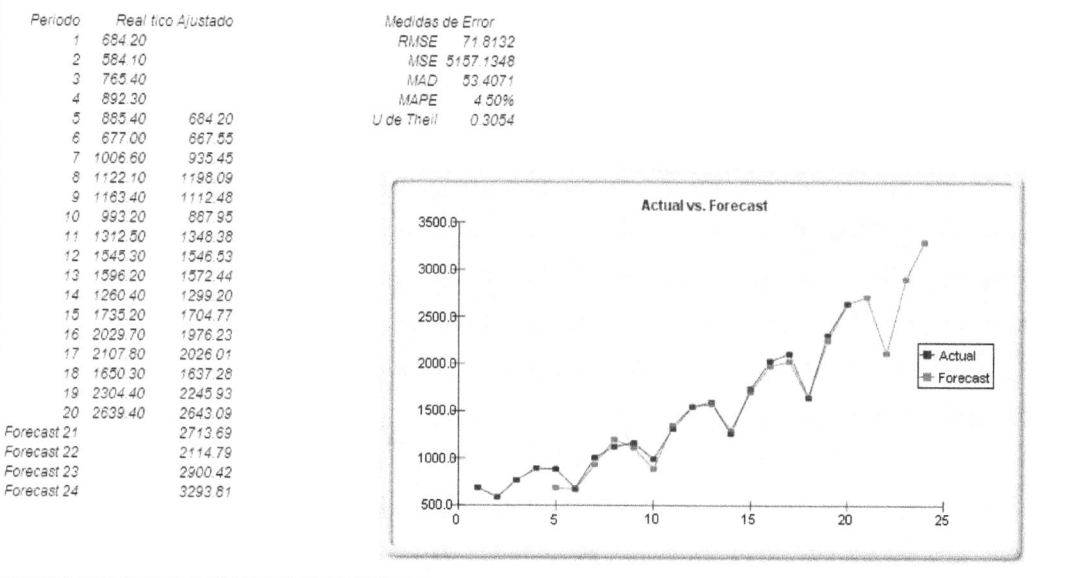

Figura 3.5 – Ejemplo de Reporte de Pronóstico Holt-Winters

Se supone que el usuario tiene el conocimiento suficiente acerca de los fundamentos del análisis de regresión. La ecuación general de regresión lineal bivariada toma la forma de $Y = \beta_0 + \beta_1 X + \varepsilon$ donde β_0 es el intercepto, β_1 es la pendiente, y ε es el término de error. Es bivariada ya que solo hay dos variables, una Y o variable dependiente, y una X o variable independiente, donde X es conocida como el regresor (algunas veces una regresión bivariada es también conocida como una regresión univariada ya que solo hay una variable X independiente única). La variable dependiente es nombrada como tal ya que *depende* de la variable independiente, por ejemplo, las ganancias de venta dependen del monto de los costos de mercadeo gastado en la publicidad y promoción de un producto, siendo la variable dependiente las ventas y la variable independiente los costos. Un ejemplo de regresión bivariada es visto como simplemente insertar la línea que mejor ajuste a través de un grupo de puntos de datos en un plano bidimensional o de dos dimensiones como se ve en el panel izquierdo en la Figura 3.6.

En otros casos, una regresión múltiple puede ser ejecutada, donde hay múltiples o un n número de variables independientes X, donde la ecuación de regresión general ahora tomará la forma de $Y = \beta_0 + \beta_1 X_1 + \beta_2 X_2 + \beta_3 X_3 ... + \beta_n X_n + \varepsilon$. En este caso, la línea de mejor ajuste estará dentro un plano dimensional $n + 1$.

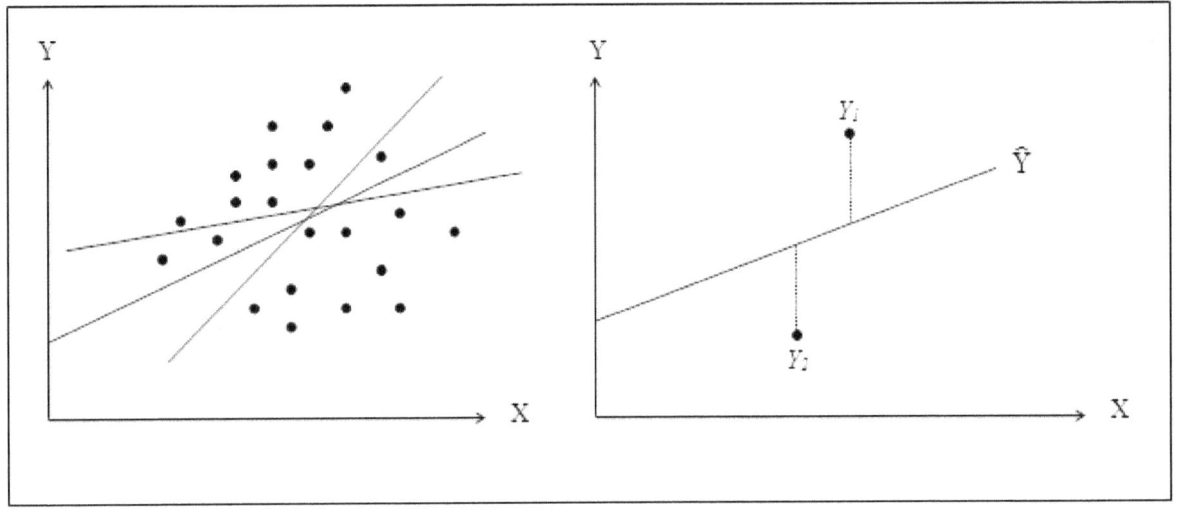

Figura 3.6 – Regresión Bivariada

Sin embargo, ajustar una línea a través de un grupo de puntos de datos en un esquema diseminado como en la Figura 3.6 podría resultar en numerosas líneas posibles. La línea de mejor ajuste es definida como la línea única que minimiza el total de errores verticales, es decir, la suma de las distancias absolutas entre los puntos de datos reales (Y_i) y la línea estimada $(\hat{Y})$ como se muestra en el panel derecho de la Figura 3.6. Para encontrar la línea de mejor ajuste que minimice los errores, se requiere un enfoque más sofisticado, esto es, análisis de regresión. El análisis de regresión por ende encuentra la línea única que mejor ajuste al requerir que el total de errores sea minimizado, o al calcular:

$$Min \sum_{i=1}^{n} (Y_i - \hat{Y}_i)^2$$

Donde una sola línea única minimice está suma de errores al cuadrado. Los errores (la distancia vertical entre los datos reales y la línea pronosticada) son al cuadrado para evitar que los errores negativos cancelen los errores positivos. Resolver este problema de minimización con respecto a la pendiente y el intercepto requiere calcular una primera derivada e igualar a cero:

$$\frac{d}{d\beta_0}\sum_{i=1}^{n}(Y_i - \hat{Y}_i)^2 = 0 \ \text{ and } \frac{d}{d\beta_1}\sum_{i=1}^{n}(Y_i - \hat{Y}_i)^2 = 0$$

Lo cual trae como resultado las ecuaciones mínimas al cuadrado de la regresión bivariada:

$$\beta_1 = \frac{\sum_{i=1}^{n}(X_i - \overline{X})(Y_i - \overline{Y})}{\sum_{i=1}^{n}(X_i - \overline{X})^2} = \frac{\sum_{i=1}^{n}X_iY_i - \frac{\sum_{i=1}^{n}X_i\sum_{i=1}^{n}Y_i}{n}}{\sum_{i=1}^{n}X_i^2 - \frac{\left(\sum_{i=1}^{n}X_i\right)^2}{n}}$$

$$\beta_0 = \overline{Y} - \beta_1\overline{X}$$

Para la regresión múltiple, la analogía se expande para contar múltiple variables independientes, donde $Y_i = \beta_1 + \beta_2 X_{2,i} + \beta_3 X_{3,i} + \varepsilon_i$ y las pendientes estimadas pueden ser calculadas por:

$$\hat{\beta}_2 = \frac{\sum Y_i X_{2,i} \sum X_{3,i}^2 - \sum Y_i X_{3,i} \sum X_{2,i}X_{3,i}}{\sum X_{2,i}^2 \sum X_{3,i}^2 - \left(\sum X_{2,i}X_{3,i}\right)^2}$$

$$\hat{\beta}_3 = \frac{\sum Y_i X_{3,i} \sum X_{2,i}^2 - \sum Y_i X_{2,i} \sum X_{2,i}X_{3,i}}{\sum X_{2,i}^2 \sum X_{3,i}^2 - \left(\sum X_{2,i}X_{3,i}\right)^2}$$

Al correr regresiones múltiples, se tiene que tomar gran cuidado para establecer e interpretar los resultados. Por ejemplo, se requiere un buen entendimiento del modelado econométrico (por ejemplo, identificar peligros de la regresión tales como cambios estructurales, multicolinealidad, heteroscedasticidad, auto correlación, pruebas de especificación, no linealidades, etc.) antes de que un modelo propio puede ser construido. Vea *Modeling Risk*, 3rd Edition: *Applying Monte Carlo Simulation, Real Options Analysis, Forecasting and Optimization* (2015) para un análisis más detallado y discusión sobre la regresión múltiples, también para saber cómo identificar estos peligros de la regresión.

Procedimiento

- Inicie Excel y abra sus datos históricos si se requiere (la ilustración abajo usa el archivo **Regresión Múltiple** en la carpeta de ejemplos)

- Revise para asegurarse de que los datos estén colocados en columnas, seleccione el área entera de datos incluyendo el nombre de la variable, y seleccione **Simulador de Riesgo | Pronostico | Regresión Múltiple**

- Seleccione la variable dependiente y revise las opciones relevantes (rezagos, regresión por pasos, regresión no lineal, y así sucesivamente) y de Click en *OK*.

Interpretación de Resultados

La Figura 3.8 ilustra una muestra del reporte de resultados de regresión múltiple. El reporte viene completo con todos los resultados de la regresión, resultados del análisis de variación, gráfica ajustada y resultados de la prueba de hipótesis. Los detalles técnicos para interpretar estos resultados están más allá del alcance de este manual de usuario. Vea *Modeling Risk*, 3rd Edition: *Applying Monte Carlo Simulation, Real Options Analysis, Forecasting and Optimization* (2015) para un análisis más detallado y discusión sobre la regresión múltiple. También para la interpretación de reportes de regresión.

Analisis de Regresión Multiple

Y	X1	X2	X3	X4	X5
521	18308	185	4.041	79.6	7.2
367	1148	600	0.55	1	8.5
443	18068	372	3.665	32.3	5.7
365	7729	142	2.351	45.1	7.3
614	100484	432	29.76	190.8	7.5
385	16728	290	3.294	31.8	5
286	14630	346	3.287	678.4	6.7
397	4008	328	0.666	340.8	6.2
764	38927	354	12.938	239.6	7.3
427	22322	266	6.478	111.9	5
153	3711	320	1.108	172.5	2.8
231	3136	197	1.007	12.2	6.1
524	50508	266	11.431	205.6	7.1
328	28886	173	5.544	154.6	5.9
240	16996	190	2.777	49.7	4.6
286	13035	239	2.478	30.3	4.4
285	12973	190	3.685	92.8	7.4
569	16309	241	4.22	96.9	7.1
96	5227	189	1.228	39.8	7.5
498	19235	358	4.781	489.2	5.9
481	44487	315	6.016	767.6	9
468	44213	303	9.295	163.6	9.2
177	23619	228	4.375	55	5.1
198	9106	134	2.573	54.9	8.6
458	24917	189	5.117	74.3	6.6
108	3872	196	0.799	5.5	6.9
246	8945	183	1.578	20.5	2.7
291	2373	417	1.202	10.9	5.5
68	7128	233	1.109	123.7	7.2
311	23624	349	7.73	1042	6.6
606	5242	284	1.515	12.5	6.9
512	92629	499	17.99	381	7.2
426	28795	231	6.629	136.1	5.8

1. Escoja el área de donde se encuentran los datos, incluya los encabezamientos (B5:G55)
2. De Click en **Simulador de Riesgo | Pronóstico | Analisis de Regresión**.
3. Escoja la Variable Dependiente (en este ejemplo, la variable Y). También las modificaciones que considere necesarias (Regresores de Rezago, Regresión No Lineal, Regresión Escalonada) de Click en OK. Revise el informe generado de la regresión con los reportes analíticos.

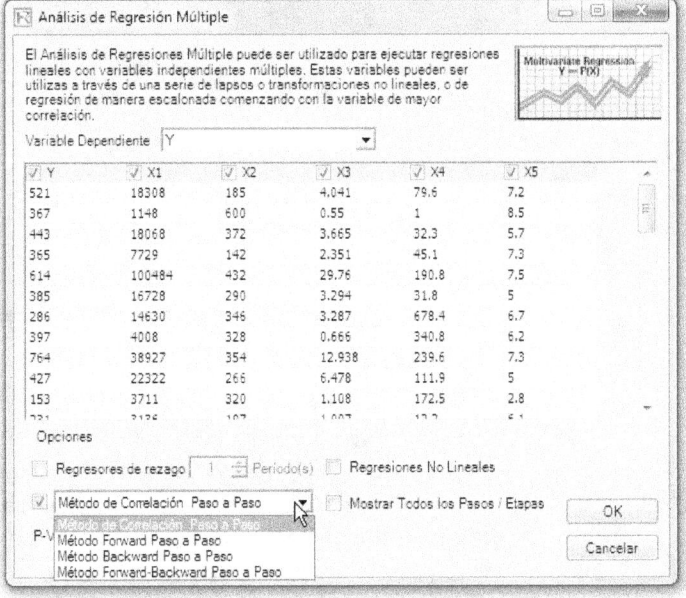

Figura 3.7 – Ejecutar una Regresión Múltiple

Análisis del Reporte de la Regresión

Estadísticas de Regresión

R-Cuadrado (Coeficiente de Determinación)	0.3272
R-Cuadrado Ajustado	0.2508
R-Múltiple (Coeficiente de Correlación Múltiple)	0.5720
Error Estándar Estimado (EEy*)	149.6720
Observaciones n	50

El valor R-Cuadrado o el Coeficiente de Determinación, indica que el 0.33 de la variación en la variable dependiente puede explicarse y calcularse mediante el análisis de regresión de las variables independientes. Sin embargo, en una regresión múltiple, el R-Cuadrado Ajustado toma en cuenta la existencia de variables independientes adicionales o regresores y ajusta el valor de dicha R-Cuadrada Ajustada para obtener un panorama más exacto del poder intrínseco de la regresión, puesto que determina la variabilidad que es explicada por las variables explicativas o independientes, con respecto a la variable dependiente cuando se introduce una variable adicional al modelo. De ahí que sólo el 0.25 de la variación en la variable dependiente puede ser explicada por las variables independientes cuando se introduce una nueva variable al modelo.

El Coeficiente de Correlación Múltiple (R-Múltiple) mide la correlación entre la verdadera variable dependiente (Y) y la variable estimada o ajustada (Y*) basado en la ecuación de regresión, es decir, establece una medida del grado de asociación lineal entre la variable dependiente y la variable estimada, concretamente entre la variable dependiente y la recta de regresión estimada. Esta correlación también es la raíz cuadrada del Coeficiente de Determinación (R-Cuadrado).

Las estimaciones del Error Estándar (SEy*) describen la dispersión del conjunto de datos por encima y debajo de la línea de regresión lineal o plano. Este valor es utilizado como parte del cálculo para obtener el intervalo de confianza de las estimaciones posteriores.

Resultados de la Regresión

	Intercepto	X1	X2	X3	X4	X5
Coeficientes	57.9555	-0.0035	0.4644	25.2377	-0.0086	16.5579
Error Estándar	108.7901	0.0035	0.2535	14.1172	0.1016	14.7996
Estadístico t	0.5327	-1.0066	1.8316	1.7877	-0.0843	1.1188
P-Value	0.5969	0.3197	0.0738	0.0807	0.9332	0.2693
Inferior al 5%	-161.2966	-0.0106	-0.0466	-3.2137	-0.2132	-13.2687
Superior al 95%	277.2076	0.0036	0.9753	53.6891	0.1961	46.3845

Grados de Libertad		Pruebas de Hipótesis	
Grados de Libertad para la Regresión	5	Estadístico t Crítico (99% de confianza con df de 44)	2.6923
Grados de Libertad Residual	44	Estadístico t Crítico (95% de confianza con df de 44)	2.0154
Grados Totales de Libertad	49	Estadístico t Crítico (90% de confianza con df de 44)	1.6802

Los coeficientes proporcionan el intercepto y la pendiente de la regresión estimada. Por ejemplo, los coeficientes son estimaciones de los posibles valores poblacionales b representados en la siguiente ecuación de regresión Y = b0 + b1X1 + b2X2 + ... + bnXn. El Error Estándar mide que tan exactos son los pronósticos de los coeficientes, y el estadístico t es la razón entre el valor correspondiente al coeficiente estimado y su respectivo Error Estándar.

El estadístico t se utiliza en la prueba de hipótesis, donde se establece la hipótesis nula (Ho) de manera que el coeficiente sea cero, y la hipótesis alternativa (Ha) diferente de cero, de manera que el verdadero valor del coeficiente no sea igual a cero. Una prueba t se lleva a cabo cuando el estadístico t se compara con los valores críticos de los Grados de Libertad Residual. La prueba t es muy importante ya que calcula si cada uno de los coeficientes es estadísticamente significativo en presencia de otros regresores. Esto significa que la prueba t comprueba estadísticamente cuando un regresor o una variable independiente debe continuar en la regresión o de lo contrario, debe descartarse.

El coeficiente es estadísticamente significativo si su estadístico t excede el estadístico crítico en los grados de libertad relevantes (df). Los tres principales niveles de confianza utilizados para medir la significancia son 90%, 95% y 99%. Si un estadístico t del coeficiente excede el nivel crítico, se le considera estadísticamente significativo. Alternativamente, el P - Value calcula cada probabilidad de ocurrencia del estadístico t, lo que significa que entre más pequeño sea el P - Value, más significativo será el coeficiente. Los niveles usuales de significancia para el P - Value son 0.01, 0.05, y 0.10, que corresponden a 99%, 95%, y 90% de los niveles de confianza respectivamente.

Los coeficientes con sus P - Value resaltados en azul indican que son estadísticamente significativos al 90% de confianza o 0.10 en nivel alfa, mientras que aquellos resaltados en rojo indican que no son estadísticamente significativos en cualquier otro nivel alfa.

Análisis de Varianza

	Suma de Cuadrados	Suma del Promedio de Cuadrados	Estadístico F	P-Value	Pruebas de Hipótesis	
Regresión	479388.49	95877.70	4.28	0.0029	Estadístico F Crítico (99% de confianza con df de 5 y 44)	3.4651
Residual	985675.19	22401.71			Estadístico F Crítico (95% de confianza con df de 5 y 44)	2.4270
Total	1465063.68				Estadístico F Crítico (90% de confianza con df de 5 y 44)	1.9828

El cuadro de Análisis de Varianza (ANOVA) proporciona una prueba con el estadístico F, apoyado en los resúmenes generales de las estadísticas significativas de los modelos. En lugar de buscar regresores individuales como en la prueba t, la prueba F busca en todas las propiedades estadísticas de los coeficientes. El estadístico F se calcula como la razón de la suma ponderada de cuadrados de la suma explicada de la regresión sobre la suma ponderada de cuadrados de la suma de residuales cuadrados. El numerador mide que tanto de la regresión se explica, mientras que el denominador mide que tanto no se explica. Por lo tanto, mientras más grande sea el estadístico F, más significativo será el modelo. El P - Value correspondiente es calculado para comprobar la hipótesis nula (Ho) en donde todos los coeficientes son simultáneamente iguales a cero, contra la hipótesis alternativa (Ha), en la cual todos son simultáneamente diferentes a cero, indicando un modelo de regresión estadísticamente significativo. Si el P - Value es más pequeño que los niveles de significancia alfa, es decir, 0.01, 0.05, o 0.10, entonces la regresión es significativa. La misma aproximación puede aplicarse comparando el estadístico F con los valores críticos de F en varios niveles de significancia.

Pronóstico

Periodo	Real (Y)	Pronóstico (P)	Error (E)
1	521.0000	299.5124	221.4876
2	367.0000	487.1243	(120.1243)
3	443.0000	353.2789	89.7211
4	365.0000	276.3296	88.6704
5	614.0000	776.1336	(162.1336)
6	385.0000	298.9993	86.0007
7	286.0000	354.8718	(68.8718)
8	397.0000	312.6155	84.3845
9	764.0000	529.7550	234.2450
10	427.0000	347.7034	79.2966
11	153.0000	266.2526	(113.2526)
12	231.0000	264.6375	(33.6375)
13	524.0000	406.8009	117.1991
14	328.0000	272.2226	55.7774
15	240.0000	231.7882	8.2118
16	286.0000	257.8862	28.1138
17	285.0000	314.9521	(29.9521)
18	569.0000	335.3140	233.6860
19	96.0000	282.0356	(186.0356)
20	498.0000	370.2062	127.7938
21	481.0000	340.8742	140.1258

RMSE: 140.4048

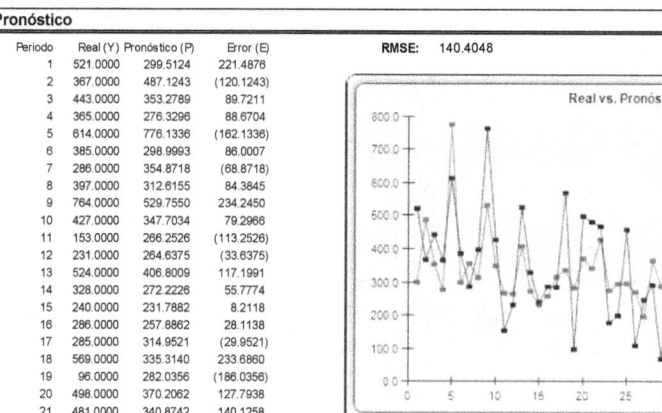

Figura 3.8 – Resultados de Regresión Multivariada

3.5 Pronóstico Estocástico

Un proceso estocástico no es más que una ecuación matemáticamente definida que puede crear una serie de resultados en el tiempo, resultados que no son de naturaleza determinística. Es decir, una ecuación o proceso que no sigue ninguna regla simple discernible, tales como el precio que se incrementa X por ciento cada año o ganancias que se incrementan por este factor de X más Y por ciento. Un proceso estocástico es por definición no determinístico y uno puede conectar números dentro de una ecuación de proceso estocástico y obtener diferentes resultados cada vez. Por ejemplo, la trayectoria del precio de las acciones es estocástica por naturaleza y uno no puede predecir confiablemente la trayectoria del precio de las acciones con ninguna certeza. Sin embargo, la evolución del precio en el tiempo se desenvuelve en un proceso que genera estos precios. El proceso es fijado y predeterminado, pero los resultados no lo son. Por ende, a través de la simulación estocástica, creamos múltiples trayectorias de precios, obtenemos un muestreo estadístico de estas simulaciones, e inferimos las trayectorias potenciales que el precio actual podrían tomar dados la naturaleza y los parámetros del proceso estocástico empleados para generar la serie de tiempo. Tres procesos estocásticos básicos son incluidos en la herramienta *Pronóstico del Simulador de Riesgo*, incluyendo Movimiento Browniano Geométrico o caminata aleatoria, el cual es el más común y prevalentemente proceso usado debido a su simplicidad y amplio rango de aplicaciones. Los otros dos procesos estocásticos son el proceso de reversión a la media y el proceso de salto de difusión.

Lo interesante acerca de la simulación del proceso estocástico es que los datos históricos no son necesariamente requeridos. Es decir, el modelo no tiene que ajustar en ningún conjunto de datos históricos. Simplemente calcule las ganancias esperadas y la volatilidad de los datos históricos o estímelos usando datos externos comparables o haga supuestos acerca de estos valores. Vea *Modeling Risk*, 3rd Edition: *Applying Monte Carlo Simulation, Real Options Analysis, Forecasting and Optimization* (2015) del Dr. Johnathan Mun, para más detalles en cómo cada de las entradas es calculada (por ejemplo, rango de reversión a la media, probabilidades de salto, volatilidad, y así por consiguiente).

- Inicie el modulo al seleccionar *Simulador de Riesgo | Pronostico | Procesos Estocásticos*

- Seleccione los procesos deseados, ingrese las entradas requeridas, de Click en *Actualizar Gráfica* unas veces para asegurarse que el proceso se está comportando de la manera que usted espera, y de Click en *OK* (Figura 3.9).

La Figura 3.10 muestra los resultados de una prueba del proceso estocástico. La gráfica indica una muestra del conjunto de repeticiones, mientras el reporte explica las bases de los procesos estocásticos. Además, los valores del pronóstico (media y desviación estándar) para cada periodo de tiempo son provistos. Usando estos valores, usted puede decidir cuál periodo de tiempo es relevante para su análisis y establecer supuestos basados en estos valores de media y desviación estándar usando la distribución normal. Estos supuestos pueden entonces ser simulados en su propio modelo.

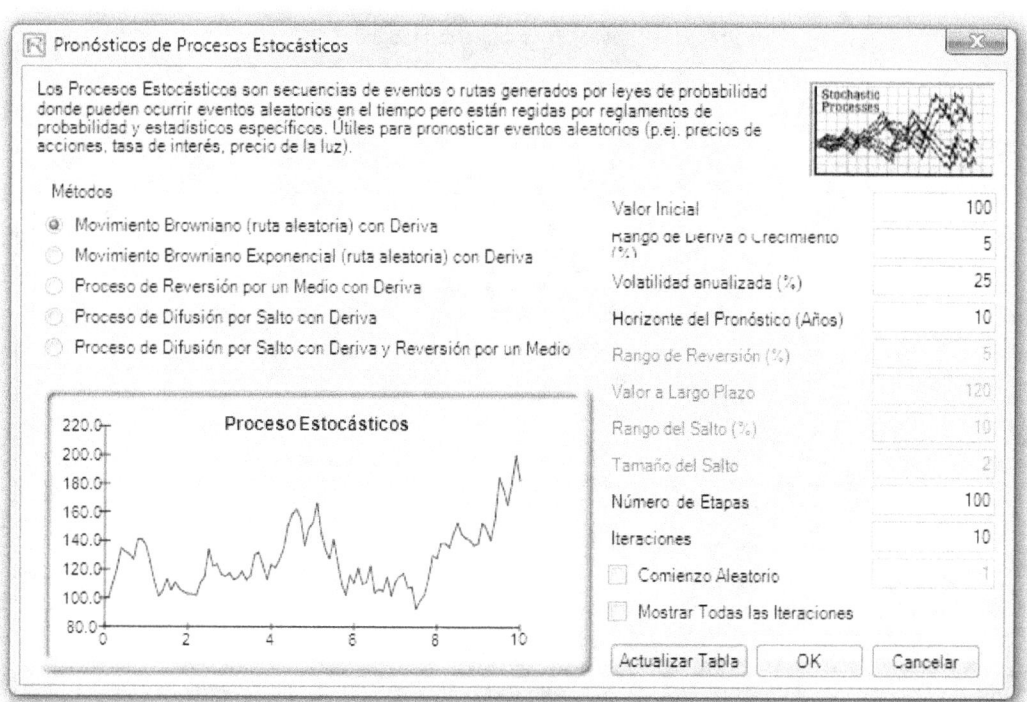

Figura 3.9 – Pronóstico de Proceso Estocástico

El Resumen Estadístico

Un proceso estocástico es una sucesión de acontecimientos o senderos engendrados por leyes de probabilistic. Eso es, los acontecimientos del azar pueden ocurrir con el tiempo pero son gobernados por específico estadístico y las órdenes de probabilistic. Los procesos estocásticos principales incluyen la Caminata del Azar o el Movimiento de Brownian, Significan Reversión, y la Difusión del Salto. Estos procesos se pueden usar para pronosticar una multitud de las variables que siguen aparentemente el azar las tendencias pero más son restringidos por leyes de probabilistic.

El proceso del Movimiento de la Caminata del Azar Brownian se puede usar para pronosticar los precios de acciones, los precios de bienes, y de otros datos estocásticos de la serie de tiempo dados una tasa del deriva o el crecimiento y una inestabilidad alrededor del sendero del deriva. El proceso de Reversión de Medio se puede usar para reducir las fluctuaciones del proceso de la Caminata del Azar permitiendo el sendero al blanco un valor a largo plazo, hacelo útil para pronosticando las variables de la serie de tiempo que tiene una tasa a largo plazo tal como tasas de tipo de interés e inflado (éstos son las tasas a largo plazo del blanco por autoridades regulativas o el mercado). El proceso de la Difusión del Salto es útil para pronosticar los datos de la serie de tiempo cuando la variable puede exhibir ocasionalmente el azar los saltos, tal como precios de aceite o precio de la electricidad (los golpes distintos del acontecimiento de exogenous pueden hacer el salto de precios arriba o hacia abajo). Finalmente, estos tres procesos estocásticos se pueden mezclar y pueden ser emparejados como requerido.

Los resultados en el derecho indican el medio y la desviación típica de todas las iteraciones engendradas en cada paso de vez. Si la Exposición Toda opción de iteraciones se escoge, cada senda de iteración se mostrará en una hoja de trabajo separada. El gráfico engendrado debajo de muestra un conjunto de la muestra de las sendas de iteración.

Los Procesos Estocásticos Que Pronostican.

Comience el Valor	100	Los Pasos	100.00	Salte la Tasa	N/A
Lleve la Tasa	5.00%	Iteraciones	10.00	Salte el Tamaño	N/A
Inestabilidad	25.00%	La Tasa de Reversión	N/A	La Semilla del Azar	1431155157
El Horizonte	10	El Valor a Largo Plazo	N/A		

Time	Mean	Stdev
0.0000	100.00	0.00
0.1000	99.10	7.47
0.2000	96.03	7.22
0.3000	94.97	13.59
0.4000	97.39	15.57
0.5000	99.50	17.01
0.6000	97.79	20.92
0.7000	102.23	25.54
0.8000	106.54	26.54
0.9000	102.34	21.16
1.0000	102.77	20.86
1.1000	103.30	22.41
1.2000	103.27	19.23
1.3000	103.02	23.61
1.4000	97.78	19.65
1.5000	96.84	20.53
1.6000	100.92	25.22
1.7000	105.18	26.90
1.8000	100.75	30.33
1.9000	101.20	29.71
2.0000	103.67	36.95
2.1000	108.09	42.76
2.2000	111.58	42.61
2.3000	111.25	41.54
2.4000	108.47	35.22
2.5000	107.13	32.56
2.6000	108.95	32.95
2.7000	114.64	38.78
2.8000	114.13	36.61
2.9000	114.97	35.91
3.0000	114.33	39.90
3.1000	112.69	39.94
3.2000	115.11	39.89
3.3000	117.64	42.82
3.4000	114.70	39.91
3.5000	115.52	43.45
3.6000	117.60	49.89
3.7000	120.21	51.94
3.8000	116.64	53.52
3.9000	118.70	56.12
4.0000	113.19	56.71
4.1000	109.09	58.33
4.2000	103.70	52.23
4.3000	108.41	53.12
4.4000	108.67	56.30
4.5000	105.96	52.42
4.6000	106.12	55.80
4.7000	107.70	55.11
4.8000	109.43	58.43
4.9000	114.50	59.64
5.0000	110.44	53.91
5.1000	109.68	53.96

Figura 3.10 – Resultado de Pronóstico Estocástico

Teoría

La extrapolación involucra hacer proyecciones estadísticas al utilizar tendencias históricas que son proyectadas por un periodo de tiempo en el futuro. Solo se usa para pronósticos de serie de tiempo. Para datos de corte transversal o de datos de panel (serie de tiempo con datos de corte transversal), la regresión múltiple es más apropiada. Está metodología es útil cuando no se esperan cambios mayores, es decir, se espera que factores casuales permanezcan constantes o cuando los factores casuales de una situación no son claramente comprendidos. También ayuda a desalentar la introducción de tendencias personales en los procesos. La extrapolación es apropiadamente confiable, relativamente simple, y económica de implementar. Sin embargo la extrapolación, la cual supone que las tendencias históricas y recientes continuarán, produce grandes errores de pronóstico si las discontinuidades ocurren dentro del periodo de tiempo proyectado. Esto es, la extrapolación pura de serie de tiempo supone que todo lo que necesitamos saber está contenido en los valores históricos de la serie que está siendo pronosticada. Si pensamos que el comportamiento anterior es un buen pronosticador del comportamiento futuro, la extrapolación es atractiva. Esto la hace un enfoque útil cuando todo lo que se necesita son pocos pronósticos de corto plazo.

Está metodología estima la función *f(x)* para cualquier valor *x*, al interpolar una curva no lineal suave a través de todos los valores *x*, y usando está curva suave, colocar en extrapolación los valores *x* futuros más allá del conjunto de datos históricos. La metodología emplea, ya sea, la forma de función polinomial o la forma funcional racional (un cociente de dos funciones polinomiales). Básicamente, una forma funcional polinominal es suficiente para que los datos tengan un buen comportamiento, sin embargo, formas funcionales racionales son algunas veces más exactas (especialmente con funciones polares), es decir, funciones con denominadores acercándose a cero)

Procedimiento

- Inicie Excel y abra sus datos históricos si se requiere (la siguiente ilustración mostrada usa el perfil *Extrapolación No lineal* de la carpeta de ejemplos)

- Seleccione los datos de la serie de tiempo y seleccione *Simulador de Riesgo | Pronostico | Extrapolación No lineal*

- Seleccione el tipo de extrapolación (selección automática, función polinominal o función racional) e ingrese el número del periodo de pronóstico deseado (Figura 3.11) y de Click en *OK*

Interpretación de Resultados

El reporte de resultados mostrados en la Figura 3.12 muestra los valores del pronóstico extrapolado, las medidas de error y la representación gráfica de los resultados de la extrapolación. Las medidas de error deben ser utilizadas para verificar la validez del pronóstico y es especialmente importante cuando se usan para comparar la calidad del pronóstico y la exactitud de la extrapolación contra el análisis de serie de tiempo.

Notas

Cuando los datos históricos son suaves y siguen algunos patrones y curvas no lineales, la extrapolación es mejor que el análisis de serie de tiempo. Pero, cuando los patrones de datos siguen ciclos estacionales y una tendencia, el análisis de serie de tiempo le dará mejores resultados.

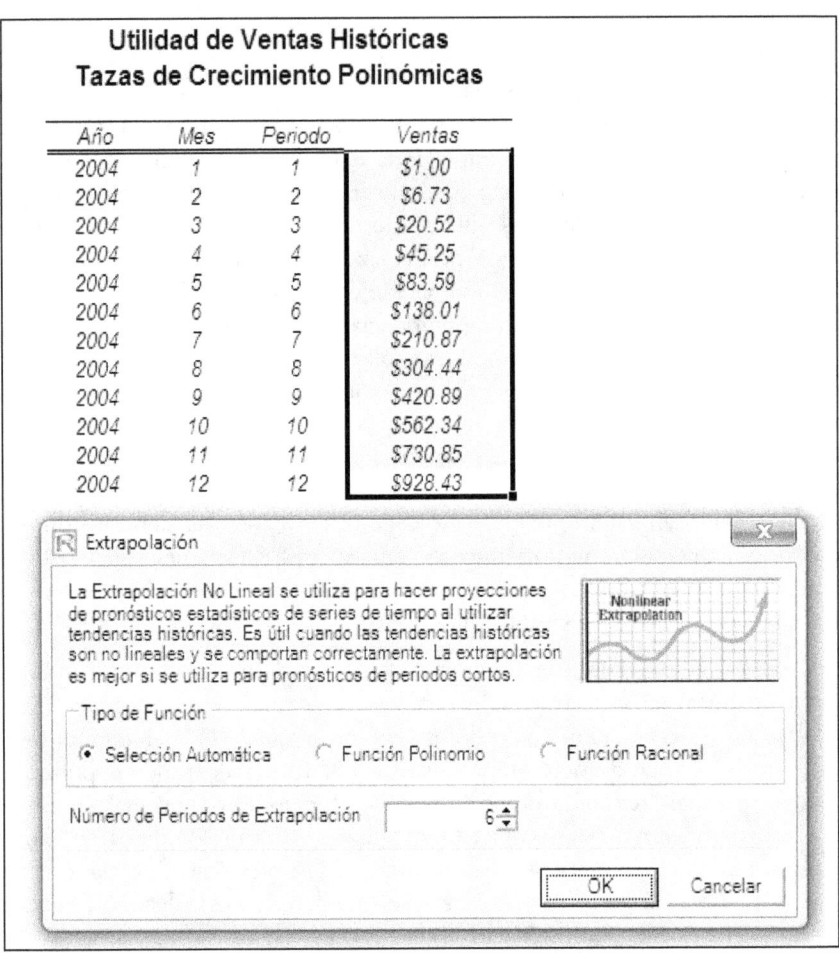

Figura 3.11 – Correr una Extrapolación No Lineal

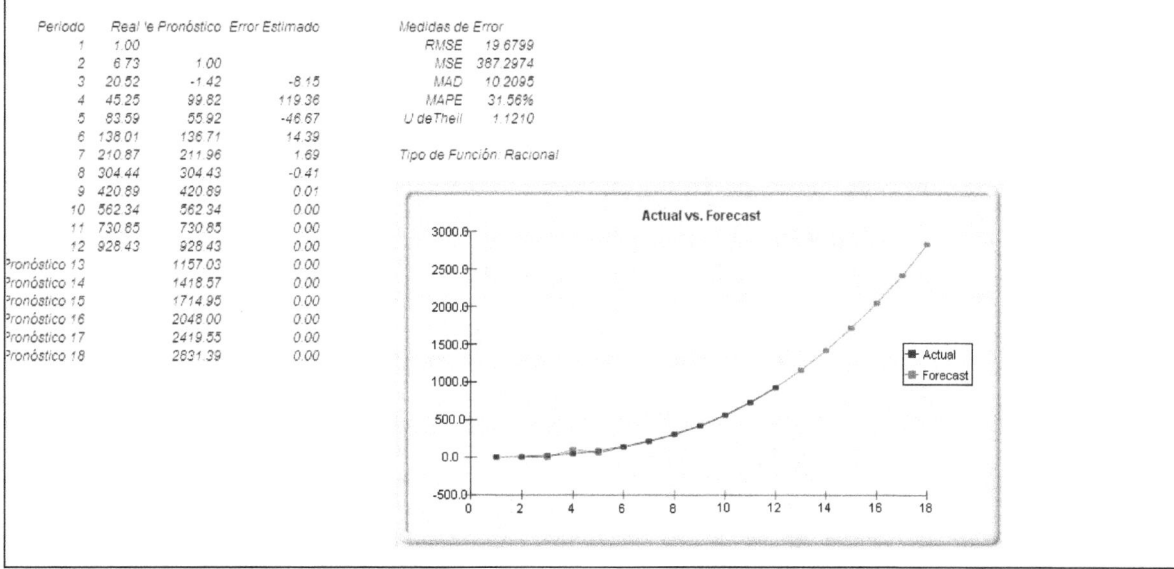

Extrapolación No Linear

Figura 3.12 – Resultados de una Extrapolación No lineal

3.7 Serie de Tiempo Avanzada Box-Jenkins ARIMA

Teoría

Una herramienta poderosa en el pronóstico de serie de tiempo avanzadas es el enfoque ARIMA o *Proceso Autoregresivo Integrado de Media Móvil (ARIMA)*. El pronóstico ARIMA reúne tres herramientas separadas dentro de un modelo comprensivo. El segmento de la primera herramienta es el término *Autoregresivo o "AR"*. El cual corresponde al número de valores atrasados del residual en el modelo de pronóstico incondicional. En esencia, el modelo captura la variación histórica de los datos reales en un modelo de pronóstico y usa está variación o residual para crear un modelo de predicción mejor. El segmento de la segunda herramienta es el *orden de integración o el término "I" (I)*. Este término de integración corresponde al número de diferenciación de la serie de tiempo para que esta sea estacionaria. Este elemento cuenta para cualquier índice de crecimiento no lineal existente en los datos. El segmento de la tercera herramienta es el término de *media móvil o "MA"*, el cual es esencialmente el promedio de movimiento de los errores de pronósticos atrasados. Al incorporar estos errores de pronóstico atrasado, en esencia el modelo aprende de sus errores de pronóstico y los corrige a través de un cálculo del promedio móvil. El modelo ARIMA sigue la metodología Box-Jenkins con cada término representando los pasos tomados en la construcción del modelo hasta que solo queda el ruido aleatorio. También, el modelado de ARIMA usa técnicas de correlación al generar pronósticos. ARIMA puede ser usado para modelar patrones que no podrían ser visibles en datos graficados. Además, los modelos de ARIMA pueden ser mezclados con variables exógenas, pero asegúrese de que las variables exógenas tengan suficientes puntos de datos para cubrir el número adicional de periodos para pronosticar. Finalmente, esté atento, ya que debido a la complejidad de estos modelos, este módulo podría tomar más tiempo en correr.

Aquí hay muchas razones del porqué un modelo ARIMA es superior al análisis común de serie de tiempo y regresiones múltiples. El hallazgo común en el análisis de serie de tiempo y regresión múltiple es que los residuales de error están correlacionados con sus propios valores atrasados. Está correlación en serie viola el supuesto estándar de la teoría de regresión de que las perturbaciones no están correlacionadas con otras perturbaciones. Los problemas primarios asociados a una correlación serial son:

- Los análisis de regresión y análisis de serie de tiempo básico ya no son eficientes entre los diferentes estimadores lineales. Sin embargo, ya que los residuales de error pueden ayudar a predecir residuales de error común, podemos tomar ventaja de esta información para formar una mejor predicción de una variable dependiente usando ARIMA.

- Los errores estándar calculados usando la regresión y la formula de serie de tiempo no son correctos, y generalmente están incompletos, y si hay variables dependientes atrasadas establecidas como los regresores, los estimados de la regresión son insesgados e inconsistentes pero pueden ser fijados usando ARIMA.

Los modelos *Autoregresivos Integrados de Media Móvil o ARIMA* (p, d, q) son la extensión del modelo AR que utiliza tres componentes para modelar la correlación serial en los datos de serie de tiempo. El primer componente es el término Autoregresivo (AR). El modelo AR(p) usa los rezagos p de la serie de tiempo en la ecuación. Un modelo AR(p) tiene la forma: $y_t = a_1 y_{t-1} + ... + a_p y_{t-p} + e_t$. El Segundo componente es el término de orden (d) de integración. Cada orden de integración corresponde a la diferenciación de la serie de tiempo. I(1) significa diferenciar los datos una vez. I(d) significa diferenciar los datos d veces. El tercer componente es el término de media móvil (MA),. El modelo MA(q) usa los atrasos q de los errores de pronóstico para mejorar el pronóstico. Un modelo MA(q) tiene la forma: $y_t = e_t + b_1 e_{t-1} + ... + b_q e_{t-q}$. Finalmente, un modelo ARIMA(p,q) tiene la forma combinada: $y_t = a_1 y_{t-1} + ... + a_p y_{t-p} + e_t + b_1 e_{t-1} + ... + b_q e_{t-q}$.

Procedimiento

- Inicie Excel e ingrese sus datos o abra la hoja de trabajo existente con datos históricos para pronosticar (la ilustración mostrada a continuación usa el archivo de ejemplo del archivo de **Serie de Tiempo ARIMA**)

- Seleccione los datos de serie de tiempo y seleccione **Simulador de Riesgo | Pronosticar | ARIMA**

- Ingrese los parámetros relevantes P, D, y Q (enteros positivos solamente) e ingrese el número de periodo de pronóstico deseado y de Click en **OK**

Interpretación de Resultados

Al interpretar los resultados de un modelo ARIMA, la mayoría de la especificaciones son idénticas al análisis de regresión múltiple (vea *Modeling Risk*, 3rd Edition: *Applying Monte Carlo Simulation, Real Options Analysis, Forecasting and Optimization* (2015) del Dr. Johnathan Mun, para más detalles técnicos acerca de la interpretación del análisis de regresión múltiple y modelos ARIMA). Sin embargo, hay varios conjuntos adicionales de resultados específicos al análisis de ARIMA como se ve en la Figura 3.14. El primero, la suma del Criterio de Información Akaike (AIC), y el Criterio Schwarz (SIC), los cuales son usados frecuentemente en la selección e identificación del modelo ARIMA. Esto es, AIC y SIC son utilizados para determinar si un modelo particular con un conjunto específico de parámetros p, d, y q tienen un ajuste estadístico bueno. CS impone una pena más grande para coeficientes adicionales que AIC pero generalmente, el modelo con los valores menores AIC y SIC deben ser escogidos. Finalmente, un set adicional de resultados llamado estadísticas de auto correlación (AC) y auto correlación parcial (PAC), (ACP), se dan en el reporte ARIMA.

Por ejemplo, si la auto correlación AC (1) es diferente de cero, significa que la serie es seriamente correlacionada de primer orden… Si AC se termina más o menos geométricamente con atrasos crecientes, implica que la serie sigue un proceso auto regresivo de bajo orden. Si AC cae a cero después de un número pequeño de atrasos implica que la serie sigue un proceso de media móvil de orden bajo. En contraste, PAC mide la correlación de los valores que son periodos k aparte después de quitar la forma de correlación de atrasos que intervienen. Si el patrón de correlación puede ser capturado por una auto regresión de orden menor a k, entonces la correlación parcial en retraso k estará cerca de cero. Las estadísticas Ljung-Box Q y sus valores p en retraso k también son provistas, donde la hipótesis nula que se está probando es tal que no hay correlación hasta ordenar k. Las líneas punteadas en los esquemas de las auto correlaciones son el aproximado dos errores estándar de límites de error. Si la correlación está dentro de estos límites, no es significativamente diferente de cero al nivel de significancia del 5% aproximadamente. Encontrar el modelo ARIMA apropiado, lleva práctica y experiencia. Estos AC, ACP, CS, y CIA son herramientas de diagnóstico altamente útiles para ayudar a identificar la especificación del modelo correcto.

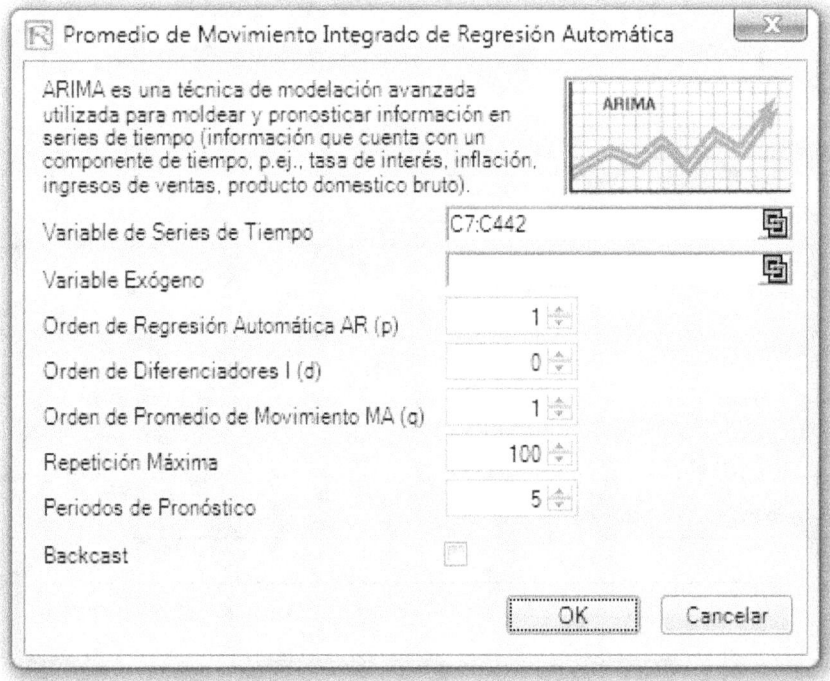

Figura 3.13A Herramienta de Pronóstico Box Jenkins ARIMA

ARIMA (Autoregressive Integrated Moving Average)

La Estadística del Regresion

Cuadrado de R (Coeficiente de la Determinación)	0.9999	Akaike Information Criterion (AIC)	4.6213
Ajustado Cuadrado de R	0.9999	Schwarz Criterion (SC)	4.6632
Múltiples R (Múltiples Coeficiente de la Correlación)	1.0000	Apunte la Probabilidad (Log Likelihood)	-1005.1340
El Error Uniforme de las Estimaciones (SEy)	297.5246	Durbin-Watson (DW) Estadística	1.8588
El Número de Observaciones	435	El Número de Iteraciones	5

Autoregressive Integrado Móvil Promedia o ARIMA (P, D, Q) los modelos son la extensión del modelo de AR que usa tres componentes para modelar la correlación de serie en los datos de la serie de tiempo. El primer componente es el término de autoregressive (AR). El modelo de AR (p) usa las demoras P de la serie cronológica en la ecuación. Un modelo de AR (p) tiene la forma: y(t)=a(1)*y(t-1)+...+a(p)*y(t-p)+e(t). The segundo componente es el término de la orden de la Integración (d). Cada orden de la integración corresponde a differencing la serie cronológica. Yo (1) differencing de medios los datos una vez. Yo (d) differencing de medios los datos D cronometran. El tercer componente es el móvil promedia (MA) el término. El modelo de MA (q) usa las demoras Q de los errores del pronóstico para mejorar el pronóstico. Un modelo de MA (q) tiene la forma: y(t)=e(t)+b(1)*e(t-1)+...+b(q)*e(t-q).Finally, un ARMA (P, Q) el modelo tiene la forma combinada: y(t)=a(1)*y(t-1)+...+a(p)*y(t-p)+e(t)+b(1)*e(t-1)+...+b(q)*e(t-q).

El Cuadrado de R, o Coeficiente de la Determinación, indica la por ciento variación en la variable dependiente que se puede explicar y puede ser justificado por las variables independientes en este análisis del retroceso. Sin embargo, en un múltiples retroceso, el Ajustado Cuadrado de R tiene en cuenta la existencia de variables o regressors independientes adicionales y ajusta este valor Cuadrado de R a un panorama más exacto del poder explicativo del retroceso. Sin embargo, bajo algún ARIMA modelando las circunstancias (por ejemplo, con modelos de nonconvergence), el Cuadrado de R tiende a ser informal.

El Múltiples Coeficiente de la Correlación (Múltiples R) mide la correlación entre la variable (Y) dependiente verdadera y el estimado o quedado (Y) basado en la ecuación del retroceso. Esta correlación es también la raíz cuadrada del Coeficiente de la Determinación (Cuadrado de R).

El Error Uniforme de las Estimaciones (SEy) describe la dispersión de puntos de datos encima de y debajo de la línea del retroceso o el avión. Este valor se usa como parte del cálculo para obtener el intervalo de la confianza de las estimaciones posteriores.

El AIC y SC a menudo se usan en la selección ejemplar. SC impone una pena más grande para coeficientes adicionales. Generalmente, el usuario debe escoger un modelo con el valor más bajo del AIC y SC.

La estadística de Durbin Watson mide la correlación de serie en el residual. Generalmente, menos de 2 de DW implican la correlación de serie positiva.

Resultados Regresion

	Intercepte	AR(1)	MA(1)
Coeficientes	-0.0626	1.0055	0.4936
El Error Uniforme	0.3108	0.0006	0.0420
Estadística T	-0.2013	1691.1373	11.7633
Valor P Probabilidad	0.8406	0.0000	0.0000
Bajo 5%	0.4498	1.0065	0.5628
Superior 95%	-0.5749	1.0046	0.4244

Los Grados del Libertad

Los grados de la Libertad para el Retroceso	2
Los grados de la Libertad para Residual	432
Los Grados Totales de la Libertad	434

La Prueba del Hipótesis

Estadística T Crítica (99% de confianza con df de 432)	2.5873
Estadística T Crítica (95% de confianza con df de 432)	1.9655
Estadística T Crítica (90% de confianza con df de 432)	1.6484

Los Coeficientes proporcionan el retroceso estimado Intercepta e Inclina. Por ejemplo, los coeficientes son las estimaciones del verdadero; los valores de población B en la ecuación Y siguiente del retroceso = b₀ + b₁X₁ + b₂X₂ + ... + BₙXₙ. El Error Uniforme mide cuán exactos los Coeficientes predichos son, y la Estadística T es las razones de cada Coeficiente predicho a su Error Uniforme.

La Estadística T se usa en probar de hipótesis, donde ponemos la hipótesis (Ho) nula tanto que el medio verdadero del Coeficiente = 0, y la hipótesis (ah) alterna tanto que el medio verdadero del Coeficiente no sean igual a 0. Una prueba T es realizado y la Estadística T calculada es comparada con los valores críticos en los Grados pertinentes de la Libertad para Residual. La prueba T es muy importante como calcula si cada uno de los coeficientes son estadísticamente significativos en la presencia del otro regressors. Esto significa que la prueba T verifica estadísticamente si un regressor o variable independiente deben permanecer en el retroceso o deben ser dejados caer.

El Coeficiente es estadísticamente significativo si su Estadística T calculada excede la Estadística T Crítica en los grados pertinentes de la libertad (df). Los tres niveles principales de la confianza usaron para probar para el significado son 90%, 95% y 99%. Si una Estadística de Coeficiente T excede el nivel Crítico, se considera estadísticamente significativo. Alternativamente, Valor P calcula cada probabilidad de t-Statistic de la ocurrencia, que significa que el más pequeño el Valor P, el más significativo el Coeficiente. Los niveles significativos usuales para el Valor P son 0.01, 0.05, y 0.10, correspondiendo al 99%, 95%, y 99% de confianza nivelan.

Los Coeficientes con su P Avalúan puesto los toques de luz en azul indica que ellos son estadísticamente significativos en el 90% de confianza o 0.10 nivel alfa, mientras esos punto culminante en rojo indica que ellos no son estadísticamente significativos en cualquier otros niveles alfas.

El Análisis de Variación

	Las Sumas de Cuadrados	Medios de Cuadrados	La Estadística F	Valor P Probabilidad	La Prueba del Hipótesis	
Regresion	38415447.5277	19207723.7638	3171851.1034	0.0000	Estadística F Crítica (99% de confianza con df de 2 y 432)	4.6546
Residual	2616.0549	6.0557			Estadística F Crítica (95% de confianza con df de 2 y 432)	3.0166
El Suma	38418063.5826	19207729.8195			Estadística F Crítica (90% de confianza con df de 2 y 432)	2.3149

El Análisis de tabla de Variación (ANOVA) proporciona una prueba F del modelo del retroceso el significado estadístico completo. En vez de mirar regressors individual como en la prueba T, la prueba F mira todo el estimó las propiedades estadísticas de Coeficientes. La Estadística F se calcula como la razón del Medio del Retroceso de Cuadrados al Medio Residual de Cuadrados. El numerador mide cuánto del retroceso es explicado, mientras el denominador mide cuánto es inexplicado. De aquí en adelante, la más grande la Estadística F, el más significativo el modelo. El Valor P correspondiente se calcula para probar la hipótesis (Ho) nula donde todos los Coeficientes son simultáneamente iguales poner cero de a, contra la hipótesis (ah) alterna que ellos son todo simultáneamente diferente del cero, indicando un modelo completo significativo del retroceso. Si el Valor P es más pequeño que el 0.01, 0.05, o 0.10 significado alfa, entonces el retroceso es significativo. El mismo enfoque puede ser aplicado a la Estadística F comparando la Estadística F calculada con los valores F críticos en varios niveles del significado.

La Correlación del Auto (Autocorrelation)

El Retraso	AC	PAC	Bajo Salta	Superior Atado	Q-Estadística	Probabilidad
1	0.9921	0.9921	(0.0958)	0.0958	431.1216	-
2	0.9841	(0.0105)	(0.0958)	0.0958	856.3037	-
3	0.9760	(0.0109)	(0.0958)	0.0958	1,275.4818	-
4	0.9678	(0.0142)	(0.0958)	0.0958	1,688.5499	-
5	0.9594	(0.0098)	(0.0958)	0.0958	2,095.4625	-
6	0.9509	(0.0113)	(0.0958)	0.0958	2,496.1572	-
7	0.9423	(0.0124)	(0.0958)	0.0958	2,890.5594	-
8	0.9336	(0.0147)	(0.0958)	0.0958	3,278.5669	-
9	0.9247	(0.0121)	(0.0958)	0.0958	3,660.1152	-
10	0.9156	(0.0139)	(0.0958)	0.0958	4,035.1192	-
11	0.9066	(0.0049)	(0.0958)	0.0958	4,403.6117	-
12	0.8975	(0.0068)	(0.0958)	0.0958	4,765.6032	-
13	0.8883	(0.0097)	(0.0958)	0.0958	5,121.0697	-
14	0.8791	(0.0087)	(0.0958)	0.0958	5,470.0032	-
15	0.8698	(0.0064)	(0.0958)	0.0958	5,812.4256	-
16	0.8605	(0.0056)	(0.0958)	0.0958	6,148.3694	-
17	0.8512	(0.0062)	(0.0958)	0.0958	6,477.8620	-
18	0.8419	(0.0038)	(0.0958)	0.0958	6,800.9622	-
19	0.8326	(0.0003)	(0.0958)	0.0958	7,117.7709	-
20	0.8235	0.0002	(0.0958)	0.0958	7,428.3952	-

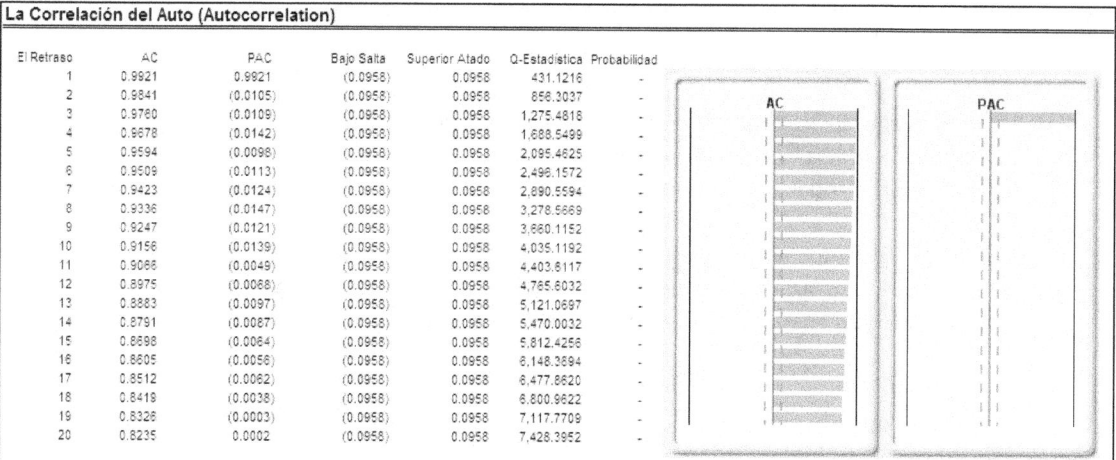

Si AC(1) de autocorrelación es no cero, significa que la serie es primero orden de serie puesta en correlacción. Si AC(k) muere lejos más o menos geométricamente con demora creciente, implica que la serie sigue un proceso de la orden baja de autoregressive. Si gotas de AC(k) para poner cero de a después que un número pequeño de demoras, implica que la serie sigue un de orden baja moviendo promedia el proceso. PAC (k) parcial de la correlación mide la correlación de los valores que son los períodos K aparte después de quitar la correlación de las demoras que intervienen. Si el modelo de autocorrelación puede ser capturado por un autoregresión de la orden menos que K, entonces el autocorrelación parcial en demora K será cercano poner cero de a. La estadística de la caja Q de Ljung y sus valores P en demora K tienen la hipótesis nula que no hay autocorrelación arriba ordenar K. El punteó las líneas en los complot del autocorrelacións son el aproximado dos error uniforme salta. Si el autocorrelación está dentro de éstos salta, no es significativamente diferente del cero en (aproximadamente) el 5% de nivel del significado.

Prognóstico

Período	Verdadero (Y)	Pronóstico (F)	Error (E)
2	139.3999939	139.6056	(0.2056)
3	139.6999969	140.0069	(0.3069)
4	139.6999969	140.2586	(0.5586)
5	140.6999969	140.1343	0.5657
6	141.1999969	141.6948	(0.4948)
7	141.6999969	141.6741	0.0259
8	141.8999939	142.4339	(0.5339)
9	141	142.3587	(1.3587)
10	140.5	141.0466	(0.5466)
11	140.3999939	140.9447	(0.5447)
12	140	140.8451	(0.8451)
13	140	140.2946	(0.2946)
14	139.8999939	140.5663	(0.6663)
15	139.8000031	140.2623	(0.4623)
16	139.6000061	140.2726	(0.6726)
17	139.6000061	139.9775	(0.3775)
18	139.6000061	140.1232	(0.5231)
19	140.1999969	140.0513	0.1487
20	141.3000031	140.9862	0.3138
21	141.1999969	142.1738	(0.9738)
22	140.8999939	141.4377	(0.5377)
23	140.8999939	141.3513	(0.4513)
24	140.6999969	141.3939	(0.6939)
25	141.1000061	141.0731	0.0270
26	141.6000061	141.8311	(0.2311)
27	141.8999939	142.2065	(0.3065)
28	142.1000061	142.4709	(0.3709)
29	142.6999969	142.6402	0.0598
30	142.8999939	143.4561	(0.5561)
31	142.8999939	143.3532	(0.4532)
32	143.5	143.4040	0.0960
33	143.8000031	144.2784	(0.4784)
34	144.1000061	144.2966	(0.1966)
35	144.8000031	144.7374	0.0626
36	145.1999969	145.5692	(0.3692)
37	145.1999969	145.7582	(0.5582)
38	145.6999969	145.6649	0.0351
39	146	146.4605	(0.4605)
40	146.3999939	146.5176	(0.1176)
41	146.8000031	147.0891	(0.2891)
42	146.6000061	147.4066	(0.8066)

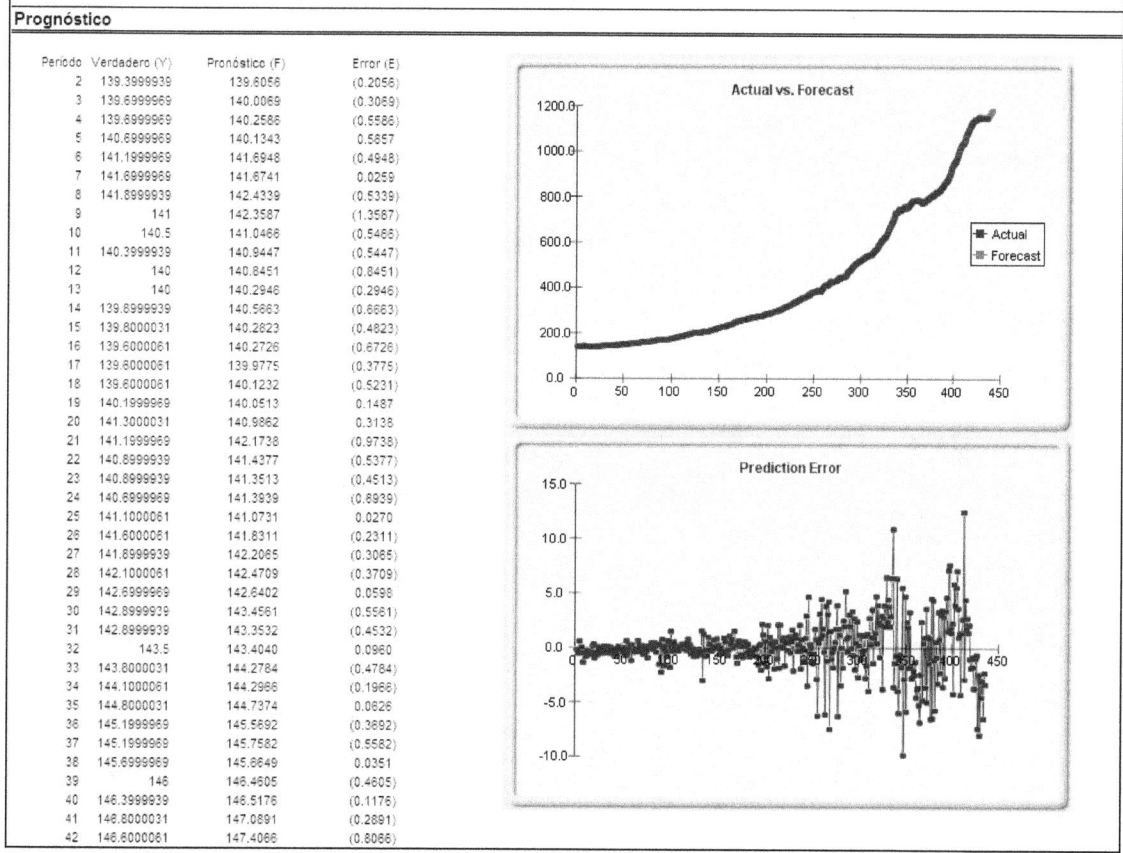

Figura 3.13B Reporte de Pronóstico Box Jenkins ARIMA

Teoría

Está herramienta proporciona un análisis idéntico al módulo de ARIMA pero la diferencia radica en que el módulo del Auto ARIMA automatiza parte del ARIMA tradicional modelando automáticamente, para probar múltiples permutaciones de especificaciones de ejemplos y encuentra el mejor modelo o el más apropiado. Correr el Auto ARIMA es semejante a pronósticos regulares de ARIMA. La diferencia es la asignación de P, D, y Q que encuentra combinaciones diferentes de estas entradas y las corre automáticamente para compararlas más adelante.

Procedimiento

- Inicie Excel e ingrese sus datos o abra una hoja de trabajo existente con datos históricos para pronosticar (la ilustración mostrada en la Figura 3.14 usa el archivo del *Modelos de Ejemplo | Modelos de Pronóstico Avanzado*)

- En el AUTO ARIMA de la hoja de trabajo, seleccione *Simulador de Riesgo | Pronóstico | AUTO-ARIMA*

- De Click en el icono del eslabón y el seleccione los datos existentes de la serie del tiempo e ingrese el número de períodos de pronóstico deseado y de Click en *OK*

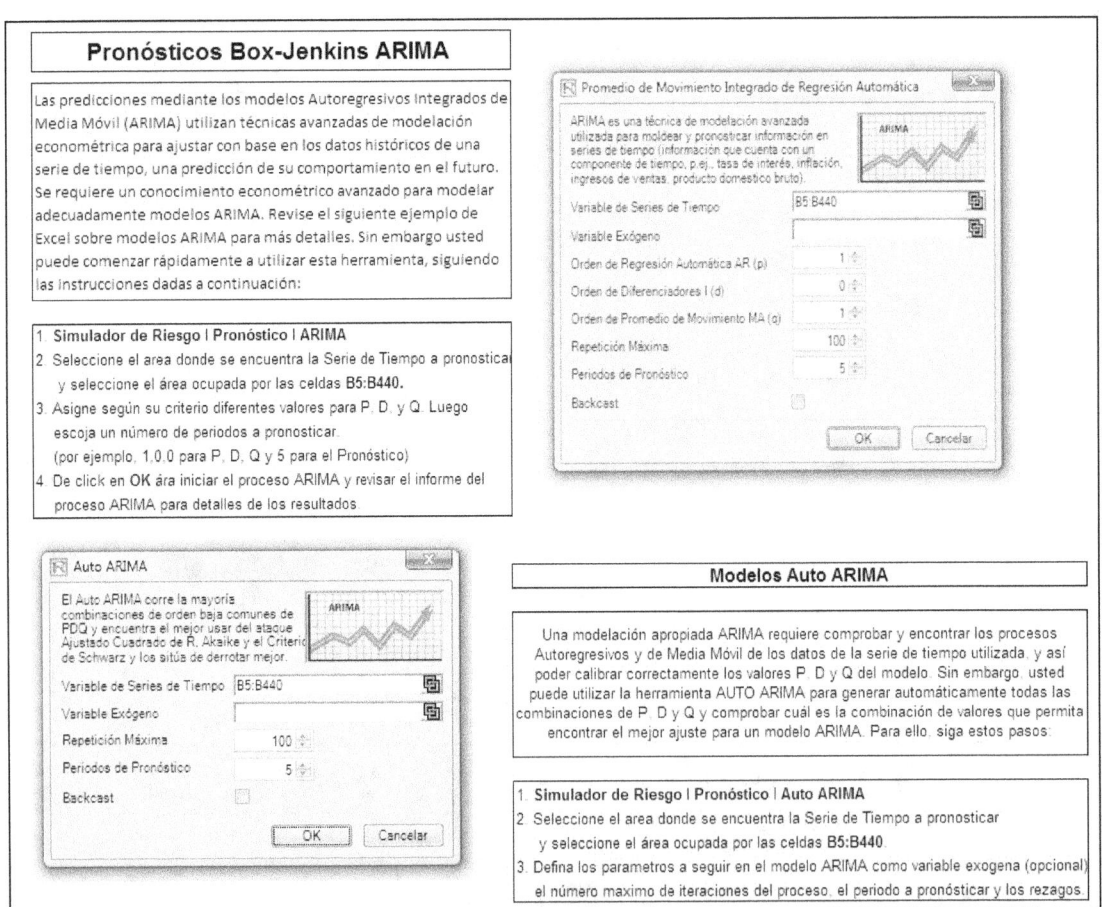

Figura 3.14 Módulo AUTO ARIMA

3.9 Econometría Básica

La econometría se refiere a una rama analítica de los negocios, que modela técnicas para pronosticar la conducta o pronosticar ciertos comportamientos de las variables económicas. Correr los modelos de Econometría Básica es semejante a realizar un análisis regular de regresión excepto por que la variable dependiente y las variables independientes son modificadas antes de ejecutar una regresión. El informe generado es el mismo que el mostrado previamente en la Regresión Múltiple y la interpretación es idéntica a esa descripción previa

- Inicie Excel e ingrese sus datos o abra una hoja de trabajo existente con datos históricos para pronosticar (la ilustración mostrada en usos de Figura 3.14 el archivo de **Modelos de Ejemplo | Modelos de Pronóstico Avanzado**))

- Seleccione los datos en Econometría Básica, escoja **Simulador de Riesgo | Pronóstico | Econometría Básica**

- Ingrese la variable dependiente e independiente deseada y (vea la Figura 3.15 por ejemplo) y de Click en **OK** para ejecutar el modelo y el informe, o de Click en **Mostrar Resultados** para ver los resultados antes de generar el informe en caso de que usted necesite hacer cualquiera cambio en el modelo.

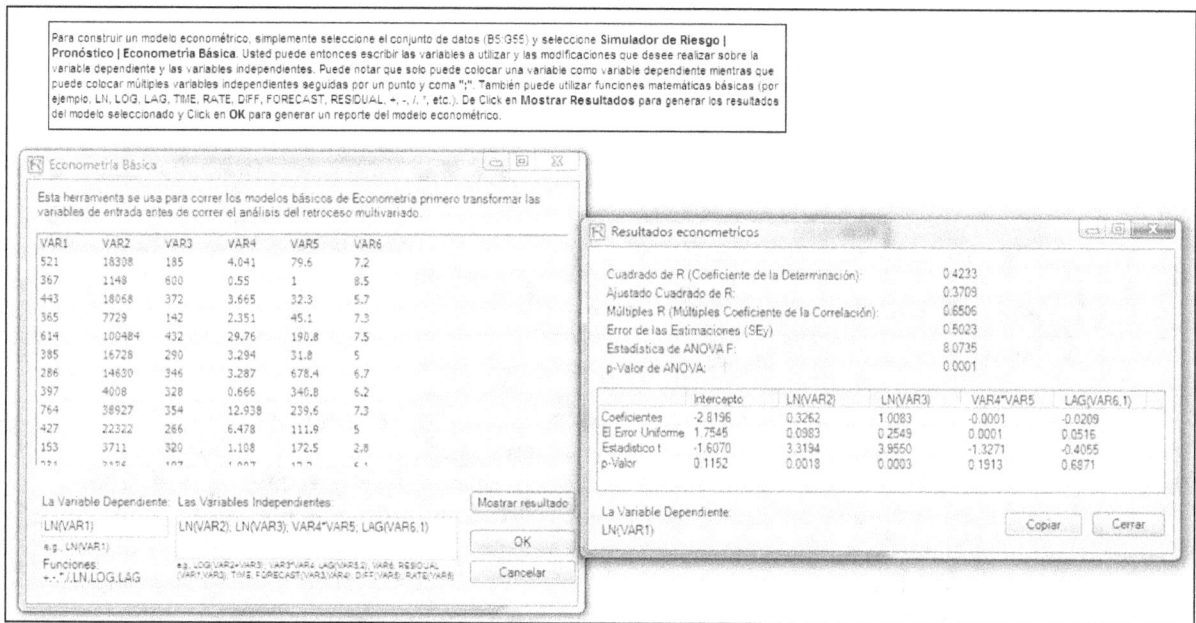

Figura 3.15 Econometría Básica Módulo

La curva J o la curva exponencial del crecimiento es aquella donde el crecimiento del próximo período depende del nivel actual del período y su aumento es exponencial. Esto significa que con el paso del tiempo, los valores aumentarán significativamente, de un período a otro. Este modelo es usado típicamente para pronosticar el crecimiento biológico y las reacciones químicas.

- Escoja *Simulador de Riesgo | Pronóstico | Curvas JS*

- Escoja el tipo de curva J o S e ingrese los supuestos requeridos de entrada (vea las Figuras 3.16 y 3.17 por ejemplo) y de Click en *OK* para correr el modelo y el generar el informe

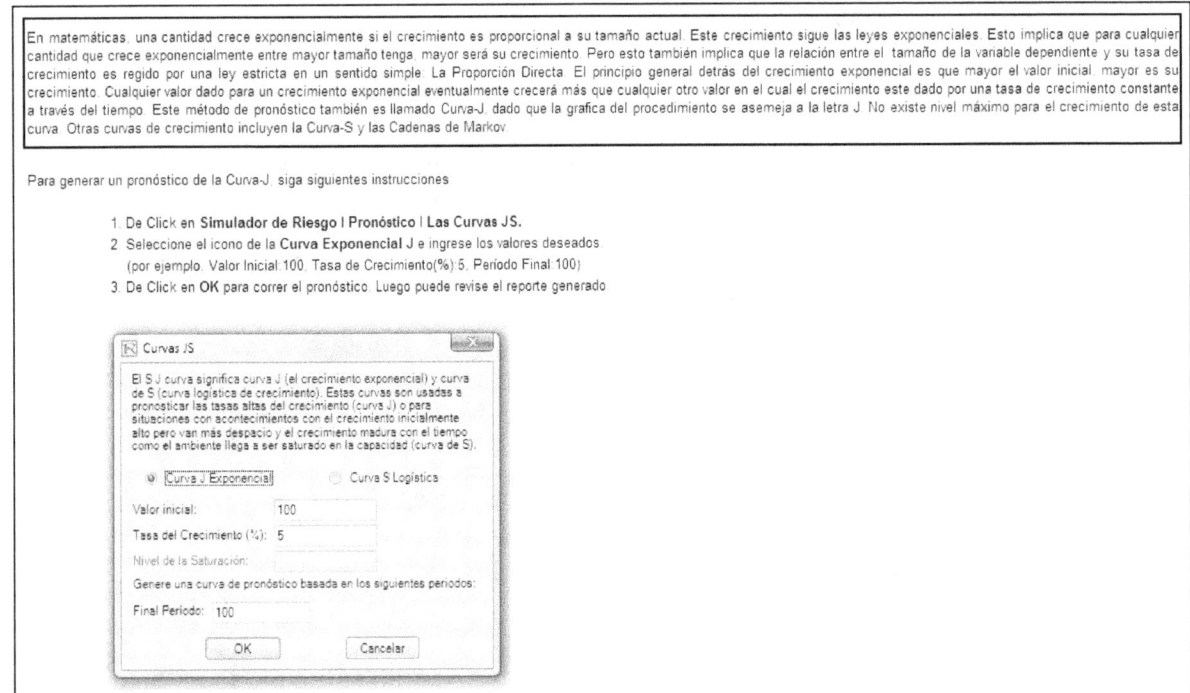

Figura 3.16 J-Curva

La curva de S o curva logística de crecimiento comienza como una curva J, con tasas exponenciales de crecimiento. Con el tiempo, el ambiente se satura (por ejemplo, la saturación del mercado, la competencia, atestando), y el crecimiento se hace más lento, y el valor del pronóstico va a parar eventualmente en un nivel de la saturación máximo. Este modelo es usado típicamente para pronosticar el crecimiento de ventas de un producto nuevo, desde la introducción en el mercado hasta la madurez y la decadencia. La figura 3.17 ilustra una curva de S de ejemplo.

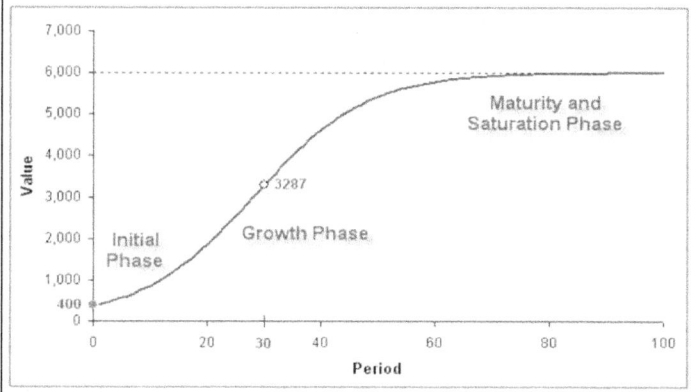

Una función logística o curva logística modelan la curva-S de crecimiento de alguna variable X. La etapa inicial del crecimiento es aproximadamente exponencial; luego el crecimiento se hace lento, y en la madurez el crecimiento se detiene. Estas funciones encuentran aplicaciones practicas en distintos campos, desde la biología hasta la economía. Por ejemplo, en el desarrollo de u desde un embrión se parte desde un ovulo fecundado y la célula comienza a crecer: 1,2,4,8,16,32,64 etc. Esto es crecimiento exponencial. Pero el feto puede crecer solo hasta el tamaño del útero, entonces otros factores comienzan a manifestarse para hacer mas lento el crecimiento celular y por ende la tasa de crecimiento disminuye (pero por supuesto el bebe sigue en crecimiento). Des pues de un tiempo considerable el bebe nace y mantiene su crecimiento, en ultima instancia la rasa de crecimiento se hace estable, la altura de la persona se mantiene constante y el crecimiento se detiene en la madurez. El mismo principio puede aplicarse al crecimiento de las poblaciones de animales o humanos, a la penetración de mercado y a los ingresos derivados de la venta de un producto, que inicia con un crecimiento acelerado en la penetración de mercado, pero con el paso del tiempo, el crecimiento disminuye debido a la competencia y eventualmente el mercado declina en la madurez.

1. De Click en **Simulador de Riesgo | Pronóstico | Las Curvas JS**
2. Seleccione los valores deseado (puede colocar los del ejemplo)
3. De Click en **OK** y revise el informe del pronóstico.

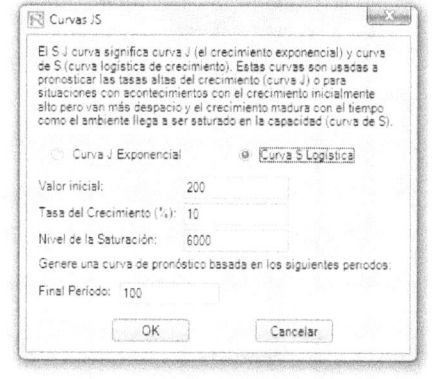

Figura 3.17 S-Curva

3.11 GARCH Pronóstico de Volatilidad

Teoría

El Proceso Generalizado Autoregresivo de Heteroscedasticidad Condicional (GARCH) se usa para modelar la información histórica y pronosticar los niveles futuros de volatilidad de un activo financiero (por ejemplo, los precios de acciones, los precios de bienes, los precios de aceite, etcétera). Los datos tienen que ser una serie de tiempo en términos de precio. GARCH hace primero una conversión de los precios en retornos relativos y entonces corre una optimización interna para hacer que los datos históricos tengan una estructura de reversión a la media del término de la volatilidad, mientras que asume que la inestabilidad es de naturaleza heteroscedastica (los cambios en el tiempo siguen algunas características econométricas). La especificación teórica de un modelo GARCH está fuera del alcance de este manual de usuario. Para más detalles en modelos de GARCH, refiérase por favor a "*Advanced Analytical Models*" por Dr. Johnathan Mun (Wiley 2008).

Procedimiento

- Inicie Excel e ingrese sus datos o abra una hoja de trabajo existente con datos históricos para pronosticar GARCH, o seleccione **Simulador de Riesgo | Pronóstico | GARCH**

- De Click en el icono del eslabón y escoge la Ubicación de sus Datos e ingrese las supuestos de entrada requeridos (vea la Figura 3.18) y de Click en OK para correr el modelo y generar el informe.

Nota

La situación típica del pronóstico de volatilidad requiere $P = 1$, $Q = 1$, la *Periodicidad* = el número de períodos por año (12 para datos mensuales, 52 para datos semanales, 252 o 365 para datos diarios), la *Base* = el mínimo de 1 y hasta el valor de la periodicidad, y hasta los *Períodos del Pronóstico* = el número de volatilidad anualizada pronosticada que desea obtener.

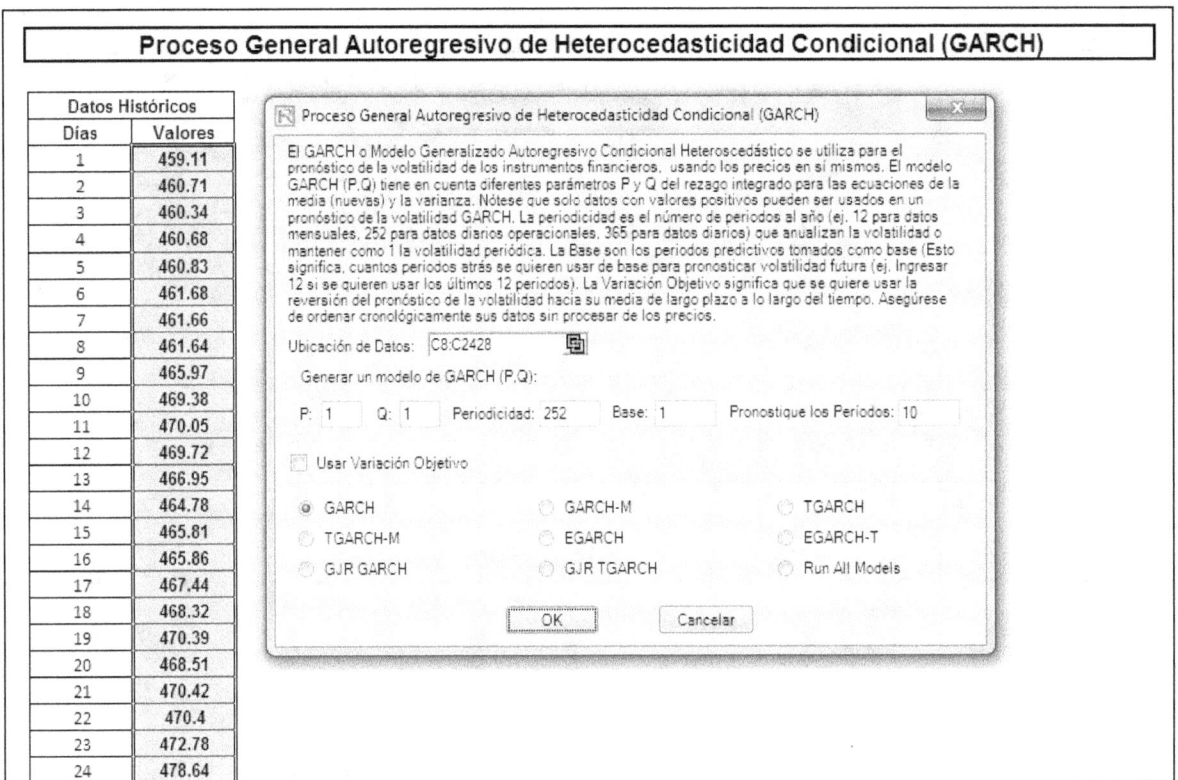

Figura 3.18 GARCH Pronostico de Volatilidad.

	$z_t \sim$ Normal	$z_t \sim$ T
GARCH-M	$y_t = c + \lambda \sigma_t^2 + \varepsilon_t$ $\varepsilon_t = \sigma_t z_t$ $\sigma_t^2 = \omega + \alpha \varepsilon_{t-1}^2 + \beta \sigma_{t-1}^2$	$y_t = c + \lambda \sigma_t^2 + \varepsilon_t$ $\varepsilon_t = \sigma_t z_t$ $\sigma_t^2 = \omega + \alpha \varepsilon_{t-1}^2 + \beta \sigma_{t-1}^2$
GARCH-M	$y_t = c + \lambda \sigma_t + \varepsilon_t$ $\varepsilon_t = \sigma_t z_t$ $\sigma_t^2 = \omega + \alpha \varepsilon_{t-1}^2 + \beta \sigma_{t-1}^2$	$y_t = c + \lambda \sigma_t + \varepsilon_t$ $\varepsilon_t = \sigma_t z_t$ $\sigma_t^2 = \omega + \alpha \varepsilon_{t-1}^2 + \beta \sigma_{t-1}^2$
GARCH-M	$y_t = c + \lambda \ln(\sigma_t^2) + \varepsilon_t$ $\varepsilon_t = \sigma_t z_t$ $\sigma_t^2 = \omega + \alpha \varepsilon_{t-1}^2 + \beta \sigma_{t-1}^2$	$y_t = c + \lambda \ln(\sigma_t^2) + \varepsilon_t$ $\varepsilon_t = \sigma_t z_t$ $\sigma_t^2 = \omega + \alpha \varepsilon_{t-1}^2 + \beta \sigma_{t-1}^2$
GARCH	$y_t = x_t \gamma + \varepsilon_t$ $\sigma_t^2 = \omega + \alpha \varepsilon_{t-1}^2 + \beta \sigma_{t-1}^2$	$y_t = \varepsilon_t$ $\varepsilon_t = \sigma_t z_t$ $\sigma_t^2 = \omega + \alpha \varepsilon_{t-1}^2 + \beta \sigma_{t-1}^2$
EGARCH	$y_t = \varepsilon_t$ $\varepsilon_t = \sigma_t z_t$ $\ln\left(\sigma_t^2\right) = \omega + \beta \cdot \ln\left(\sigma_{t-1}^2\right) +$ $\alpha\left[\left\|\dfrac{\varepsilon_{t-1}}{\sigma_{t-1}}\right\| - E(\|\varepsilon_t\|)\right] + r\dfrac{\varepsilon_{t-1}}{\sigma_{t-1}}$ $E(\|\varepsilon_t\|) = \sqrt{\dfrac{2}{\pi}}$	$y_t = \varepsilon_t$ $\varepsilon_t = \sigma_t z_t$ $\ln\left(\sigma_t^2\right) = \omega + \beta \cdot \ln\left(\sigma_{t-1}^2\right) +$ $\alpha\left[\left\|\dfrac{\varepsilon_{t-1}}{\sigma_{t-1}}\right\| - E(\|\varepsilon_t\|)\right] + r\dfrac{\varepsilon_{t-1}}{\sigma_{t-1}}$ $E(\|\varepsilon_t\|) = \dfrac{2\sqrt{v-2}\,\Gamma((v+1)/2)}{(v-1)\Gamma(v/2)\sqrt{\pi}}$
GJR-GARCH	$y_t = \varepsilon_t$ $\varepsilon_t = \sigma_t z_t$ $\sigma_t^2 = \omega + \alpha \varepsilon_{t-1}^2 +$ $r\varepsilon_{t-1}^2 d_{t-1} + \beta \sigma_{t-1}^2$ $d_{t-1} = \begin{cases} 1 & \text{if } \varepsilon_{t-1} < 0 \\ 0 & \text{otherwise} \end{cases}$	$y_t = \varepsilon_t$ $\varepsilon_t = \sigma_t z_t$ $\sigma_t^2 = \omega + \alpha \varepsilon_{t-1}^2 +$ $r\varepsilon_{t-1}^2 d_{t-1} + \beta \sigma_{t-1}^2$ $d_{t-1} = \begin{cases} 1 & \text{if } \varepsilon_{t-1} < 0 \\ 0 & \text{otherwise} \end{cases}$

Teoría

Una cadena de Markov existe cuando la probabilidad de un estado futuro depende de un estado previo y cuando se unen estas dos condiciones se forma una cadena que vuelve a revertir su estado de nivel. Este enfoque se usa típicamente para pronosticar la acción de mercado de dos competidores. La cadena de Markov busca la probabilidad de ocurrencia de dos eventos o *estados*, por ejemplo, encontrar la probabilidad de que un cliente de una tienda en un periodo 1 regrese nuevamente a la tienda en el periodo 2 contra la probabilidad de que el mismo cliente visite la tienda pero de un competidor.

Procedimiento

- Inicie Excel y seleccione **Simulador de Riesgo | Pronóstico | La Cadena de Markov**

- Entre en las supuestos requeridos (vea la Figura 3.19 para un ejemplo) y de Click en **OK** para correr el modelo y el informe.

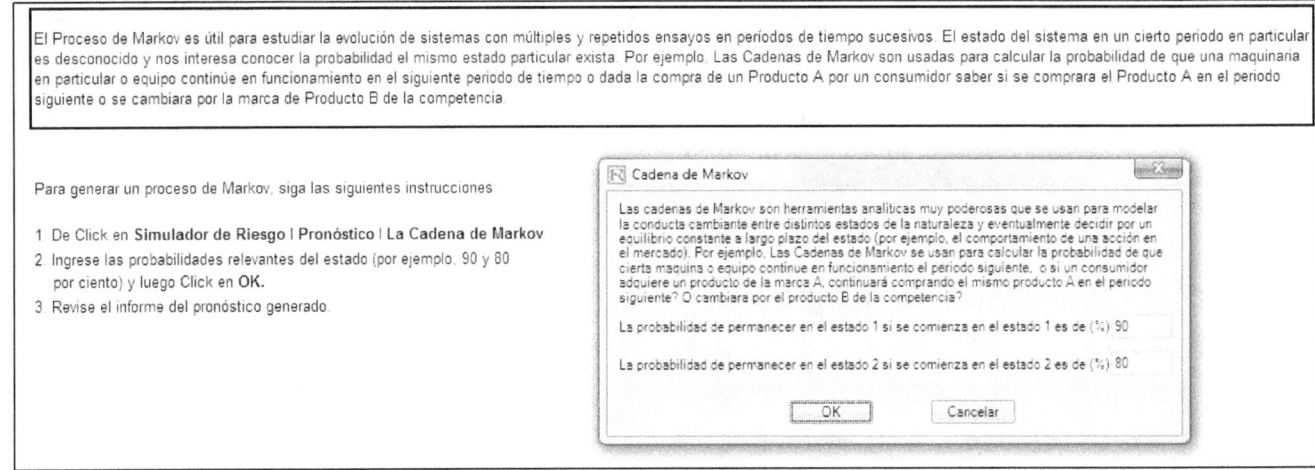

Figura 3.19 La Cadena de Markov

3.13 Modelo de Probabilidad Máxima (MLE): Logit, Probit, Tobit

Las Variables Dependientes Limitadas describen las situaciones donde la variable dependiente contiene datos que están limitados en alcance y rango, como binarias (0 o 1), truncadas, ordenadas o datos censurados. Por ejemplo, dado un conjunto de variables independientes (p.ej., edad, ingreso, educación, cupo de tarjeta de crédito o tenencia de préstamo hipotecario), podemos calcular la probabilidad de incumplimiento utilizando la estimación de máxima verosimilitud (MLE – por sus siglas en ingles). La respuesta o variable dependiente Y es binaria, es decir, puede tener solamente dos posibles resultados que denotaremos como 1 y 0 (p.ej., Y puede representar la ausencia/presencia de una condición específica, cumplimiento/incumplimiento de un préstamo previo, éxito/fracaso de algunos dispositivos, respuesta si/no en estudios, etc.). También tenemos un vector de variables independientes o regresores de X, los cuales se asumen con influencia en el resultado Y. Una típica aproximación con una regresión de mínimos cuadrados ordinarios es incorrecta porque los errores de la regresión son heteroscedasticos y no normales; y los resultados estimados de probabilidad resultantes serian valores sin sentido sobre 1 o debajo de 0. MLE se ocupa de estos problemas de análisis utilizando una rutina de optimización iterativa que maximiza la función logarítmica de verosimilitud cuando las variables dependientes son limitadas.

Una regresión Logit o Logística es usada para predecir la probabilidad de ocurrencia de un evento para datos ajustados a una curva logística. Esto es generalizado en el modelo lineal utilizado para la regresión binomial. MLE aplicado en un análisis logístico multivariado binario es usado para modelar variables dependientes para determinar la probabilidad esperada de éxito de pertenecer a un cierto grupo. Los coeficientes estimados por el modelo Logit son cocientes logarítmicos de probabilidad, y no pueden interpretarse directamente como probabilidades. Un rápido cálculo es requerido primero y luego la aproximación es sencilla.

Específicamente, el modelo Logit es especificado como Estimado $Y = LN[P_i/(1-P_i)]$ o en cambio, $P_i = EXP(\text{Estimado } Y)/(1 + EXP(Y \text{ Estimado}))$, y los coeficientes β_i son cocientes logarítmicos de probabilidad, a fin de tomar el antilogaritmo o $EXP(\beta_i)$ obtenemos los cocientes de probabilidad de $P_i/(1-P_i)$. Esto significa que un incremento en una unidad de β_i incrementa la probabilidad en este monto. Finalmente, la tasa de cambio en la probabilidad $dP/dX = \beta_i P_i(1-P_i)$. El Error Estándar mide la precisión de los coeficientes, y la t-estadística son los coeficientes de cada Coeficiente respecto a sus errores estándar, los cuales son usados en la prueba de hipótesis para calcular el nivel de significancia de cada parámetro estimado. Para estimar la probabilidad éxito de pertenecer a un grupo específico (p. ej., predecir si un fumador desarrollara complicaciones pulmonares dado el monto de cigarrillos consumidos por año), simplemente calcule el valor Estimado Y utilizando los coeficientes MLE. Por ejemplo, si el modelo es Y = 1.1 + 0.005 (Cigarrillos) entonces para una persona que fume paquetes de cigarrillos por año tiene un Y Estimado de 1.1 + 0.005(100) = 1.6. Después, calcule la inversa del antilogaritmo para el valor encontrado previamente de probabilidad $EXP(Y \text{ Estimado})/[1 + EXP(Y \text{ Estimado})] = EXP(1.6)/(1 + EXP(1.6)) = 0.8320$. Por lo tanto una persona tiene un 82.20% de probabilidad de desarrollar algún tipo de complicación pulmonar en vida.

Un modelo Probit (algunas veces conocido como modelo Normit) es una alternativa popular de especificación para un modelo binario en cual emplea una función probit utilizando una estimación de máxima verosimilitud y la aproximación es llamada regresión probit. Los modelos de regresión Probit o Logística tienden a producir predicciones similares, donde los parámetros estimados en una regresión logística son entre 1.6 y 1.8 veces más altos que los correspondientes a los coeficientes de un modelo Probit. La elección de un modelo Probit o Logit es enteramente relacionado con la conveniencia particular, y la principal distinción entre ambos se basa en el hecho que la distribución logística tiene una mayor curtosis (colas gordas) para tener en cuenta en los valores extremos. Por ejemplo, suponga que una familia tiene la decisión de adquirir una vivienda y su respuesta es una variable binaria (comprar o no comprar la vivienda) y depende de una serie de variables independientes X_i como son el ingreso, la edad, tal que $I_i = \beta_0 + \beta_1 X_1 + ... + \beta_n X_n$, donde el mayor valor de I_i, significa una mayor probabilidad de ser propietario de la vivienda. Para cada familia, existe un umbral crítico I^*, donde si es superado la casa es comprada por alguien más, es decir, la cas ano es comprada, y la probabilidad de salida (P) se asume distribuida normalmente, tal que $P_i = CDF(I)$ utilizando una función de distribución acumulada normal estándar (CDF). Por lo tanto, usa los coeficientes estimados exactamente igual a los de un modelo de regresión, utilizando el valor Estimado Y, y aplicar la distribución normal estándar (usted puede usar la función Excel DISTR.NORM.ESTAND o la herramienta de Análisis de Distribución seleccionando la distribución Normal y ajustando la media en 0 y la desviación estándar en 1). Finalmente, para obtener un Probit o unidad de probabilidad, defina $I_i + 5$ (esto es porque siempre la probabilidad $P_i < 0.5$, el estimado I_i es negativo, debido al hecho que la distribución normal es simétrica alrededor de una media de cero).

El modelo Tobit (Tobit Censurado) es un método de modelación biométrica y econométrica usada para describir la relación entre un variable dependiente no-negativa Y_i y una o más variables independientes X_i. Un modelo Tobit es un modelo econométrico en el cual la variable dependiente es censurada; esto es, la variable dependiente es censurada porque los valores debajo de cero no son observados. El modelo Tobit asume que existe una variable inobservable latente Y^*. Esta variable es linealmente dependiente de las variables X_i vía un vector de coeficientes β_i, que determina sus interrelaciones. En adición, el término del error U_i está distribuido normalmente para capturar la influencia aleatoria en esta relación. La variable observable Y_i es definida como la igualdad de la variable latente siempre que las variables latentes sean superiores a cero y Y_i es asumido como cero en otro caso. Esto es, $Y_i = Y^*$ si $Y^* > 0$ y $Y_i = 0$ si $Y^* = 0$. Si el parámetro de relación β_i es estimado utilizando una regresión de mínimos cuadrados ordinarios de los observados Y_i en X_i, los estimadores de la regresión calculada son inconsistentes y el coeficiente de la pendiente se encuentra insesgados hacia abajo y el intercepto insesgados hacia arriba. Únicamente el MLE podría ser consistente para un modelo Tobit. En el modelo Tobit, se tiene un complemento estadístico llamado Sigma, el cual e equivalente al error estándar de la estimación en una regresión de mínimos cuadrados ordinarios y los coeficientes estimados son usados en el mismo sentido que en el análisis de regresión.

- Seleccione MLE en la hoja de trabajo, y escoja los datos a estudiar, inclusive los encabezamientos y seleccione *Simulador de Riesgo | Pronóstico | Modelo de Máxima Verosimilitud*

- Escoja la variable dependiente de la pestaña habilitada (vea la Figura 3.20) y de Click en *OK* para correr el modelo y el informe.

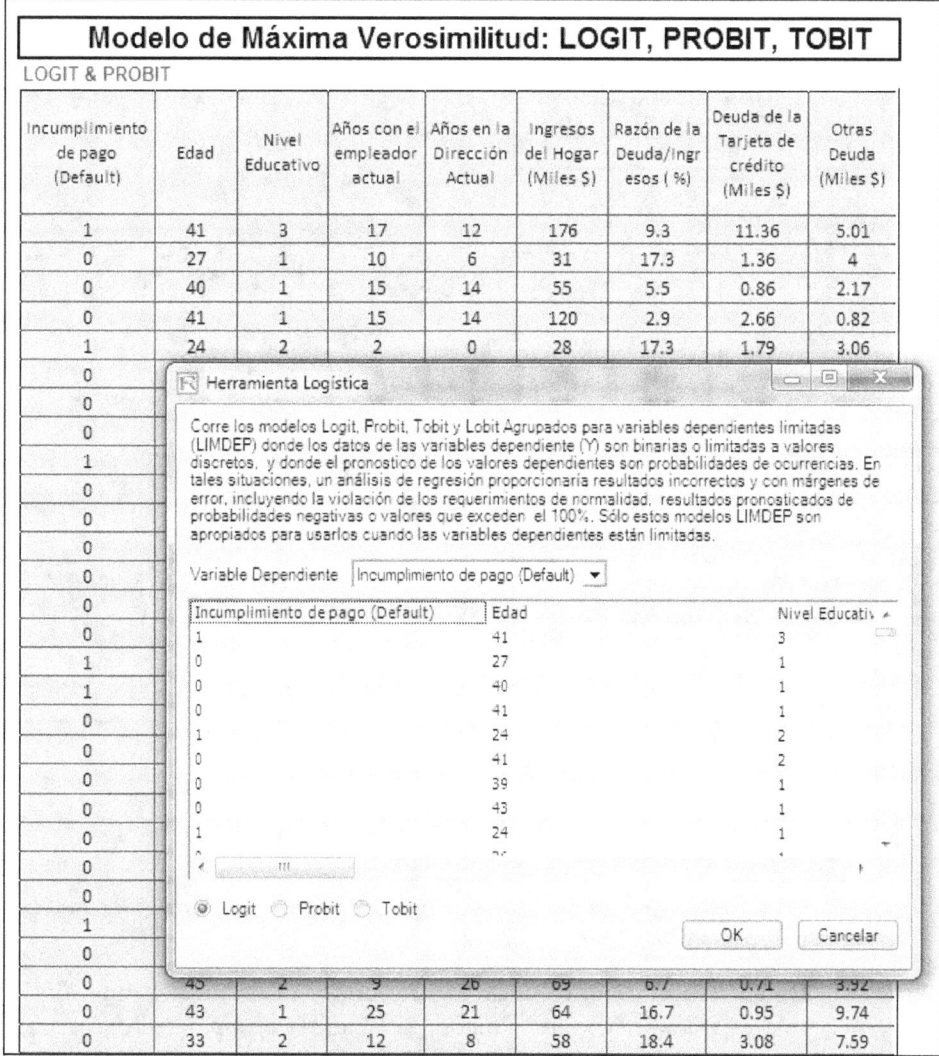

Figura 3.20 Máxima Verosimilitud

3.14 Spline Cúbico (Interpolación y Extrapolación)

Algunas veces se pierden valores en un conjunto de datos de serie de tiempo. Por ejemplo, los tipos de interés de algunos años pueden existir así: de 1 a 3, seguido por los años de 5 a 8, y el año 10 como periodo final. Las curvas de Spline se pueden usar para interpolar el tipo de interés perdido de algunos años basado en los datos que existen. Las curvas de Spline se pueden usar también para pronosticar o extrapolar los valores de períodos de tiempo futuro más allá del período de tiempo de los datos disponibles. Los datos pueden ser lineales o no-lineales. La figura 3.21

ilustra cómo se corre un spline cúbico. Los valores X conocidos representan los valores en el eje *X* en un plano (en nuestro ejemplo, esto es Años para un tipo de interés conocido) y los valores Y conocidos representan los valores en el eje Y (en nuestro caso, el tipo de interés conocido).

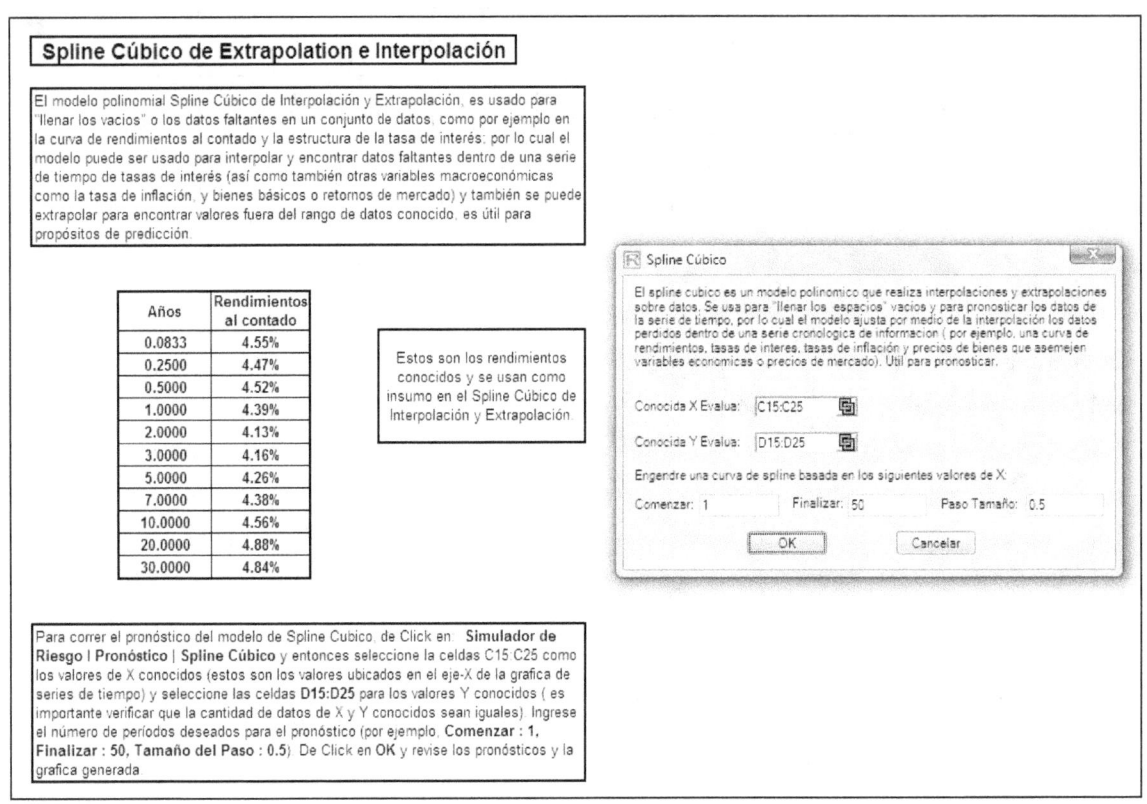

Figura 3.21 Spline Cúbico

Procedimiento

- En el Spline Cubico de la hoja de trabajo, seleccione *Simulador de Riesgo | Pronóstico | Spline Cúbico.*

- De Click en el icono del eslabón y seleccione los valores X conocidos y los valores Y conocidos (vea la Figura 3.21 para un ejemplo), entonces entra en el valor *Comenzar* y los valores *Finalizan* para extrapolar e interpolar, así como también el Paso Tamaño requerido. De Click en *OK* para correr el modelo y el generar el informe.

4. OPTIMIZACIÓN

Esta sección se enfoca en el proceso de optimización y las metodologías que se usan en el *Simulador de Riesgo*. Estas metodologías incluyen el uso de optimización continua en contra de la optimización de enteros discretos, así como la optimización estática contra la optimización dinámica y estocástica.

4.1 Metodologías de Optimización

Muchos algoritmos existen para correr la optimización y muchos procedimientos existen cuando la optimización es acoplada con la simulación de Monte Carlo. En el Simulador de Riesgo hay tres procedimientos de optimización y tipos de optimización dependiendo las características de las variables de decisión. Por ejemplo, El Simulador de Riesgo puede manejar *Variables de Decisión Continua* (1.2535, 0.2215, y así) también como *Variables de Decisión Enteros* (por ejemplo, 1, 2, 3, 4 o 1.5, 2.5, 3.5, y así sucesivamente), *Variables de Decisión Binaria* (1 y 0 para tomar y no tomar decisiones), y *Variables de Decisión Mixta* (ambas variables íntegras y continuas). Además, el Simulador de Riesgo puede manejar *Optimización lineal* (es decir, cuando el objetivo y las restricciones son todas ecuaciones y funciones lineales) también como las *Optimizaciones No lineales* (es decir, cuando el objetivo y restricciones son una mezcla de lineal también como de funciones y ecuaciones no lineales).

Hasta donde el proceso de optimización concierne, el Simulador de Riesgo puede ser utilizado para correr una *Optimización Discreta*, esto es, una optimización que se corre en un modelo discreto o estático, donde no se corren simulaciones. En otras palabras, todas las entradas en el modelo son estáticas y sin cambios. Este tipo de optimización es aplicable cuando el modelo se supone conocido y no existe incertidumbre. También, una optimización Discreta puede ser corrida primero para determinar el portafolio óptimo y su asignación optima de variables de decisión antes de que se apliquen procedimientos de optimización más avanzados. Por ejemplo, antes de correr un problema de Optimización Estocástica, primero se corre una optimización Discreta, para determinar si existen soluciones al problema de optimización antes de que se ejecute un análisis más prolongado.

Después, la *Optimización Dinámica* se aplica cuando la simulación Monte Carlo se usa junto con la optimización. Otro nombre para tal procedimiento es *Simulación-Optimización*. Esto es, primero se corre una simulación, entonces los resultados de la simulación son aplicados en el modelo Excel, y entonces se aplica la optimización a los valores simulados. En otras palabras, se corre una simulación para N intentos y entonces un proceso de optimización se corre para M repeticiones hasta que se obtengan óptimos resultados o hasta que se encuentre un conjunto no factible. Es decir, usando el módulo de optimización del Simulador de Riesgo, usted puede escoger cuales estadísticas de pronóstico y de supuesto usar y reemplazar en el modelo después de que se corra la simulación. Entonces, estas estadísticas de pronóstico pueden ser aplicadas en el proceso de optimización. Este enfoque es útil cuando tiene un modelo grande con muchos pronósticos y supuestos interactuando, y cuando algunas de las estadísticas de pronóstico se requieren en la optimización. Por ejemplo, si la desviación estándar de un supuesto o pronóstico se requiere en el modelo de optimización (por ejemplo, calcular el Cociente de Sharpe en la colocación activa y los problemas de optimización donde tenemos la media dividida por la desviación estándar del portafolio), entonces se debe de usar este enfoque.

El proceso de **Optimización Estocástica**, en contraste, es similar al procedimiento de optimización dinámica con la excepción de que el proceso entero de optimización dinámica se repite T veces. Esto es, se corre una simulación con N intentos, y entonces se corre una optimización con M repeticiones para obtener resultados óptimos. Entonces el proceso se repite T veces. Los resultados serán una gráfica de cada variable de decisión con valores T. En otras palabras, se corre una simulación y las estadísticas de pronóstico o supuesto se utilizan en el modelo de optimización para encontrar la colocación óptima de las variables de decisión. Después, se corre otra simulación, generando diferentes estadísticas de pronóstico, y estos nuevos valores actualizados son entonces optimizados, y así sucesivamente. De ahí que las variables de decisión final tengan cada una su propia gráfica de pronóstico, indicando el rango de variables de decisión óptima. Por ejemplo, en vez de obtener estimados de punto único en el procedimiento de optimización dinámica, ahora puede obtener una distribución de las variables de decisión, por ende, un rango de valores óptimos para cada variable de decisión, también conocida como una optimización estocástica.

Finalmente, un proceso de optimización de Frontera Eficiente *(Efficient Frontier)* aplica los conceptos de incrementos marginales y valuación de precios sombra *(shadow pricing)* en la optimización. Esto es, ¿qué sucedería a los resultados de la optimización si una de las restricciones fuese ligeramente relajada? Digamos, por ejemplo, si la restricción de presupuesto es establecido a $1 millón. ¿Qué pasaría con el resultado del portafolio y las decisiones óptimas si la restricción fuese ahora de $1.5 millones, o $2 millones, y así sucesivamente? Este es el concepto en finanzas de fronteras eficientes de Markowitz en inversión, donde, si la desviación estándar del portafolio se le permite incrementar ligeramente, ¿qué beneficios adicionales generará el portafolio? Este proceso es similar al proceso de optimización dinámico con la excepción de que a *una* de las restricciones se le permite cambiar, y con cada cambio, se corre el proceso de simulación y optimización. Este proceso se aplica mejor manualmente usando el Simulador de Riesgo.

Es decir, corra una optimización dinámica o estocástica, entonces vuelva a correr otra optimización con una restricción, y repita ese procedimiento varias veces. Este proceso manual es importante ya que al cambiar la restricción, el analista puede determinar si los resultados son similares o diferentes, por ende, que sea digno de análisis adicional, o para determinar qué tan lejos debe ser el incremento marginal en la restricción para obtener un cambio significativo en el objetivo y las variables de decisión.

Un comentario es digno de consideración. Existen otros productos de software que supuestamente ejecutan optimización estocástica pero de hecho no lo hacen. Por ejemplo, después de que se corre una simulación, entonces *una* repetición del proceso de optimización se genera, y entonces se corre otra simulación, entonces la *segunda* repetición de optimización es generada y así sucesivamente, es simplemente una pérdida de tiempo y recursos. Esto es, en optimización, el modelo es puesto a través de un riguroso grupo de algoritmos, donde múltiples repeticiones (que van de varios a miles de repeticiones) son requeridas para obtener resultados óptimos. De ahí que, generar *una* repetición a la vez es una pérdida de tiempo y recursos. El mismo portafolio puede ser resuelto usando el Simulador de Riesgo por menos de 1 minuto en comparación a múltiples horas usando este enfoque atrasado. También, tal enfoque de supuesta simulación-optimización traerá malos resultados, y no es un enfoque de optimización estocástica. Sea extremadamente cuidadoso de tales metodologías cuando aplique la optimización a sus modelos.

Los siguientes son dos ejemplos de problemas de optimización. Uno usa variables de decisión continuas mientras que el otro usa variables de decisión de enteros discretos. En uno y otro modelo puede aplicar optimización Discreta, optimización dinámica, optimización estocástica, o incluso las fronteras eficientes con valuación de sombra. Cualquiera de estos enfoques puede ser usado para estos dos ejemplos. De ahí que, por simplicidad, solo el sistema de organización del modelo será ilustrado y depende del usuario decidir cuál enfoque de optimización correr. También, el modelo continuo utiliza el enfoque de optimización no lineal (esto es porque el riesgo de portafolio computado es una función no lineal, y el objetivo es una función no lineal de las ganancias del portafolio dividida entre los riesgos del portafolio) mientras el segundo ejemplo de una optimización de entero es un ejemplo de un modelo de optimización lineal (su objetivo y todas sus restricciones son lineales). De ahí que estos dos ejemplos encapsulan todos los procedimientos ya mencionados.

4.2 Optimización con Variables de Decisión Continua

La Figura 4.1 ilustra la muestra del modelo de optimización continua. El ejemplo planteado utiliza el archivo de *Optimización Continua* que se encuentra en el menú de inicio en **Inicio | Real Options Valuation | Simulador de Riesgo | Ejemplos** o ingrese directamente a través de **Simulador de Riesgo | Modelos de Ejemplo.** En este ejemplo, hay 10 clases de activos financieros (por ejemplo, diferentes tipos de fondos mutuos, acciones, o capitales) donde la idea es colocar los activos del portafolio de la forma más eficiente hasta que se obtenga la mejor relación retorno-riesgo. Es decir, para generar los mejores retornos del portafolio dados los riesgos inherentes de cada clase de activo. Para entender verdaderamente el concepto de optimización, tendremos que ahondar más profundamente en este modelo de prueba, para ver como el proceso de optimización aplicado encuentra los mejores resultados.

El modelo muestra 10 clases de activos y cada una tiene su propio conjunto de retornos y volatilidades anualizadas. Estas medidas de retorno y riesgo son valores anualizados tales que pueden ser consistentemente comparados entre las diferentes clases de activos. Los retornos son calculados usando el promedio geométrico de los retornos relativos, mientras que los riesgos son calculados usando el enfoque de logaritmo relativo de los activos. Vea el índice en este capítulo para encontrar más detalles sobre el cálculo de la volatilidad anualizada y los retornos anualizados en una acción o clase de activo.

El MODELO DE OPTIMIZACION DE ASIGNACION DE VENTAJA

La Descripción del Clase del Ventaja	Los Regresos Anualizados	El Riesgo de Inestabilidad	Las Pesas del Asignación	La Asignación Mínima Requerida	La Asignación Máxima Requerida	El regreso para Arriesgarse la Razón	Los Regresos Situando	El Riesgo Situando	El regreso para Arriesgar Situando	Situar de Asignación
Clase del Ventaja 1	10.54%	12.36%	10.00%	5.00%	35.00%	0.8524	9	2	7	1
Clase del Ventaja 2	11.25%	16.23%	10.00%	5.00%	35.00%	0.6929	7	8	10	1
Clase del Ventaja 3	11.84%	15.64%	10.00%	5.00%	35.00%	0.7570	6	7	9	1
Clase del Ventaja 4	10.64%	12.35%	10.00%	5.00%	35.00%	0.8615	8	1	5	1
Clase del Ventaja 5	13.25%	13.28%	10.00%	5.00%	35.00%	0.9977	5	4	2	1
Clase del Ventaja 6	14.21%	14.39%	10.00%	5.00%	35.00%	0.9875	3	6	3	1
Clase del Ventaja 7	15.53%	14.25%	10.00%	5.00%	35.00%	1.0898	1	5	1	1
Clase del Ventaja 8	14.95%	16.44%	10.00%	5.00%	35.00%	0.9094	2	9	4	1
Clase del Ventaja 9	14.16%	16.50%	10.00%	5.00%	35.00%	0.8584	4	10	6	1
Clase del Ventaja 10	10.06%	12.50%	10.00%	5.00%	35.00%	0.8045	10	3	8	1
El Suma del Cartera	*12.6419%*	*4.58%*	*100.00%*							
El Regreso para Arriesgarse la Razón	*2.7596*									

Figura 4.1 Modelo de Optimización Continua

Los Pesos de Colocación (porcentaje de cada activo invertido en la cartera) en la columna E contienen las variables de decisión, las cuales son las variables que necesitaran ser ajustadas y probadas de tal manera que el peso total este limitado en 100% (celda E17, suma de todos los activos del portafolio). Normalmente para iniciar la optimización, estableceremos estas celdas con un valor uniforme, donde, dado el caso, las celdas E6 hasta la E15 son definidas cada una al 10%. Además, cada variable de decisión podría tener restricciones específicas y un rango permitido. En este ejemplo, los limites inferiores y superiores de inversión permitidos son 5% y 35% respectivamente, como se ve en las columnas F y G. Esto significa que cada clase de acción o activo podría tener sus propios límites de asignación. Después, la columna H muestra el cociente que relaciona al retorno y al riesgo de cada activo relacionado, el cual es simplemente el porcentaje de retorno dividido entre el porcentaje de riesgo, en el cual entre más alto es este valor, más alta la relación de beneficio dado un nivel de riesgo implícito. El modelo restante muestra las clasificaciones de clases de activo individual clasificado en términos de retornos, riesgo, cociente riesgo/retorno, y porcentaje invertido o colocación. En otras palabras, estas clasificaciones muestran a primera vista que clase de activo tiene el riesgo más bajo, el retorno más alto, y así sucesivamente.

Los retornos totales del portafolio se encuentran en la celda C17 con la fórmula de Excel **SUMAPRODUCTO (C6:C15, E6:E15)**, es decir, la suma los pesos de colocación o inversión multiplicado por las ganancias anualizadas para cada clase de activo. En otras palabras, tenemos $R_P = \omega_A R_A + \omega_B R_B + \omega_C R_C + \omega_D R_D$, donde R_P es el retorno total del portafolio, $R_{A,B,C,D}$ son las ganancias individuales de los activos, y $\omega_{A,B,C,D}$ son los pesos respectivos, porcentajes invertidos o colocaciones de cada activo.

Además, el riesgo diversificado del portafolio se ubica en la celda D17 es calculado al tomar $\sigma_P = \sqrt{\sum_{i=1}^{i} \omega_i^2 \sigma_i^2 + \sum_{i=1}^{n} \sum_{j=1}^{m} 2\omega_i \omega_j \rho_{i,j} \sigma_i \sigma_j}$. Aquí, ρ_{ij} son las respectivas correlaciones cruzadas entre las clases de activos—por ende, si las correlaciones cruzadas son negativas, hay efectos de diversificación del riesgo, y el riesgo de portafolio disminuye. Pero, para simplificar los cálculos aquí mostrados, suponemos correlaciones cero entre las clases de activos en este cálculo del riesgo del portafolio, pero suponemos en las correlaciones que se aplican en la simulación en los retornos como se verá más tarde. De ahí que, en vez de aplicar correlaciones estáticas entre estos diferentes retornos de los activos, aplicamos las correlaciones en los mismos supuestos de simulación, creando una relación más dinámica entre los valores simulados de los retornos.

Finalmente, el cociente de riesgo/retorno o *Cociente Sharpe* se calcula para el portafolio. Este valor se ve en la celda C18, y representa el objetivo a ser maximizado en este ejercicio de optimización. Para resumir, tenemos las siguientes especificaciones en este modelo de ejemplo:

Objetivo: *Maximizar el Cociente de Retorno/Riesgo (C18)*

Variables de Decisión: *Asignación de porcentajes de inversión (E6:E15)*

Restricciones en Variables de Decisión:

Mínimo y Máximo Requerido (F6:G15)

Restricciones: *Suma de Pesos de Colocación Total igual al 100% (E17)*

Procedimiento

- Abrir el archivo de ejemplo e inicie un nuevo perfil y dar Click en **Simulador de Riesgo | Nuevo Perfil** y asígnele un nombre.

- El primer paso en la optimización es establecer las variables de decisión. Seleccione la celda E6 y establezca la primera variable de decisión (**Simulador de Riesgo | Optimización | Establecer Decisión**) y de Click en el icono para vincular y seleccionar el nombre de la celda (B6), así como los límites inferiores y superiores en las celdas F6 y G6. Después, usando la herramienta de *Copia* del Simulador de Riesgo, copie está variable de decisión de la celda E6 y *Pegue* la variable de decisión a las celdas restantes en E7 a E15.

- El segundo paso en la optimización es establecer la restricción. Hay solo una restricción aquí, esto es, la colocación total en el portafolio debe sumar 100%. Así que, de Click en **Simulador de Riesgo | Optimización | Establecer Restricción…** y seleccione **Agregar** para añadir una nueva restricción. Entonces, seleccione la celda E17 e iguálela (=) al 100%. Y de Click en OK cuando termine.

- El paso final en la optimización es establecer la función *objetivo* e iniciar la optimización. Al seleccionar la celda de objetivo C18 y **Simulador de Riesgo | Optimización | Correr Optimización** y escoger la opción de optimización (Optimización Estática, Optimización Dinámica, o la Optimización Estocástica). Para comenzar, seleccione **Optimización Estática**. Verifique que la celda *objetivo* está establecida para C18 y seleccione **Maximizar**. Ahora puede revisar las variables de decisión y restricciones si se requieren, o de Click **OK** para correr la optimización estática.

- Una vez que se completa la optimización, usted podría seleccionar Revertir para regresar a los valores originales de las variables de decisión así como el *objetivo*, o seleccione **Reemplazar** para aplicar las variables de decisión optimizadas. Regularmente, **Reemplazar** se escoge después de que se termina la optimización.

La Figura 4.2 muestra las pantallas de este procedimiento paso a paso. Usted puede añadir supuestos de simulación en los retornos y el riesgo del modelo (columnas C y D) y aplique la optimización dinámica y la optimización estocástica para una práctica adicional.

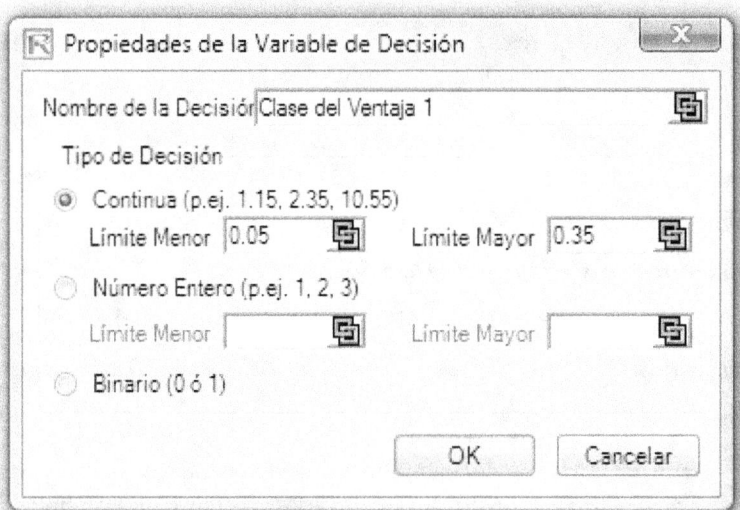

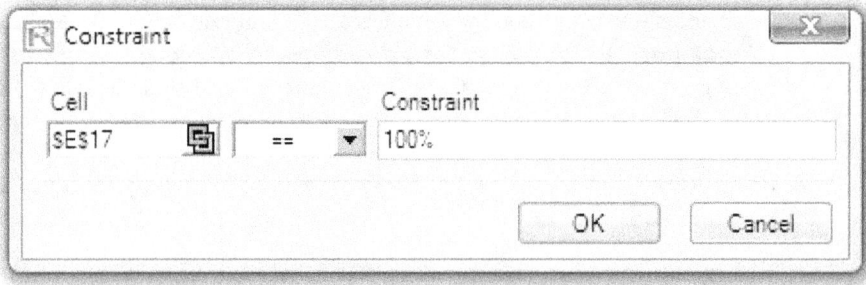

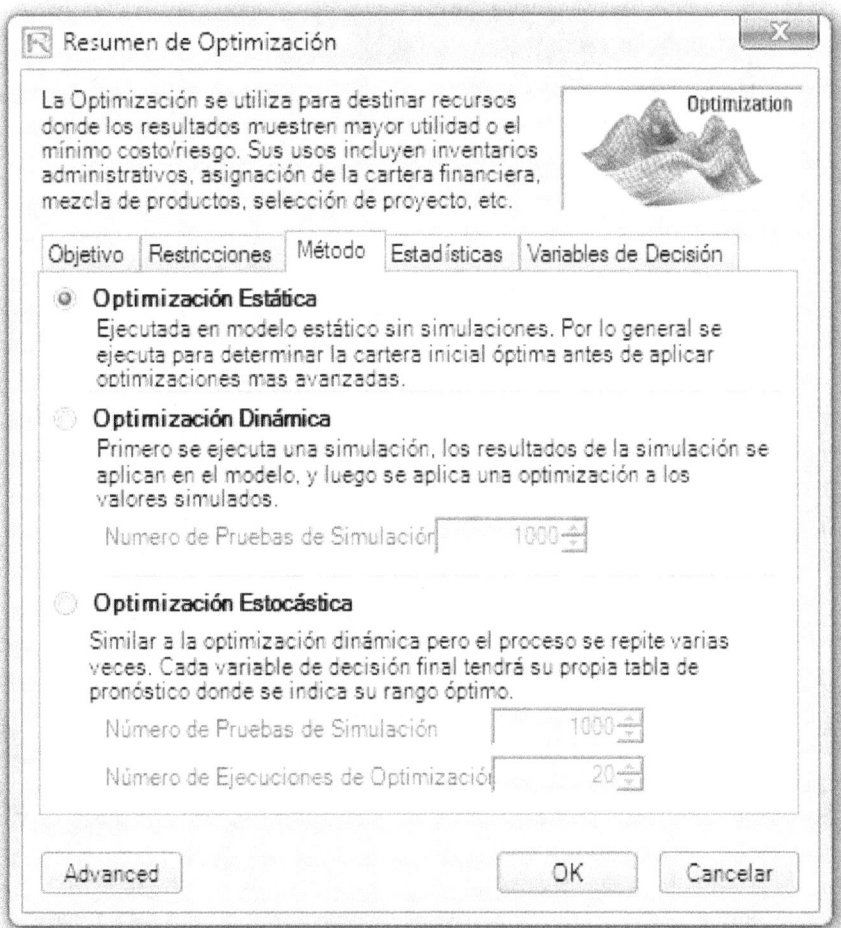

Figura 4.2 Correr Optimización Estática en el Simulador de Riesgo

Los resultados finales de la optimización se muestran en la Figura 4.3, donde la colocación óptima de capitales para el portafolio se ve en las celdas E6:E15. Es decir, dadas las restricciones de cada capital fluctuando entre 5% y 35%, donde la suma de la colocación debe ser igual a 100%, la colocación que maximiza la ganancia al cociente de riesgo se ve en la Figura 4.3.

Solo algunas cosas importantes se tienen que notar cuando se revisen los procedimientos de optimización y resultados ejecutados hasta ese momento:

- La manera correcta de correr la optimización es maximizar la relación retorno/riesgo o ganancias del *Cociente Sharpe* de riesgo como lo hemos hecho.

- Si, en vez, maximizamos las ganancias de portafolio en total, el resultado de colocación óptima es trivial y no requiere obtener una optimización. Esto es, simplemente coloque 5% (el mínimo permitido) a los 6 activos más bajos, 35% (el máximo permitido) al activo con mayores retornos, y el restante (25%) a las retornos de los activos en segundo plano. La optimización no es requerida. Sin embargo, al colocar el portafolio de esta manera, el riesgo es mucho más alto en términos comparativos, cuando se maximiza las ganancias al cociente de riesgo, aunque las ganancias del portafolio por sí mismas son más altas.

- En contraste, uno puede minimizar el riesgo total del portafolio, pero ahora las ganancias serán menores.

La Tabla 4.1 ilustra los resultados de tres diferentes objetivos que están siendo optimizados:

Objetivo:	Ganancias del Portafolio	Riesgo de Portafolio	Cociente de Retorno/Riesgo de portafolio
Maximizar el cociente de Retorno/Riesgo	12.69%	4.52%	2,808
Maximizar Ganancias	13.97%	6.77%	2,064
Minimizar Riesgo	12.38%	4.46%	2,775

Tabla 4.1 Resultados de la Optimización.

De la tabla, el mejor enfoque es *Maximizar el cociente de Retorno/Riesgo*, es decir, por la misma cantidad de riesgo, está colocación provee un mayor monto de retornos. Inversamente, por el mismo monto de retornos, está colocación provee el monto más bajo de posible de riesgo. Este enfoque de maximización de la relación Retorno/Riesgo es la piedra angular de la frontera eficiente de Markowitz en la teoría moderna de portafolio. Es decir, si restringimos los niveles de riesgo del portafolio total y sucesivamente lo incrementamos (riesgo) con el tiempo obtendremos varias colocaciones eficientes de portafolio para diferentes preferencias de riesgo. Así, diferentes colocaciones eficientes de portafolio se pueden obtener para diferentes individuos con diferentes preferencias de riesgo.

La Descripción del Clase del Ventaja	Los Regresos Anualizados	El Riesgo de Inestabilidad	Las Pesas del Asignación	La Asignación Mínima Requerida	La Asignación Máxima Requerida
Clase del Ventaja 1	10.54%	12.36%	11.09%	5.00%	35.00%
Clase del Ventaja 2	11.25%	16.23%	6.86%	5.00%	35.00%
Clase del Ventaja 3	11.84%	15.64%	7.78%	5.00%	35.00%
Clase del Ventaja 4	10.64%	12.35%	11.23%	5.00%	35.00%
Clase del Ventaja 5	13.25%	13.28%	12.09%	5.00%	35.00%
Clase del Ventaja 6	14.21%	14.39%	11.04%	5.00%	35.00%
Clase del Ventaja 7	15.53%	14.25%	12.30%	5.00%	35.00%
Clase del Ventaja 8	14.95%	16.44%	8.90%	5.00%	35.00%
Clase del Ventaja 9	14.16%	16.50%	8.37%	5.00%	35.00%
Clase del Ventaja 10	10.06%	12.50%	10.35%	5.00%	35.00%
El Suma del Cartera	12.6919%	4.52%	100.00%		
El Regreso para Arriesgarse la Razón	2.8091				

Figura 4.3 Resultados de Optimización Continua

Algunas veces, las variables de decisión no son continuas pero son en enteros discretos (por ejemplo, 0 y 1). Esto es, podemos usar tal optimización como interruptores para encender y apagar o decisiones de ir/no ir. La Figura 4.4 ilustra un modelo de selección de proyecto donde hay 20 proyectos enlistados. El ejemplo aquí utiliza el archivo *Optimización Discreta* que se encuentra en el menú de inicio en *Inicio | Real Options Valuation | Simulador de Riesgo | Ejemplos* o ingrese directamente a través de *Simulador de Riesgo | Modelos de Ejemplo*. Cada proyecto como los anteriores, tiene sus propias ganancias (VPNE y VPN para valor presente neto expandido y valor presente neto—el VPNE es simplemente el VPN más cualquier valor estratégico de opciones reales (*real options values*), costos de implementación, riesgos y así sucesivamente. Si se requiere, éste modelo puede ser modificado para incluir equivalencias de tiempo completo requeridas (ETC) y otros recursos de varias funciones, y restricciones adicionales que pueden ser establecidas con estos recursos adicionales. Las entradas en este modelo están generalmente vinculadas a otros modelos en hojas de trabajo. Por ejemplo, cada proyecto tendrá su flujo de efectivo descontado o ganancias en el modelo de inversión. La aplicación aquí es maximizar sujeto al cociente de Sharpe del portafolio de algunas colocaciones de presupuesto. Muchas otras versiones de este modelo pueden ser creadas, por ejemplo, maximizar las ganancias del portafolio, o minimizar los riesgos, o añadir restricciones adicionales donde el número total de proyectos escogidos no puede exceder de 10, y así sucesivamente. Todos estos elementos se pueden correr usando el modelo existente.

Procedimiento

- Abra el archivo de ejemplo e inicie un perfil nuevo al dar Click en *Simulador de Riesgo | Nuevo Perfil* y asígnele un nombre.

- El primer paso en la optimización es establecer las variables de decisión. Establezca la primera variable de decisión al seleccionar la celda J4, y seleccione *Simulador de Riesgo | Optimización | Establecer Decisión*, de Click en el icono para vincular y seleccionar el nombre de la celda (B4), y seleccione la variable *Binaria*. Entonces, usando *Copia* del Simulador de Riesgo, copie está variable de decisión de celda J4 y pegue (Pegar del simulador de riesgo) la variable de decisión a las celdas restantes en J5 al J23. Este es el mejor método si usted solo tiene varias variables de decisión y puede nombrar cada variable de decisión con un nombre único para identificarlas mejor más tarde.

- El segundo paso en la optimización es establecer la restricción. Aquí hay dos restricciones, es decir, la asignación del presupuesto total en el portafolio debe ser menor a $5,000 y el número total de proyectos no debe de exceder de 6. Así que, de Click en *Simulador de Riesgo | Optimización | Establecer Restricción* y seleccione *Agregar (ADD)* para añadir una nueva restricción. Entonces, seleccione la celda **D17 <= 5000**. Repita al establecer la celda **J17 <= 6**.

- El paso final en la optimización es establecer la función del objetivo e iniciar la optimización al seleccionar la celda C19 y seleccionar *Simulador de Riesgo | Optimización | Correr Optimización* y escoger la opción de optimización (Optimización Estática, Optimización Dinámica, u Optimización Estocástica). Para comenzar, seleccione *Optimización*

Estática. Verifique para asegurarse que la celda de objetivo es el *Cociente de Sharpe* o las ganancias de portafolio relativas al cociente de riesgo y seleccione *Maximizar*. Ahora puede revisar las variables de decisión y restricciones si se requiere, o de Click en *OK* para correr la optimización estática.

La Figura 4.5 muestra las pantallas de este procedimiento paso a paso. Usted puede añadir supuestos de simulación en el VNPE del modelo y riesgo (columnas C y F) y aplique la optimización dinámica y optimización estocástica para práctica adicional.

Proyecto	ENPV	Costo	Riesgo $	Riesgo %	Regreso para Arriesgarse la Razón	El Indice del Capacidad de Ganancia	La Selección
El Proyecto 1	$458.00	$1,732.44	$54.96	12.00%	8.33	1.26	1.0000
El Proyecto 2	$1,954.00	$859.00	$1,914.92	98.00%	1.02	3.27	1.0000
El Proyecto 3	$1,599.00	$1,845.00	$1,551.03	97.00%	1.03	1.87	1.0000
El Proyecto 4	$2,251.00	$1,645.00	$1,012.95	45.00%	2.22	2.37	1.0000
El Proyecto 5	$849.00	$458.00	$925.41	109.00%	0.92	2.85	1.0000
El Proyecto 6	$758.00	$52.00	$560.92	74.00%	1.35	15.58	1.0000
El Proyecto 7	$2,845.00	$758.00	$5,633.10	198.00%	0.51	4.75	1.0000
El Proyecto 8	$1,235.00	$115.00	$926.25	75.00%	1.33	11.74	1.0000
El Proyecto 9	$1,945.00	$125.00	$2,100.60	108.00%	0.93	16.56	1.0000
El Proyecto 10	$2,250.00	$458.00	$1,912.50	85.00%	1.18	5.91	1.0000
El Proyecto 11	$549.00	$45.00	$263.52	48.00%	2.08	13.20	1.0000
El Proyecto 12	$525.00	$105.00	$309.75	59.00%	1.69	6.00	1.0000
Total	$17,218.00	$8,197.44	$7,007	40.70%			12.00
La Meta	MAX	<=$5000					<=6
Sharpe Ratio	2.4573						

ENPV es el NPV esperado de cada línea del crédito o el proyecto, mientras el Costo puede ser el costo total de la administración los asideros así como también requeridos de la capital de cubrir la línea del crédito, y el Riesgo es el Coeficiente de la Variación de la línea del crédito ENPV.

Figura 4.4 Modelo de Optimización de Entero Discreto

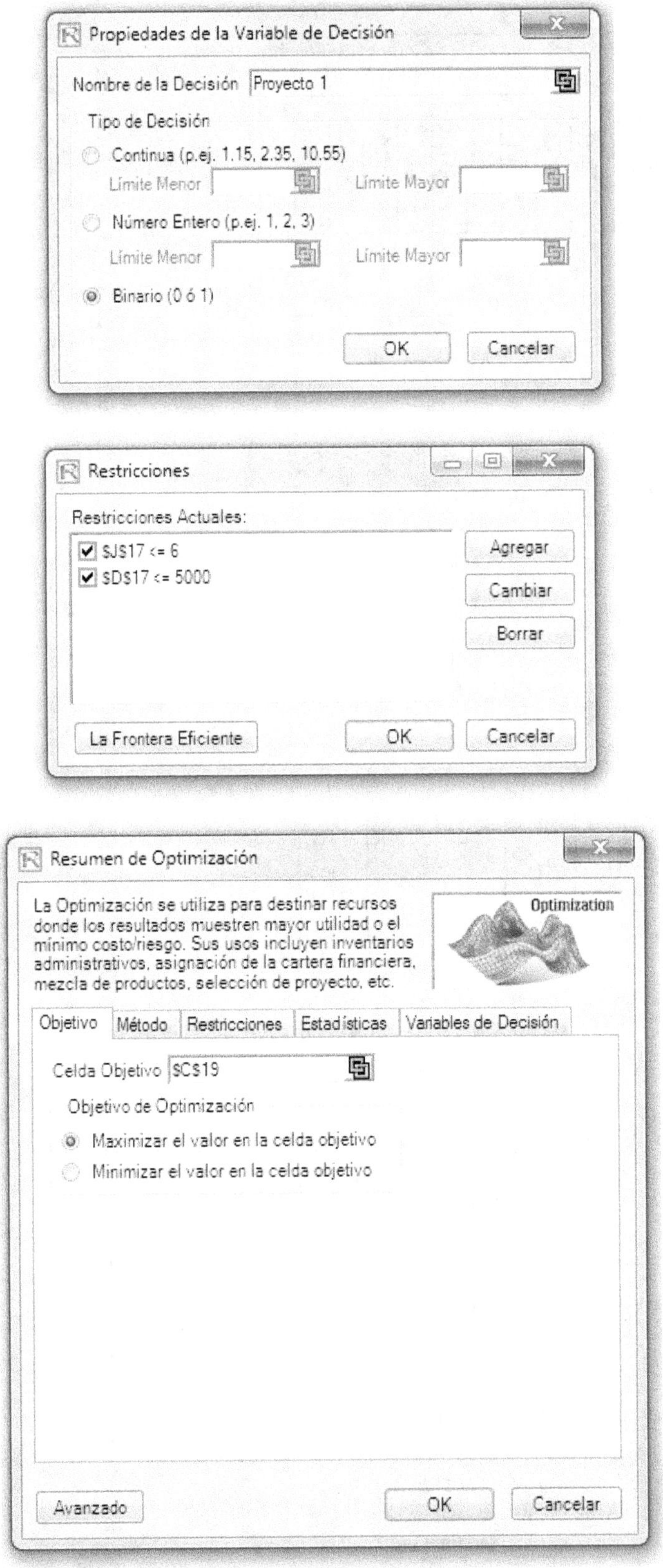

Figura 4.5 Correr una Optimización de Entero Discreto en el Simulador de Riesgo

La Figura 4.6 ilustra una muestra de la selección óptima de proyectos que maximiza el *Cociente Sharpe*. En contraste, uno siempre puede maximizar ganancias totales, pero como anteriormente, este es un proceso trivial y simplemente involucra escoger el proyecto con más ganancias e ir bajando la lista hasta que se le acabe el dinero o exceda la restricción del presupuesto. Al hacerlo así, traerá teoréticamente proyectos no deseados como los proyectos con más ganancias que regularmente tienen riesgos más altos. Ahora, si se desea, usted puede duplicar la optimización usando una optimización dinámica o estocástica al añadir supuestos en el VPNE y valores de Riesgo.

Proyecto	ENPV	Costo	Riesgo $	Riesgo %	Regreso para Arriesgarse la Razón	El Indice del Capacidad de Ganancia	La Selección
El Proyecto 1	$458.00	$1,732.44	$54.96	12.00%	8.33	1.26	1.0000
El Proyecto 2	$1,954.00	$859.00	$1,914.92	98.00%	1.02	3.27	0.0000
El Proyecto 3	$1,599.00	$1,845.00	$1,551.03	97.00%	1.03	1.87	0.0000
El Proyecto 4	$2,251.00	$1,645.00	$1,012.95	45.00%	2.22	2.37	1.0000
El Proyecto 5	$849.00	$458.00	$925.41	109.00%	0.92	2.85	0.0000
El Proyecto 6	$758.00	$52.00	$560.92	74.00%	1.35	15.58	1.0000
El Proyecto 7	$2,845.00	$758.00	$5,633.10	198.00%	0.51	4.75	0.0000
El Proyecto 8	$1,235.00	$115.00	$926.25	75.00%	1.33	11.74	1.0000
El Proyecto 9	$1,945.00	$125.00	$2,100.60	108.00%	0.93	16.56	0.0000
El Proyecto 10	$2,250.00	$458.00	$1,912.50	85.00%	1.18	5.91	0.0000
El Proyecto 11	$549.00	$45.00	$263.52	48.00%	2.08	13.20	1.0000
El Proyecto 12	$525.00	$105.00	$309.75	59.00%	1.69	6.00	1.0000
Total	$5,776.00	$3,694.44	$1,539	26.64%			6.00
La Meta	MAX	<=$5000					<=6
Sharpe Ratio	3.7543						

Figura 4.6 Selección Óptima de Proyectos que maximiza el Cociente Sharpe

Para más ejemplos útiles de optimización en acción, vea el caso de estudio en el Capítulo 11 en *Integrated Risk Analysis* en el libro, *Real Options Analysis: Tools and Techniques*, 2da Edición (Wiley Finance, 2005). Este caso de estudio ilustra como una frontera eficiente puede ser generada y como el pronóstico, simulación, optimización, y las opciones reales pueden estar combinadas en proceso analítico completo.

4.4 Frontera Eficiente y Técnicas Avanzadas de Optimización

La grafica de la Figura 4.7, muestra la ventana de restricciones de la optimización para la Frontera Eficiente. Si usted da Click en **Frontera Eficiente** y asigna algunas restricciones, usted puede hacer que estas restricciones cambien dentro del modelo. Esto es, crear restricciones que fluctúen dentro de los rangos preestablecidos, por ejemplo, la restricción en la celda J17<=6 puede fluctuar entre 4 y 8 proyectos (como se ve en la Fig. 4.7), esto significa que mientras la optimización se ejecuta con las restricciones incluidas en el rango asignado, J17<=4, J17<=5, J17<=6, J17<=7 y J17<=8. Los resultados óptimos serán graficados como una frontera eficiente y además se generara un reporte. (Figura 4.8.1 y Figura 4.8.2). A continuación las instrucciones para construir una frontera eficiente con el Simulador de Riesgo.

Instrucciones:

- Seleccione *Simulador de Riesgo | Optimización | Establecer Restricción* y de Click en *La Frontera Eficiente*.

- Seleccione la restricción que usted desea cambiar o los pasos a modificar (por ejemplo, J17) e ingrese los parámetros deseados de MIN, MAX y MEDIDA DEL PROCESO. Haga Click en Agregar y en OK dos veces.

- Ejecute la optimización con habitualmente lo hace *Simulador de Riesgo | Optimización | Correr Optimización*. Usted puede escoger entre Optimización Estática, Dinámica o Estocástica.

- Los resultados se mostraran en una interface de usuario y se generara una hoja de reporte del proceso de *Frontera Eficiente* con todos los detalles del proceso.

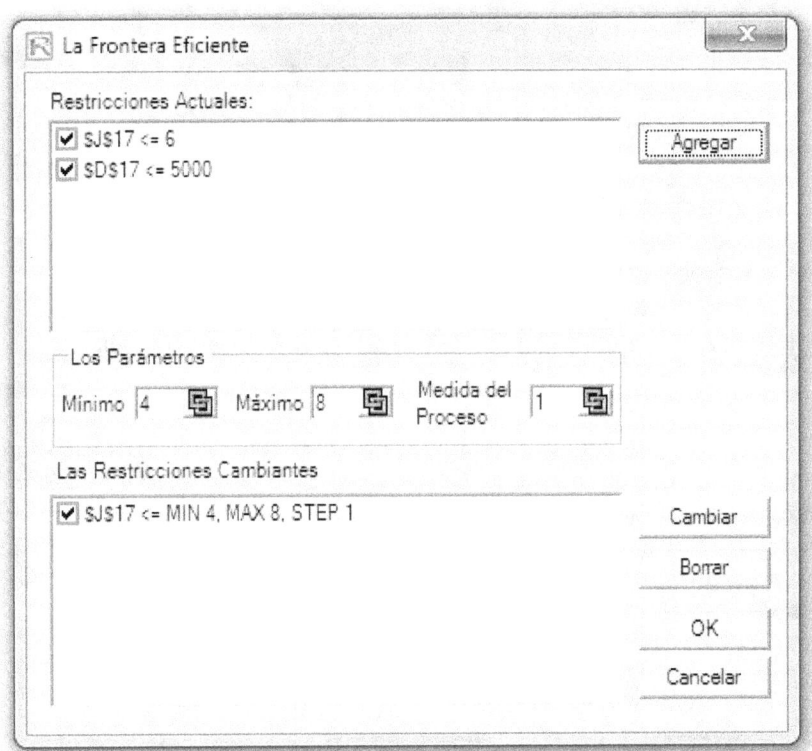

Figura 4.7: Definición de Restricciones en la Frontera Eficiente.

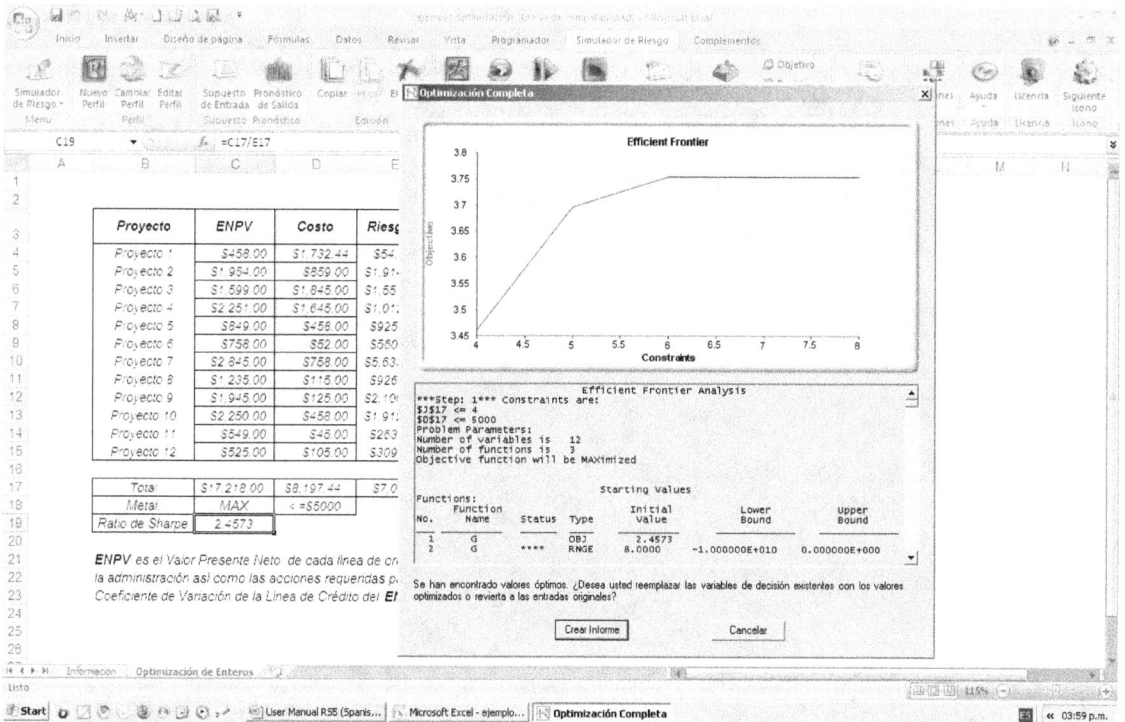

Figura 4.8.1. Resultados de la Frontera Eficiente.

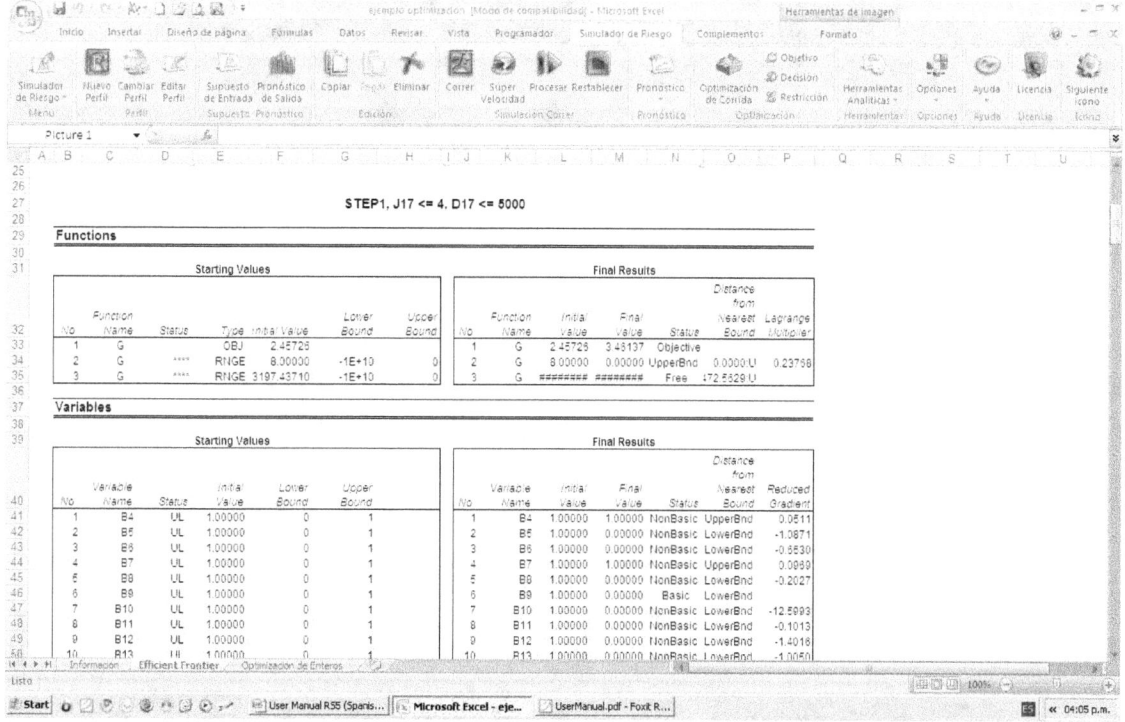

Figura 4.8.2. Resultados de la Frontera Eficiente.

5. HERRAMIENTAS ANALÍTICAS DEL SIMULADOR DE RIESGO

Este capítulo tiene que ver con las herramientas analíticas del Simulador de Riesgo. Estas herramientas analíticas se discuten a través de aplicaciones de ejemplos del software del Simulador de Riesgo, completamente ilustradas paso a paso. Estas herramientas son muy valiosas para los analistas trabajan en el ámbito del análisis de riesgo. La aplicabilidad de cada herramienta se discute en detalle en este capítulo.

5.1 Herramientas de Tornado y Sensibilidad en la Simulación

Teoría

Una de las herramientas más poderosas de la simulación es el análisis de tornado—que captura los impactos estáticos de cada variable en el resultado del modelo. Esto es, la herramienta automáticamente perturba cada variable en el modelo en un monto preestablecido, captura la fluctuación en el pronóstico del modelo o resultado final, y enlista las perturbaciones resultantes clasificadas desde la más significante a la menos significante. Las Figuras 5.1 a la Figura 5.6 ilustran la aplicación de un análisis de tornado. Por ejemplo, la Figura 5.1 es una muestra del modelo de flujo de efectivo descontado donde los supuestos de entrada en el modelo se muestran. La pregunta es, ¿cuáles son los factores de éxito crítico que afectan la salida del modelo en mayor grado? Esto es, ¿qué conduce realmente al valor presente neto de $96.63 ó cuál variable de entrada impacta a este valor mayormente?

La herramienta de gráfica de tornado se puede obtener a través de **Simulador de Riesgo / Herramientas / Análisis Tornado**. Para proseguir con el primer ejemplo, abra el archivo **Gráficas de Tornado y Sensibilidad (lineal)** en la carpeta de ejemplos. La Figura 5.2 muestra este modelo de prueba donde la celda G6 se escoge como el resultado del objetivo a ser analizado la cual contiene el valor presente neto. Los precedentes de las celdas del objetivo en el modelo se usan al crear la gráfica del tornado. Los precedentes son todas las variables de entrada e intermedio que afectan el resultado del modelo. Por ejemplo, si el modelo consiste de C = D + E, entonces D, y E son los precedentes para A (C no es un precedente ya que solo es un valor calculado intermedio). La Figura 5.2 también muestra el rango de prueba de cada variable precedente usada para estimar el objetivo del resultado. Si las variables precedentes son simples entradas, entonces el rango de prueba será una simple perturbación basada en el rango escogido (por ejemplo, el default es ±10%). Cada variable precedente puede ser perturbada en porcentajes discretos si se requiere. Un rango más amplio es importante ya que es mejor poder probar valores extremos que pequeñas perturbaciones alrededor de los valores esperados. En ciertas circunstancias, los valores extremos podrían tener un impacto más grande, o más pequeño, o no balanceado (por ejemplo, no linealidades podrían ocurrir donde economías crecientes o decrecientes de escala y el ámbito se deslizan para valores más grandes o más pequeños de una variable) y solo un rango más amplio capturará este impacto no lineal.

Modelo de Flujo de Caja Descontado

Año Base		2005	Suma de los Beneficios Netos VP			$1,896.63
Riesgo de Mercado-Tasa de Descuento Ajustada		15.00%	Suma de las Inversiones a VP			$1,800.00
Privado- Tasa de Descuento de Riesgo		5.00%	Valor Presente Neto			$96.63
Período de la Tasa de Crecimiento Terminal		2.00%	Tasa Interna de Retorno			18.80%
Valore la Tasa de la Erosión		5.00%	Retorno de la Inversión			5.37%
Tasa Tributaria Efectiva		40.00%				
		2005	2006	2007	2008	2009
Producto A Precio Promedio por Unidad		$10.00	$9.50	$9.03	$8.57	$8.15
Producto B Precio Promedio por Unidad		$12.25	$11.64	$11.06	$10.50	$9.98
Producto C Precio Promedio por Unidad		$15.15	$14.39	$13.67	$12.99	$12.34
Cantidad de Ventas de Producto A (en miles)		50.00	51.00	52.02	53.06	54.12
Cantidad de Ventas de Producto B (en miles)		35.00	35.70	36.41	37.14	37.89
Cantidad de Ventas de Producto C (en miles)		20.00	20.40	20.81	21.22	21.65
Total de Ingresos		$1,231.75	$1,193.57	$1,156.57	$1,120.71	$1,085.97
Costo Directo de los Bienes Vendidos		$184.76	$179.03	$173.48	$168.11	$162.90
Utilidad Bruta		$1,046.99	$1,014.53	$983.08	$952.60	$923.07
Gastos de Operación		$157.50	$160.65	$163.86	$167.14	$170.48
Costos Administrativos. de Ventas y Grales.		$15.75	$16.07	$16.39	$16.71	$17.05
Utilidad de Operación (EBITDA)		$873.74	$837.82	$802.83	$768.75	$735.54
Depreciación		$10.00	$10.00	$10.00	$10.00	$10.00
Amortización		$3.00	$3.00	$3.00	$3.00	$3.00
Utilidad Antes de Intereses e Impuestos		$860.74	$824.82	$789.83	$755.75	$722.54
Pago de Intereses		$2.00	$2.00	$2.00	$2.00	$2.00
Utilidad Antes de Impuestos		$858.74	$822.82	$787.83	$753.75	$720.54
Impuestos		$343.50	$329.13	$315.13	$301.50	$288.22
Utilidad Neta		$515.24	$493.69	$472.70	$452.25	$432.33
Depreciación y Amortización		$13.00	$13.00	$13.00	$13.00	$13.00
Cambios en el Capital Circulante		$0.00	$0.00	$0.00	$0.00	$0.00
Inversiones en Bienes de Capital		$0.00	$0.00	$0.00	$0.00	$0.00
Flujo de Liquidez Disponible		$528.24	$506.69	$485.70	$465.25	$445.33
Inversiones en Bienes de Capital		$1,800.00				
Análisis Financiero						
Flujo de Liquidez a Valor Presente		$528.24	$440.60	$367.26	$305.91	$254.62
Inversiones en Capital a Valor Presentent Outlay		$1,800.00	$0.00	$0.00	$0.00	$0.00
Flujo de Liquidez Disponible		($1,271.76)	$506.69	$485.70	$465.25	$445.33

Figura 5.1: Modelo de Prueba

- Seleccione la celda de salida única (es decir, una celda con una función o ecuación) en el modelo de Excel (por ejemplo, la celda G6 se selecciona en nuestro ejemplo)

- Seleccione *Simulador de Riesgo | Herramienta | Análisis Tornado*

- Revise los precedentes y renómbrelos apropiadamente (quedando los precedentes para nombres más cortos permite un tornado visualmente más agradable y una gráfica de araña más fácil de leer) y de Click en *OK.*

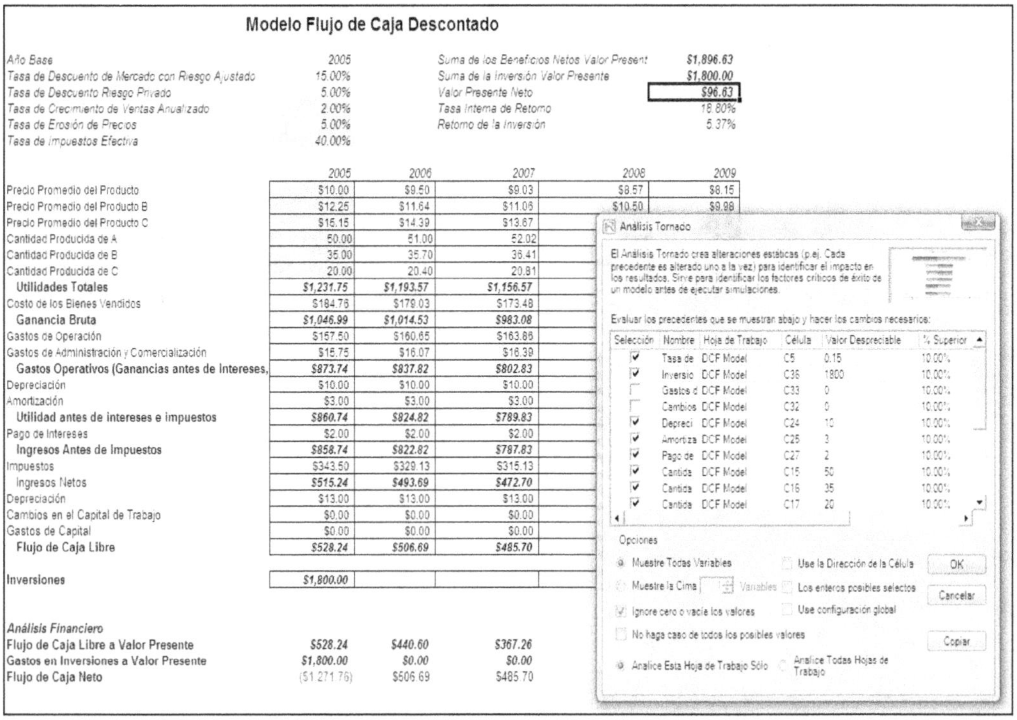

Figura 5.2 – Correr Análisis de Tornado

La Figura 5.3 muestra el reporte de análisis de tornado resultante, el cual indica que la inversión de capital tiene el impacto más grande en el valor presente neto, seguido por la tasa de impuestos, precio de venta promedio, y cantidad demandada de las líneas del producto, y así sucesivamente.

El reporte contiene cuatro elementos distintos:

- Resumen estadístico explicando el procedimiento ejecutado.

- La tabla de sensibilidad (Figura 5.4) muestra el valor base inicial VPN de 96.63 y como cada entrada se cambia (por ejemplo, la inversión es cambiada de $1,800 a $1,980 en la parte superior con una oscilación de +10%, y de $1,800 a $1,620 en la parte inferior con una oscilación de -10%). Los valores de la parte superior y la parte inferior resultantes en VPN es -$83.37 y $276.63, con un cambio total de $360, haciéndolo con la variable con el mayor impacto en VPN. Las variables de precedente son clasificadas por el mayor impacto a la de menor impacto.

- La gráfica de araña (Figura 5.5) ilustra estos efectos gráficamente. El eje Y es el valor del objetivo VPN mientras que el eje X describe el cambio de porcentaje en cada valor precedente (el punto central es el valor de caso base al 96.63 al cambio 0% del valor base de cada precedente). Una línea positivamente inclinada indica una relación o efecto positivo, mientras las líneas inclinadas negativamente indican una relación negativa (por ejemplo, la inversión está relacionada negativamente, lo cual significa que entre más alto sea el nivel de inversión, más bajo será el VPN). El valor absoluto de la inclinación indica la magnitud del efecto (una línea escarpada indica un impacto más alto en el eje Y del VPN dado un cambio en el eje X precedente).

- La gráfica de tornado ilustra esto de otra manera gráfica, donde el mayor precedente de impacto se enlista primero. El eje X es el valor VPN con el centro de la gráfica siendo la condición del caso base. Barras verdes en la gráfica indican un efecto positivo mientras que las barras rojas indican un efecto negativo. De ahí que, para inversiones, la barra roja en el lado derecho indica un efecto negativo de la inversión en el VPN más alto—en otras palabras, la inversión de capital y VPN están negativamente correlacionadas. Lo opuesto es verdadero para precio y cantidad de productos A hasta C (sus barras verdes están en el lado derecho de la gráfica).

Resumen Estadístico

Una de las herramientas de simulación más poderosas es la Tabla Tornado, ya que captura los impactos estadísticos de cada variable sobre el modelo resultante. Es decir, la herramienta impacta de manera automática cada variable precedente en el modelo que se ha especificado de antemano, captura las fluctuaciones sobre el modelo final del pronóstico o el resultado final, y organiza las perturbaciones categorizadas en orden de importancia. Precedentes son todas las entradas y las variables intermedias que afectan el modelo resultante. Por ejemplo, si el modelo consiste en A = B + C, donde C = D + E, entonces B, D, E son los precedentes para A (C no es un precedente ya que sólo es un valor de cálculo intermedio). El rango y el número de valores perturbados es especificado por el usuario y puede establecerse para probar valores extremos en lugar de pequeñas perturbaciones alrededor de los valores esperados. En ciertos casos, los valores extremos pueden tener un impacto desequilibrado mayor o menor (por ejemplo, no linealidades pueden ocurrir cuando se incrementa o disminuye una economía de escala y su alcance llega a valores mayores o menores de la variable) y sólo un rango mayor captura este impacto no lineal.

Una Tabla Tornado organiza todas las entradas que le dan forma al modelo, empezando con la variable de entrada que tiene el impacto más grande sobre los resultados. La tabla se obtiene afectando cada dato ingresado precedente en un rango consistente (por ejemplo, ±10% del caso base) una a la vez, y comparando sus resultados con el caso base. Una Tabla Araña, como su nombre lo indica, se asemeja a una araña con un cuerpo central y varias piernas saliendo de ella. La pendiente positiva indica una relación positiva, mientras que una pendiente negativa indica una relación negativa entre las variables relacionadas. Por lo tanto, las tablas arañas pueden utilizarse para visualizar relaciones lineales y no lineales. Las Tabla Tornado y Araña ayudan a identificar los factores críticos de éxito del resultado de una celda para poder identificar las entradas y simularlas. Las variables críticas identificadas que son inciertas son las únicas que no deben ser simuladas. No pierda su tiempo simulando variables que puedan ser inciertas o tienen poco impacto en los resultados.

Resultados

Celda Precedente	Valor Base: 96.6261638553219			Cambio de Ingreso		
	Resultado Inferior	Resultado Superior	Rango de Efectividad	Ingreso Inferior	Ingreso Superior	Valor Caso Base
C36: Inversiones	276.62616	-83.373836	360.00	$1,620.00	$1,980.00	$1,800.00
C9: Tasa de Impuestos Efectiva	219.72693	-26.474599	246.20	36.00%	44.00%	40.00%
C12: Precio Promedio del Producto A	3.4255424	189.82679	186.40	$9.00	$11.00	$10.00
C13: Precio Promedio del Producto B	16.706631	176.5457	159.84	$11.03	$13.48	$12.25
C15: Cantidad Producida de A	23.177498	170.07483	146.90	45.00	55.00	50.00
C16: Cantidad Producida de B	30.533	162.71933	132.19	31.50	38.50	35.00
C14: Precio Promedio del Producto C	40.146587	153.10574	112.96	$13.64	$16.67	$15.15
C17: Cantidad Producida de C	48.047369	145.20496	97.16	18.00	22.00	20.00
C5: Tasa de Descuento de Mercado con Rie	138.23913	57.029841	81.21	13.50%	16.50%	15.00%
C8: Tasa de Erosión de Precios	116.80381	76.640952	40.16	4.50%	5.50%	5.00%
C7: Tasa de Crecimiento de Ventas Anualiz	90.588354	102.68541	12.10	1.80%	2.20%	2.00%
C24: Depreciación	95.084173	98.168155	3.08	$9.00	$11.00	$10.00
C25: Amortización	96.163566	97.088761	0.93	$2.70	$3.30	$3.00
C27: Pago de Intereses	97.088761	96.163566	0.93	$1.80	$2.20	$2.00

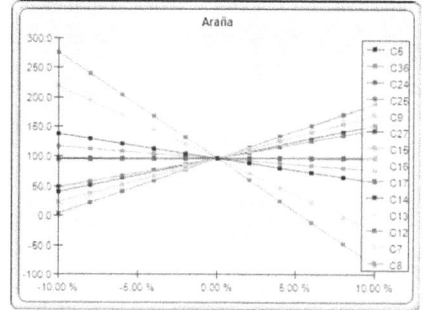

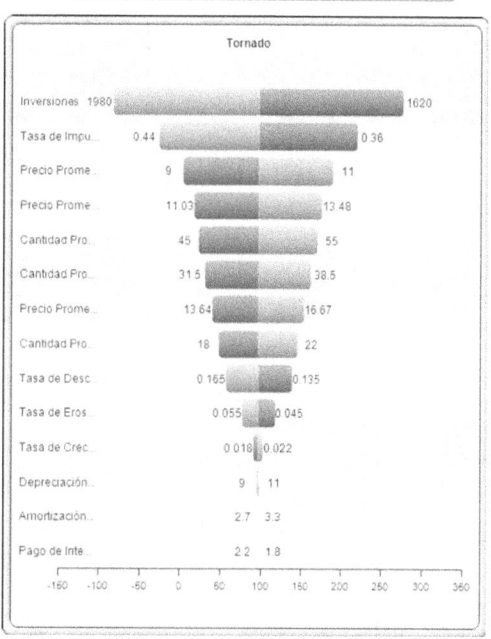

Figura 5.3 – Reporte de Análisis de Tornado

Notas

Recuerde que el análisis de tornado es un análisis de sensibilidad *estática* aplicado a cada variable de entrada en el modelo—esto es, cada variable es perturbada individualmente y los efectos resultantes son tabulados. Esto hace al análisis de tornado un componente clave para ejecutar antes de correr una simulación. Uno de los primeros pasos en el análisis es donde los elementos de impacto más importantes en el modelo son capturados e identificados. El paso siguiente es identificar cuáles de estos elementos de impacto son ciertos. Estos elementos de impacto inciertos son los factores de éxito crítico de un proyecto, donde los resultados de un modelo dependen de estos factores de éxito crítico. Estas variables son las únicas que deben ser simuladas. No pierda tiempo simulando variables que ni son inciertas y tienen poco impacto en los resultados. Las gráficas de tornado ayudan a identificar a estos factores de éxito crítico rápidamente y fácilmente. Siguiendo este ejemplo, podrían ser este precio y cantidad que deberían ser simulados, suponiendo que si la inversión requerida e índice de impuesto efectivo sean conocidos con anticipación y sin cambios.

Celda Precedente	Valor Base: 96.6261638553219			Cambio de Ingreso		
	Resultado Inferior	Resultado Superior	Rango de Efectividad	Ingreso Inferior	Ingreso Superior	Valor Caso Base
C36: Inversiones	276.62616	-83.373836	360.00	$1,620.00	$1,980.00	$1,800.00
C9: Tasa de Impuestos Efectiva	219.72693	-26.474599	246.20	36.00%	44.00%	40.00%
C12: Precio Promedio del Producto A	3.4255424	189.82679	186.40	$9.00	$11.00	$10.00
C13: Precio Promedio del Producto B	16.706631	176.5457	159.84	$11.03	$13.48	$12.25
C15: Cantidad Producida de A	23.177498	170.07483	146.90	45.00	55.00	50.00
C16: Cantidad Producida de B	30.533	162.71933	132.19	31.50	38.50	35.00
C14: Precio Promedio del Producto C	40.146587	153.10574	112.96	$13.64	$16.67	$15.15
C17: Cantidad Producida de C	48.047369	145.20496	97.16	18.00	22.00	20.00
C5: Tasa de Descuento de Mercado con Rie	138.23913	57.029841	81.21	13.50%	16.50%	15.00%
C8: Tasa de Erosión de Precios	116.80381	76.640952	40.16	4.50%	5.50%	5.00%
C7: Tasa de Crecimiento de Ventas Anualiz	90.588354	102.68541	12.10	1.80%	2.20%	2.00%
C24: Depreciación	95.084173	98.168155	3.08	$9.00	$11.00	$10.00
C25: Amortización	96.163566	97.088761	0.93	$2.70	$3.30	$3.00
C27: Pago de Intereses	97.088761	96.163566	0.93	$1.80	$2.20	$2.00

Figura 5.4 – Tabla de Sensibilidad

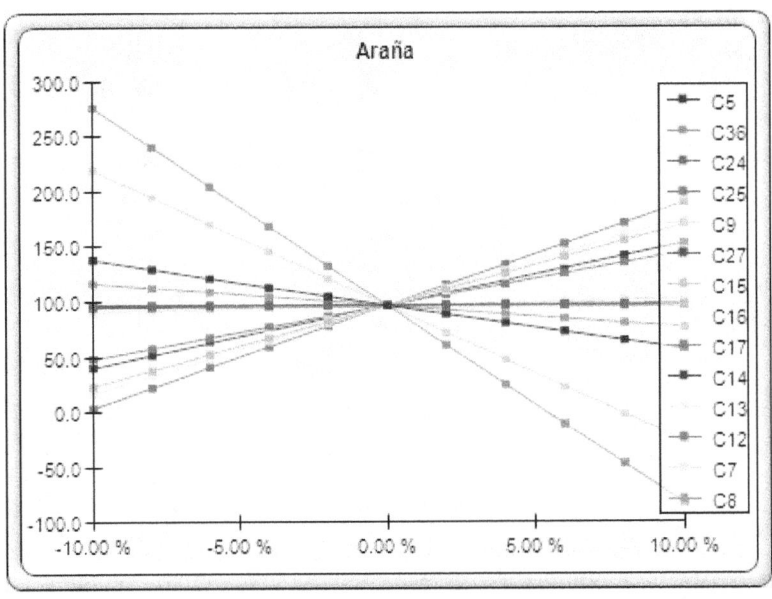

Figura 5.5 – Gráfica de Araña

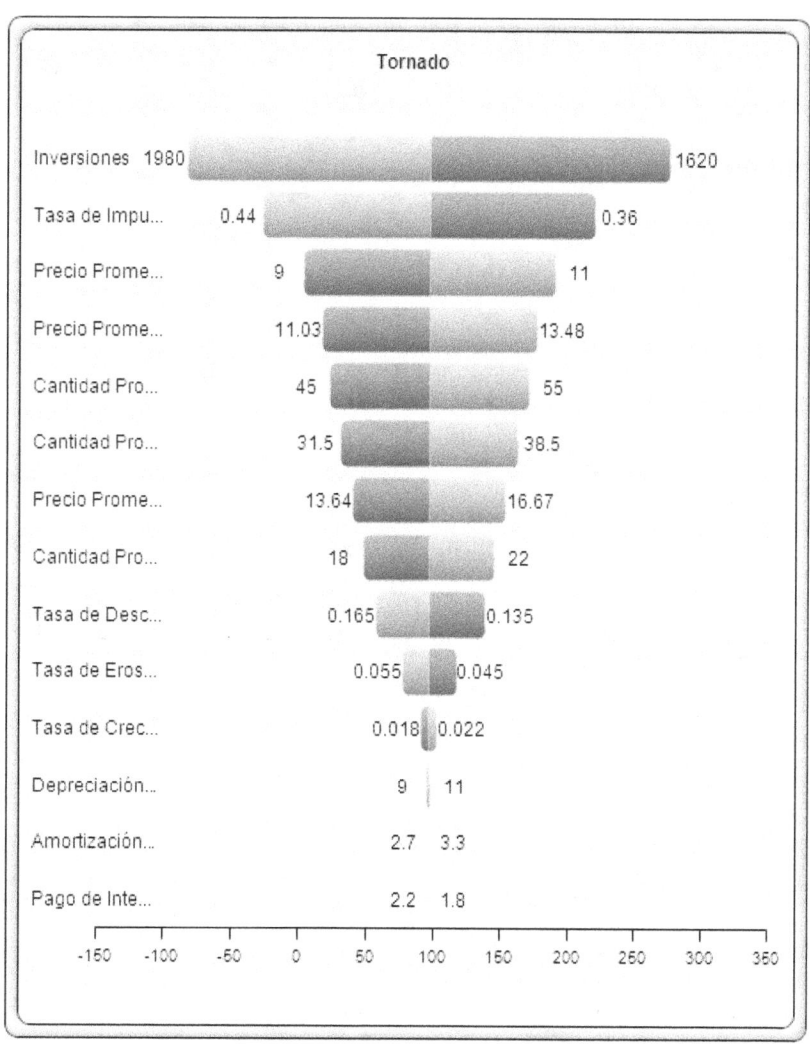

Figura 5.6 – Gráfica de Tornado

Aunque la gráfica de tornado es más fácil de leer, la gráfica de araña es importante para determinar si hay algunas no linealidades en el modelo. Por ejemplo, la Figura 5.7 muestra otra gráfica de araña donde las no linealidades son bastante evidentes (las líneas en la gráfica no son derechas sino curvas). El modelo empleado es **Gráficas de Tornado y Sensibilidad (No lineal)**, la cual usa la opción *Black-Scholes* del modelo de valoración como un ejemplo. Estas no linealidades no pueden ser indagadas por una gráfica de tornado y podrían ser información importante para el modelo o proveer parámetros de decisión con una importante visión dentro de las dinámicas del modelo.

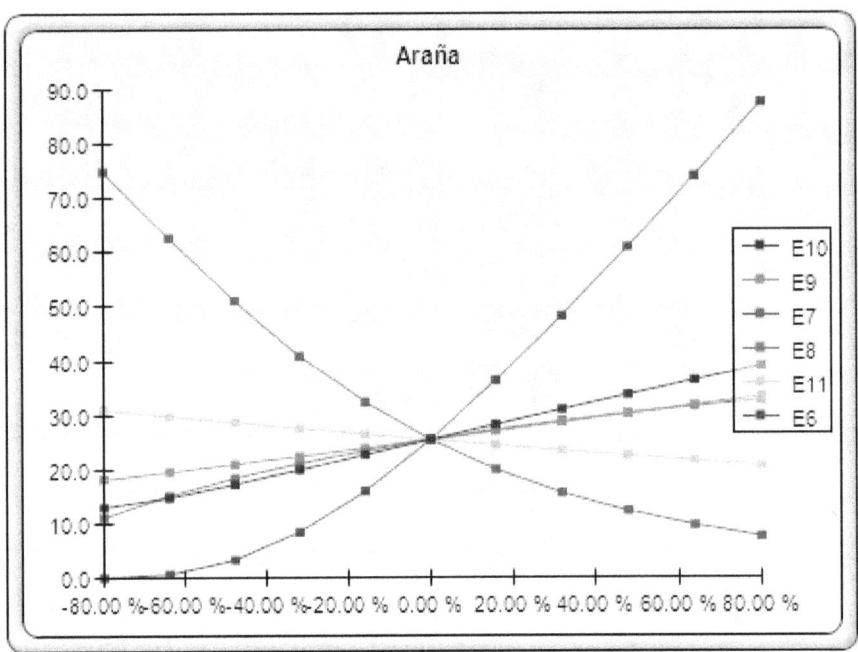

Figura 5.7 – Gráfica de Araña No lineal

5.2 Análisis de Sensibilidad

Teoría

Una característica relacionada es el análisis de sensibilidad. Mientras el análisis de tornado (gráficas de tornado y gráficas de araña) aplica perturbaciones estáticas *antes* de correr una simulación, el análisis de sensibilidad aplica perturbaciones dinámicas creadas *después* de correr una simulación. Las gráficas de tornado y de araña son el resultado de perturbaciones estáticas, queriendo decir que cada variable de supuesto o precedente son perturbadas en una cantidad preestablecida, una a la vez, y las fluctuaciones en los resultados son tabuladas. En contraste, las gráficas de sensibilidad son los resultados de perturbaciones dinámicas en el sentido que múltiples supuestos son perturbados simultáneamente y sus interacciones en el modelo y correlaciones entre las variables son capturadas en las fluctuaciones de los resultados. Las gráficas de tornado, por ende, identifican que variables influyen más en los resultados y de ahí que sean apropiadas para la simulación, en vista que las gráficas identifican el impacto a los resultados cuando múltiple variables interrelacionadas son simuladas de manera conjunta en el modelo. Este efecto es claramente ilustrado en la Figura 5.8. Note que la clasificación de los factores de éxito crítico es similar a la gráfica de tornado en los ejemplos previos. Sin embargo, si las correlaciones son añadidas entre los supuestos, la Figura 5.9 muestra una imagen muy diferente. Note por ejemplo, que el deterioro del precio tiene poco impacto en el VPN pero cuando algunos de los supuestos de entrada son correlacionados, la interacción que existe entre estas variables correlacionadas hace que el deterioro del precio tenga más impacto.

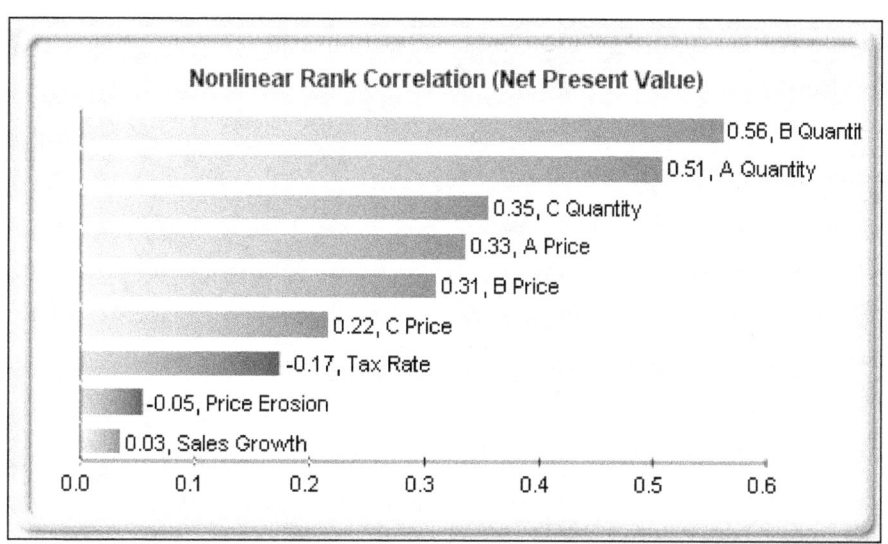

Figura 5.8 – Gráfica de Sensibilidad Sin Correlaciones

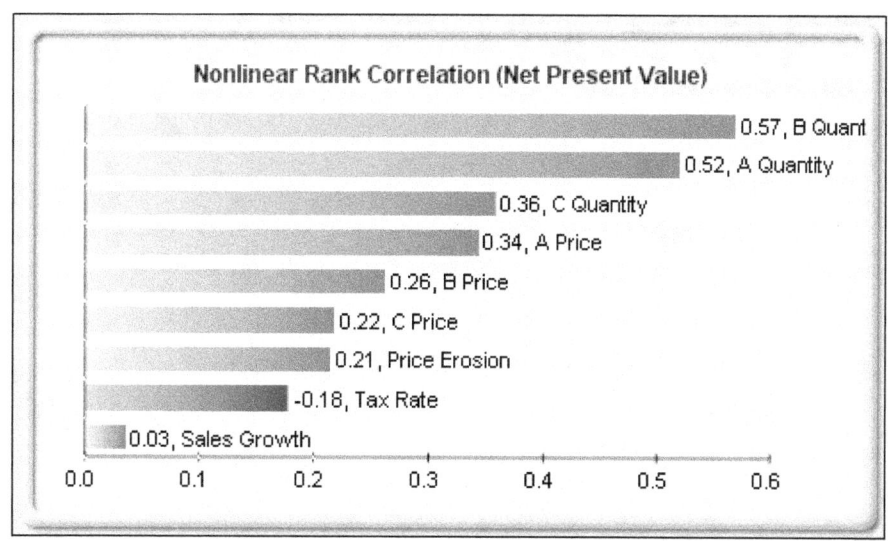

Figura 5.9 – Gráfica de Sensibilidad Con Correlaciones

Procedimiento

- Ahora abra o cree un modelo, defina supuestos y pronósticos, y corra la simulación (el ejemplo que se usa aquí es el del archivo de Gráficas de Tornado y Sensibilidad (lineal))

- Seleccione *Simulador de Riesgo | Herramientas | Análisis de Sensibilidad*

- Seleccione el pronóstico de opción para analizar y de Click en **OK** (Figura 5.10)

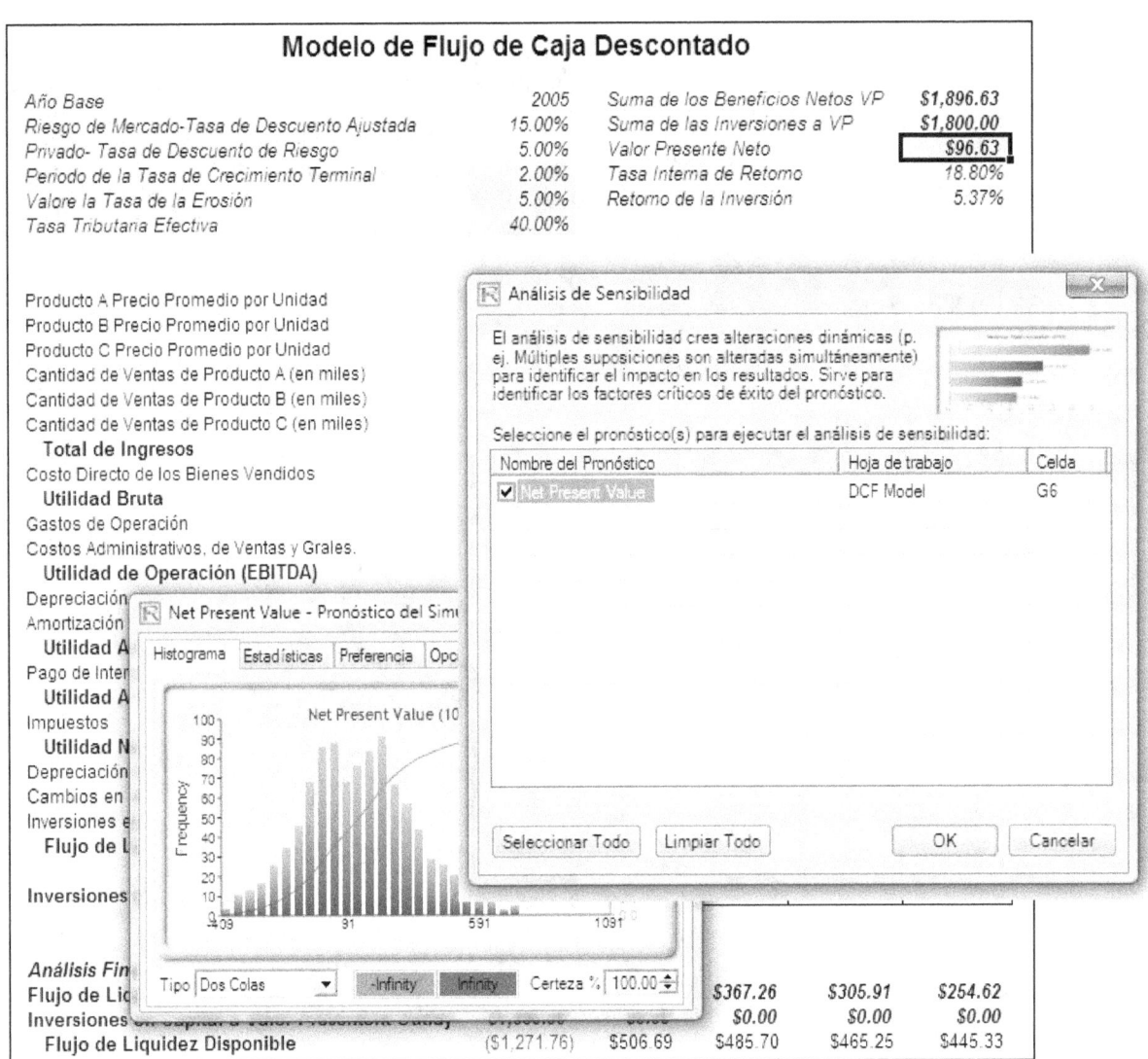

Figura 5.10 – Correr Análisis de Sensibilidad

Interpretación de Resultados

Los resultados del análisis de sensibilidad incluyen un reporte y dos gráficas clave. La primera es una gráfica de correlación de clasificación no lineal (Figura 5.11) que clasifica los pares de correlaciones entre los supuesto-pronóstico desde el más alto hasta el más bajo. Estas correlaciones son no lineales y no paramétricas, haciéndolas libres de cualquier requerimiento de distribución (es decir, un supuesto con una distribución Weibull puede ser comparada con otra con una distribución Beta). Los resultados son bastante similares a los del análisis de tornado vistos previamente (claro, sin el valor de inversión de capital, el cual decidimos que fuese un valor conocido y de ahí que no fuese simulado), con una excepción especial.

La tasa de impuesto fue relegado a una posición mucho más baja en la gráfica análisis de sensibilidad (Figura 5.11) comparado con la gráfica de tornado (Figura 5.6). Esto es porque por sí mismo, el índice de impuesto tendrá un impacto significativo pero una vez que las otras variables estén interactuando en el modelo, aparece que el índice de impuesto tiene menos efecto dominante (esto es porque el índice de impuesto tiene una distribución más pequeña mientras que los índices de impuesto históricos tienden a no fluctuar demasiado, y también porque el índice de impuesto es un valor de porcentaje directo del ingreso antes de los impuestos, donde otras variables de precedente tiene un efecto más grande). Este ejemplo prueba que es importante ejecutar el análisis de sensibilidad después de correr una simulación para indagar si hay algunas interacciones en el modelo y si los efectos de ciertas variables aún permanecen. La segunda gráfica (5.12) muestra la variación de porcentaje explicada. Esto es, de las fluctuaciones en el pronóstico, ¿cuánto de la variación total puede ser explicada por cada uno de los supuestos una vez se analicen todas las interacciones entre las variables? Note que la suma de todas las variaciones explicadas es usualmente es cercana al 100% (hay algunas veces otros elementos que impactan el modelo pero no pueden ser capturados aquí directamente), y si las correlaciones existen, la suma algunas veces podría exceder el 100% (debido a los efectos de interacción que son acumulativos).

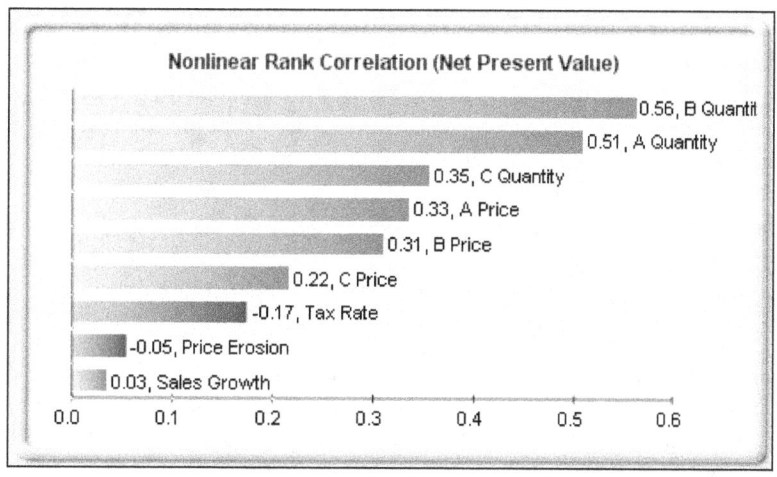

Figura 5.11 – Gráfica de Correlación No lineal de Rango

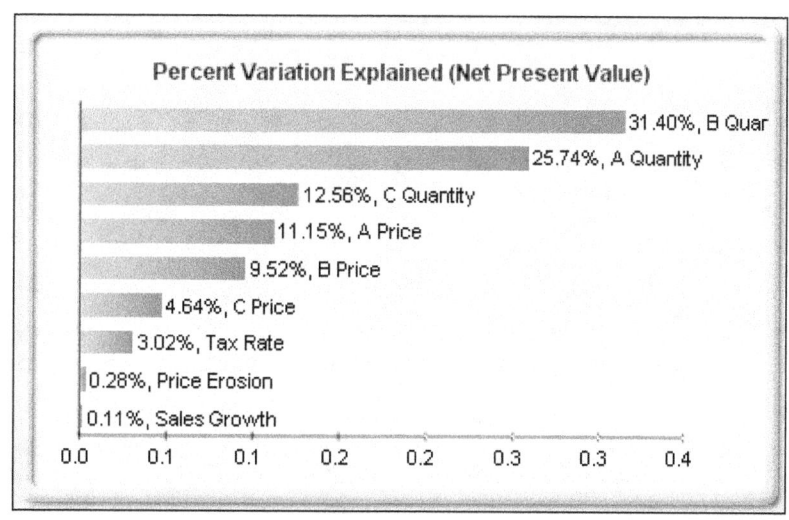

Figura 5.12 – Contribución en la Varianza Explicada

El análisis de tornado es ejecutado antes de correr una simulación mientras que el análisis de sensibilidad se ejecuta después de correr una simulación. Las gráficas de araña en el análisis de tornado pueden considerar no linealidades mientras que las gráficas de clasificación de correlación en el análisis de sensibilidad pueden explicar condiciones libres de distribución y no lineales.

5.3 Ajuste de Distribución: Variable Única y Variables Múltiples

Otra poderosa herramienta de simulación es el ajuste de distribución. Esto es, ¿cuál distribución usa un analista para una particular variable de entrada en un modelo? ¿Cuáles son los parámetros de distribución relevantes? Si no existen datos históricos, entonces el analista debe hacer supuestos acerca de las variables en cuestión. Un enfoque es usar el método Delphi donde un grupo de expertos son dados a la tarea de estimar el comportamiento de cada variable. Por ejemplo, un grupo de ingenieros mecánicos se les puede asignar como tarea el evaluar las posibilidades extremas del diámetro de un resorte a través de rigurosa experimentación o de cálculos estimados. Estos valores pueden ser usados como los parámetros de entrada de la variable (por ejemplo, distribución uniforme con valores extremos entre 0.5 y 1.2). Cuando hacer pruebas no es posible (por ejemplo, las acciones de mercado y el índice de crecimiento de ganancias), la administración todavía puede hacer estimados de resultados potenciales y proveer el contexto en el mejor de los casos, el más probable de los casos, y el peor de los casos.

Sin embargo, si hay datos históricos disponibles confiables, el ajuste de distribución puede ser completado. Suponiendo que los patrones históricos permanezcan y que la historia tienda a repetirse, entonces los datos históricos pueden ser empleados para encontrar la distribución que mejor ajuste con sus parámetros relevantes para definir mejor las variables a ser simuladas. Las Figuras 5.13 a la 5.15 ilustran un ejemplo de ajuste de distribución. Está ilustración usa el archivo de **Ajuste de Datos** en la carpeta de ejemplos.

- Abra una hoja trabajo con datos existentes para el ajuste

- Seleccione los datos que desea ajustar (los datos deben estar en una sola columna con múltiples filas)

- Seleccione *Simulador de Riesgo | Herramientas | Ajuste de Distribución (Variable Única)*

- Seleccione las distribuciones específicas que desea ajustar o mantenga el *default* donde todas las distribuciones se seleccionan y de Click en **OK** (Figura 5.13)

- Revise los resultados del ajuste, escoja la distribución relevante que desea y de Click en **OK** (Figura 5.14)

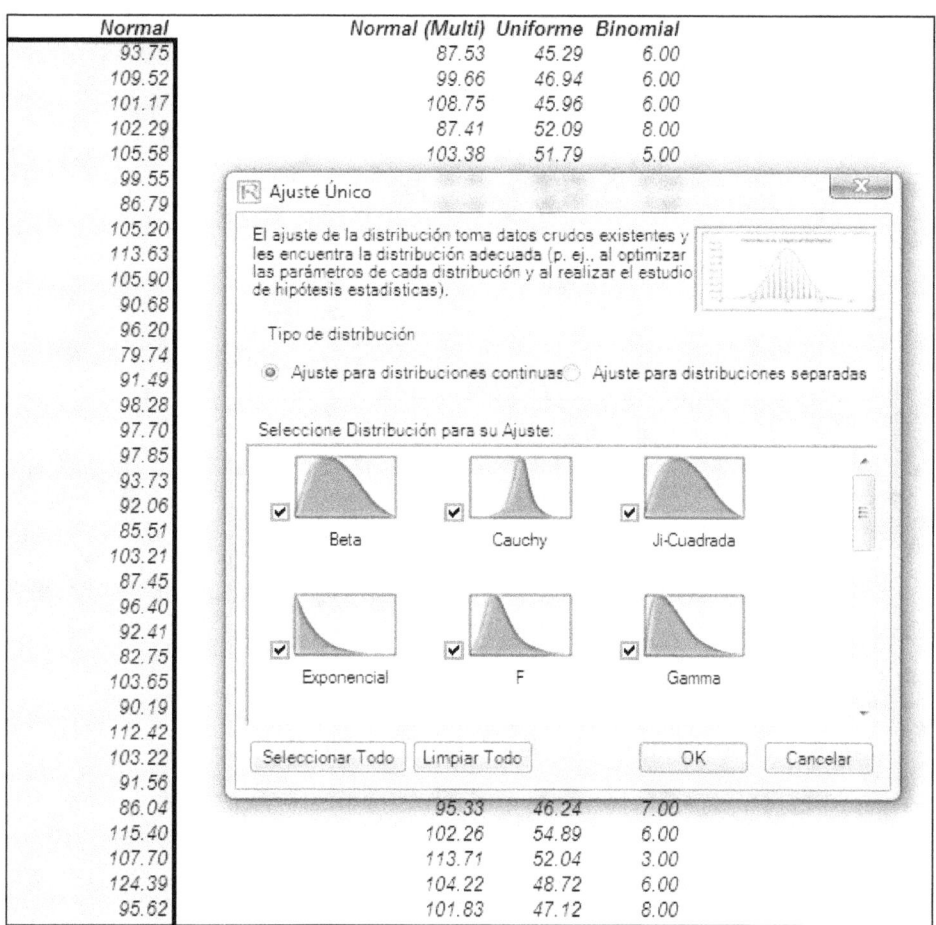

Normal	Normal (Multi)	Uniforme	Binomial
93.75	87.53	45.29	6.00
109.52	99.66	46.94	6.00
101.17	108.75	45.96	6.00
102.29	87.41	52.09	8.00
105.58	103.38	51.79	5.00
99.55			
86.79			
105.20			
113.63			
105.90			
90.68			
96.20			
79.74			
91.49			
98.28			
97.70			
97.85			
93.73			
92.06			
85.51			
103.21			
87.45			
96.40			
92.41			
82.75			
103.65			
90.19			
112.42			
103.22			
91.56			
86.04	95.33	46.24	7.00
115.40	102.26	54.89	6.00
107.70	113.71	52.04	3.00
124.39	104.22	48.72	6.00
95.62	101.83	47.12	8.00

Figura 5.13 –Ajuste de Distribución Simple

La hipótesis nula que se está probando es que la distribución ajustada tiene la misma distribución que la población de la cual provienen los datos de prueba a ser ajustados. Así, si el *valor p* calculado es más bajo a un nivel alfa crítico (regularmente 0.10 ó 0.05), entonces la distribución sigue una distribución equivocada. Recíprocamente, entre más alto sea el *valor p*, mejor será la distribución que ajusta los datos. Más o menos, usted podría pensar en el *valor p* como un *porcentaje explicado*, esto es, si el valor p es 0.9727 (Figura 5.14), entonces establecer una distribución normal con una media de 99.29 y una desviación estándar de 10.17 explica el 97.27% de la variación en los datos, indicando un ajuste especialmente bueno. Ambos resultados (Figura 5.14) y el reporte (Figura 5.15) muestran la estadística de prueba, el *valor p*, estadísticas teóricas (basadas en la distribución seleccionada), estadísticas empíricas (basadas en los datos sin analizar), los datos originales (para mantener un registro de los datos empleados), y el supuesto completo con los parámetros de distribución relevantes (es decir, si usted seleccionó la opción de generar supuestos automáticamente y si un perfil de simulación ya existe). Los resultados también clasifican todas las distribuciones y presentan que tan bien se ajustan a los datos.

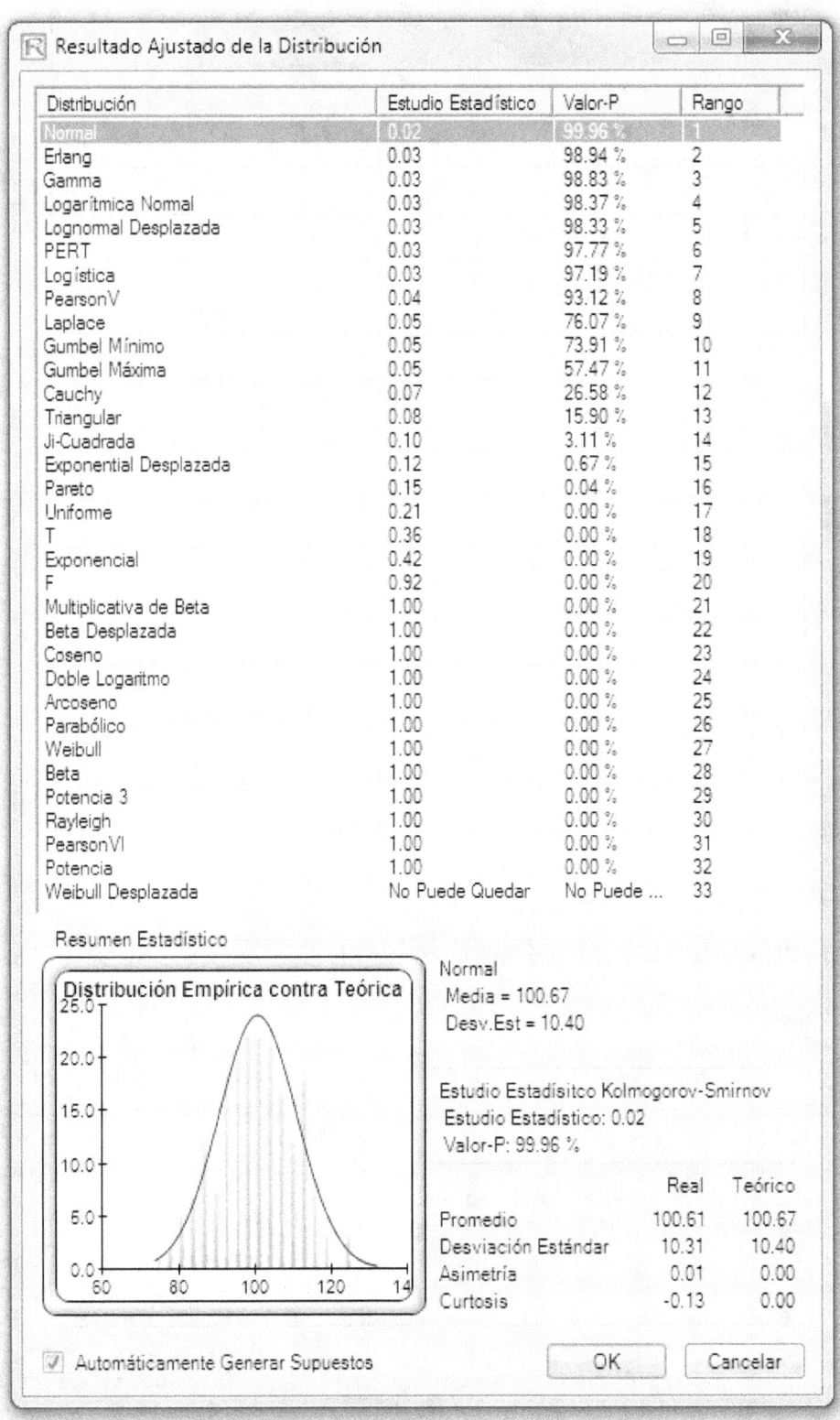

Figura 5.14: Resultados de Ajuste de Distribución

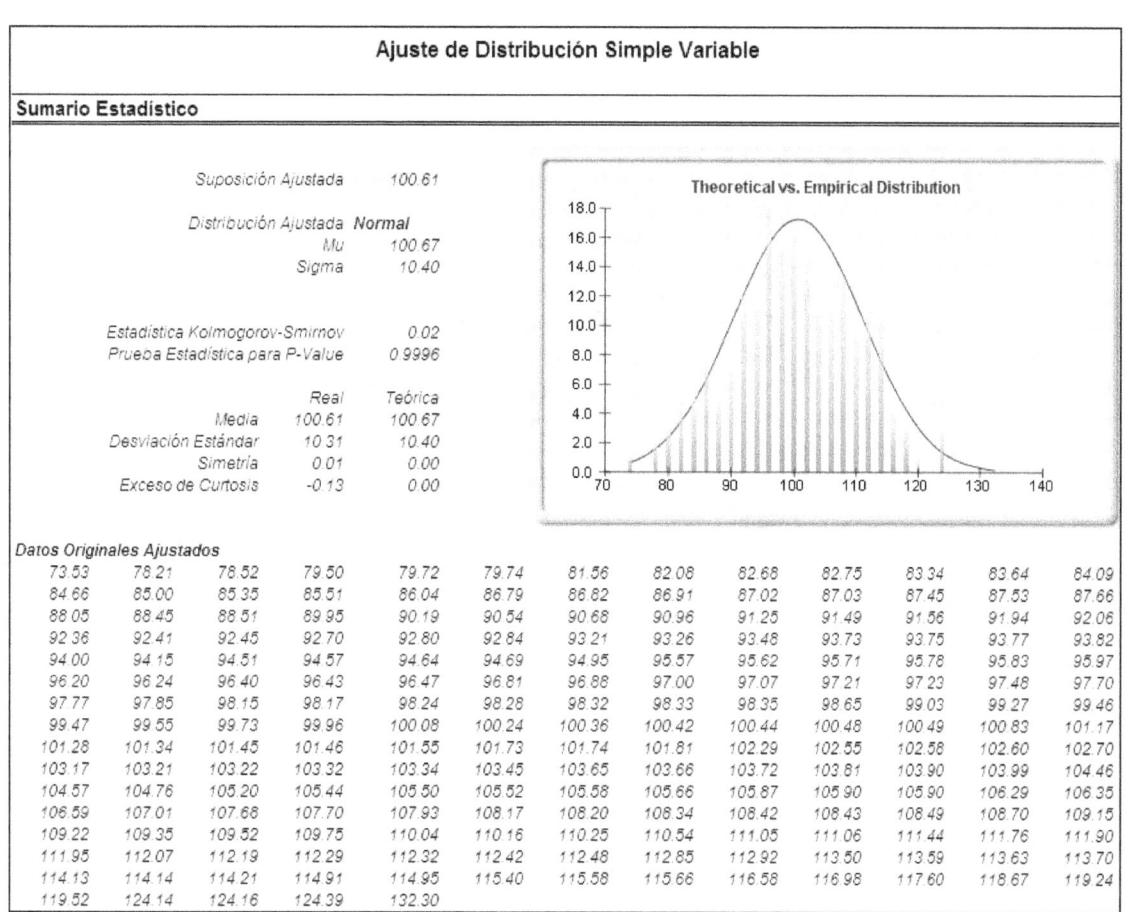

Ajuste de Distribución Simple Variable

Sumario Estadístico

Suposición Ajustada   100.61

Distribución Ajustada   Normal
     Mu   100.67
     Sigma   10.40

Estadística Kolmogorov-Smirnov   0.02
Prueba Estadística para P-Value   0.9996

	Real	Teórica
Media	100.61	100.67
Desviación Estándar	10.31	10.40
Simetría	0.01	0.00
Exceso de Curtosis	-0.13	0.00

Datos Originales Ajustados

73.53	78.21	78.52	79.50	79.72	79.74	81.56	82.08	82.68	82.75	83.34	83.64	84.09
84.66	85.00	85.35	85.51	86.04	86.79	86.82	86.91	87.02	87.03	87.45	87.53	87.66
88.05	88.45	88.51	89.95	90.19	90.54	90.68	90.96	91.25	91.49	91.56	91.94	92.06
92.36	92.41	92.45	92.70	92.80	92.84	93.21	93.26	93.48	93.73	93.75	93.77	93.82
94.00	94.15	94.51	94.57	94.64	94.69	94.95	95.57	95.62	95.71	95.78	95.83	95.97
96.20	96.24	96.40	96.43	96.47	96.81	96.88	97.00	97.07	97.21	97.23	97.48	97.70
97.77	97.85	98.15	98.17	98.24	98.28	98.32	98.33	98.35	98.65	99.03	99.27	99.46
99.47	99.55	99.73	99.96	100.08	100.24	100.36	100.42	100.44	100.48	100.49	100.83	101.17
101.28	101.34	101.45	101.46	101.55	101.73	101.74	101.81	102.29	102.55	102.58	102.60	102.70
103.17	103.21	103.22	103.32	103.34	103.45	103.65	103.66	103.72	103.81	103.90	103.99	104.46
104.57	104.76	105.20	105.44	105.50	105.52	105.58	105.66	105.87	105.90	105.90	106.29	106.35
106.59	107.01	107.68	107.70	107.93	108.17	108.20	108.34	108.42	108.43	108.49	108.70	109.15
109.22	109.35	109.52	109.75	110.04	110.16	110.25	110.54	111.05	111.06	111.44	111.76	111.90
111.95	112.07	112.19	112.29	112.32	112.42	112.48	112.85	112.92	113.50	113.59	113.63	113.70
114.13	114.14	114.21	114.91	114.95	115.40	115.58	115.66	116.58	116.98	117.60	118.67	119.24
119.52	124.14	124.16	124.39	132.30								

Figura 5.15: Reporte de Ajuste de Distribución

Para ajustar variables múltiples, es proceso es bastante similar al de ajustar variables individuales. Sin embargo, los datos se deben organizar en columnas (es decir, cada variable es organizada como una columna) y todas las variables son ajustadas una a la vez.

Procedimiento

- Abra una hoja de trabajo con datos existentes para ajustar

- Seleccione los datos que desea ajustar (los datos deben estar en columnas simples(una variable por columna) con múltiples filas)

- Seleccione *Simulador de Riesgo / Herramientas / Ajuste de Distribución (Múltiple)*

- Revise los datos, escoja los tipos relevantes de distribución que quiera y de Click en *OK*

Notas

Note que los métodos de clasificación estadística empleados en las rutinas de ajuste de distribución son la prueba Chi-cuadrado y la prueba Kolmogorov-Smirnov. Lo anterior es empleado para probar distribuciones discretas y las distribuciones continuas más recientes. Brevemente, una prueba de hipótesis acoplada con una rutina de optimización interna se usa para encontrar los parámetros de mejor ajuste en cada distribución probada y los resultados son clasificados desde el mejor ajuste al peor ajuste.

5.4 Simulación de Ajuste (Bootstrap)

Teoría

La simulación *Bootstrap* es una técnica simple que estima la confiabilidad o exactitud de las estadísticas de pronóstico u otra muestra de datos sin analizar. Esencialmente, la simulación *bootstrap* se usa en pruebas de hipótesis. Los métodos clásicos empleados en el pasado confiaban en fórmulas matemáticas para describir la exactitud de las estadísticas de muestra. Estos métodos suponen que la distribución de una estadística de muestra se aproxima a una distribución normal, haciendo el cálculo de la estadística del error estándar o intervalo de confiabilidad relativamente fácil. Sin embargo, cuando una estadística de distribución no estaba normalmente distribuida o no se encontraba fácilmente, estos métodos clásicos son difíciles de usar o son inválidos. En contraste, el *bootstrapping* analiza estadísticas de muestras empíricamente al probar repetidamente los datos y crear distribuciones de las diferentes estadísticas de cada prueba.

Procedimiento

- Corra una simulación

- Seleccione *Simulador de Riesgo | Herramientas | Autosuficiencia No Paramétrica*

- Seleccione solo un pronóstico para aplicar bootstrap, seleccione las(s) estadística(s) para aplicar bootstrap, e ingrese el número de intentos bootstrap y de Click ***OK*** (Figura 5.16)

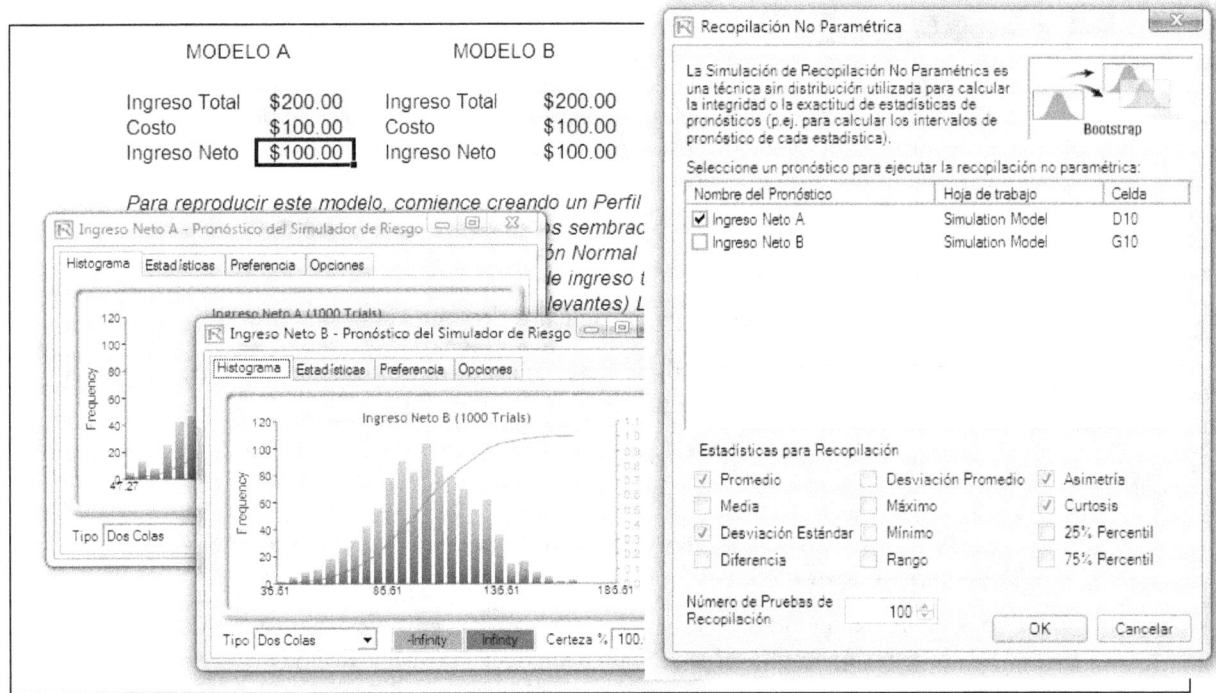

Figura 5.16 – Simulación Bootstrap No Paramétrica

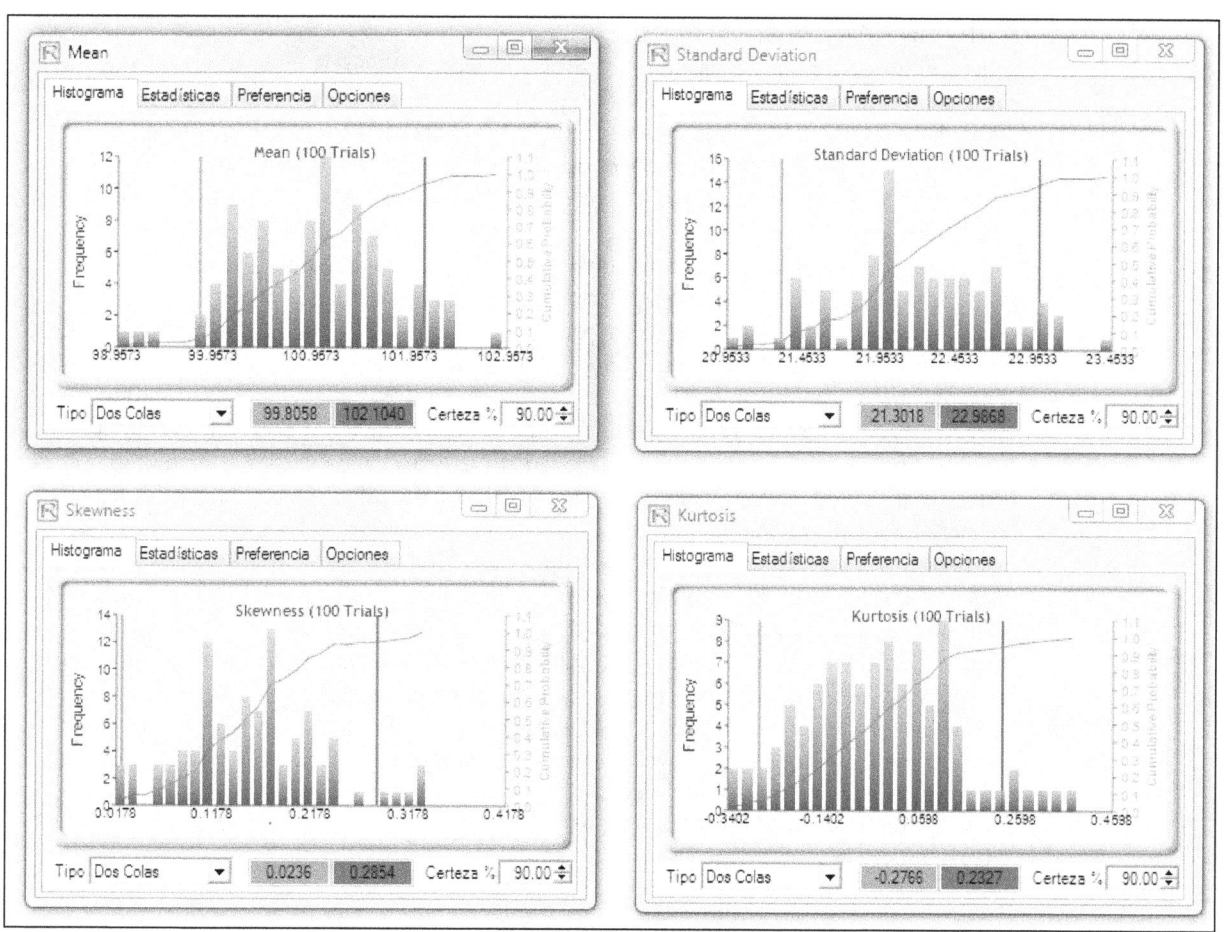

Figura 5.17 –Resultados de Simulación Bootstrap

En esencia, la simulación bootstrap no paramétrica puede ser denominada como *una simulación basada en una simulación*. Es decir, después de correr una simulación, las estadísticas resultantes pueden ser mostradas en pantalla, pero la exactitud de tales estadísticas y su significancia estadística algunas veces están en discusión. Por ejemplo, si una estadística de desviación de una simulación de simulación es -0.10, ¿es verdaderamente está distribución negativamente desviada o es este ligero valor negativo atribuible a la posibilidad aleatoria? Qué hay de -0.15, -0.20, y así sucesivamente. Esto es, ¿qué tan lejos es suficiente para que la distribución se considere como estar negativamente desviada? La misma pregunta puede aplicarse a todas las otras estadísticas. ¿Es una distribución estadísticamente idéntica a otra distribución con consideración a algunas estadísticas calculadas o son significativamente diferentes? La Figura 5.17 ilustra algunas muestras de resultados de la aplicación de *bootstrap*. Por ejemplo, el 90 por ciento de confianza para la estadística de desviación está entre -0.2766 y 0.2327, para que el valor de 0 caiga dentro de esta confianza, indicando que con un 90 por ciento de confianza, estadísticamente la desviación de este pronóstico no es significativamente diferente de cero, o que está distribución se puede considerar como simétrica y no desviada. Recíprocamente, si el valor 0 cae fuera de esta confianza, entonces el opuesto es verdadero, la distribución es desviada (positivamente desviada si la estadística de pronóstico es positiva, negativamente desviada si la estadística de pronostica es negativa).

El término *bootstrap* viene del refrán en inglés: *"to pull oneself up by one's own bootstraps"*, el cual se refiere a: "mejorar una situación personal en la vida a través de los esfuerzos propios", y aquí es aplicable porque este método usa la distribución de las estadísticas para analizar la exactitud de las estadísticas mismas. La simulación no paramétrica es simplemente escoger al azar pelotas de golf de una gran canasta con reemplazo, donde cada pelota de golf está basada en puntos de datos históricos. Suponga que hay 365 pelotas de golf en la canasta (representando 365 puntos de datos históricos). Imagine si usted quiere que el valor de cada pelota de golf escogida al azar sea escrito en una gran pizarra. Los resultados de las 365 pelotas escogidas con reemplazo son escritos en la primera columna de la tabla con 365 filas de números. Las estadísticas relevantes (por ejemplo, media, mediana, desviación estándar, y así sucesivamente) son calculadas en estas 365 filas. El proceso entonces se repite, digamos, cinco mil veces. La pizarra se llenará ahora con 365 filas y 5,000 columnas. Por ende, 5,000 juegos de estadísticas (esto es, habrá 5,000 medias, 5,000 medianas, 5,000 desviaciones estándar, y así sucesivamente) son tabuladas y sus distribuciones mostradas. La *estadística de las estadísticas* relevantes entonces es tabuladas, donde, de estos resultados uno puede indagar qué tan confiables son las estadísticas. En otras palabras, en una simple simulación de 10,000 intentos, digamos que el promedio de pronóstico resultante es de $5.00. ¿Qué tan cierto es este resultado para el analista? La aplicación de *bootstrap* le permite al usuario conocer el intervalo de confianza de la estadística de media calculada, indicando la distribución de las estadísticas. Finalmente, los resultados de la aplicación de *bootstrap* son importantes porque de acuerdo a la *Ley de los Números Grandes* y el *Teorema del Límite Central* en estadísticas, la media de las medias muéstrales es un estimador insesgados y se aproxima a la media verdadera de la población cuando el tamaño de las muestras se incrementa.

5.5 Prueba de Hipótesis

Una prueba de hipótesis se lleva a cabo al probar las medias y varianzas de dos distribuciones para determinar si son estadísticamente idénticas o estadísticamente diferentes una de la otra. Es decir, ver si las diferencias entre las medias y las variaciones de dos diferentes pronósticos que ocurren están basados en la posibilidad aleatoria o de hecho estadísticamente son significativamente diferentes una de la otra.

- Corra una simulación

- Seleccione *Simulador de Riesgo / Herramientas / Pruebas de Hipótesis*

- Seleccione solo *dos* pronósticos para probar a la vez, seleccione el tipo de prueba de hipótesis que desea correr, y de Click en *OK* (Figura 5.18)

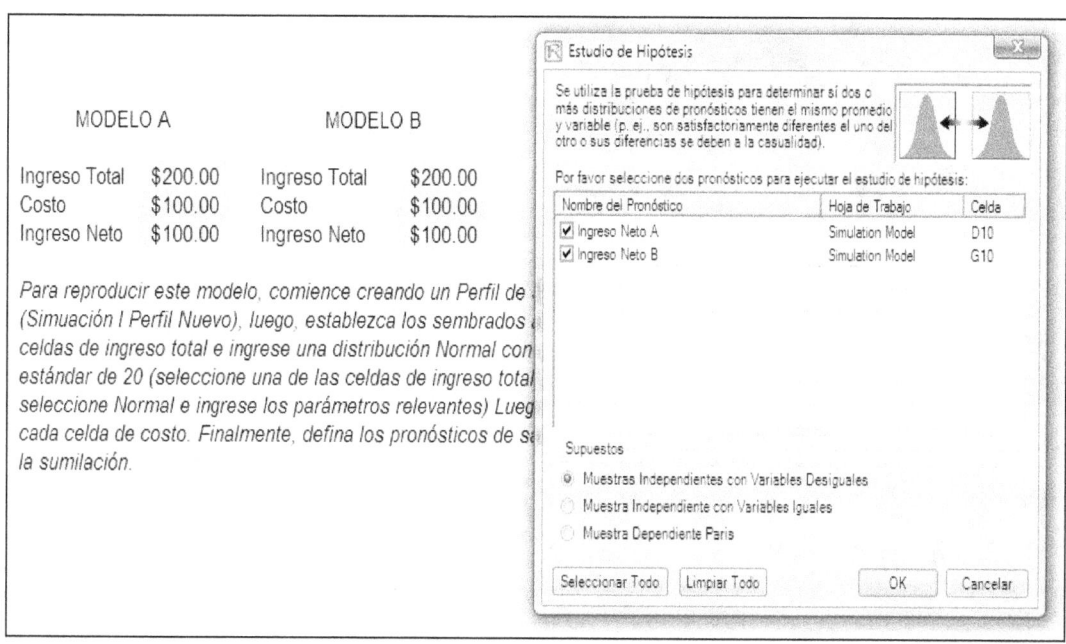

MODELO A   MODELO B

Ingreso Total $200.00   Ingreso Total $200.00
Costo $100.00   Costo $100.00
Ingreso Neto $100.00   Ingreso Neto $100.00

Para reproducir este modelo, comience creando un Perfil de
(Simuación I Perfil Nuevo), luego, establezca los sembrados
celdas de ingreso total e ingrese una distribución Normal con
estándar de 20 (seleccione una de las celdas de ingreso total
seleccione Normal e ingrese los parámetros relevantes) Lueg
cada celda de costo. Finalmente, defina los pronósticos de s
la sumilación.

Figura 5.18 – Prueba de Hipótesis

Interpretación de Reporte:

Una prueba de hipótesis de dos colas se lleva a cabo con la hipótesis nula (H_o) de tal manera que las medias de población de las dos variables son estadísticamente idénticas una a la otra. Si los *valores p* calculados son menores o iguales a 0.01, 0.05, o 0.10, esto significa que la hipótesis nula es rechazada, lo que implica que estadísticamente las medias del pronóstico son significativamente diferentes a los niveles de significancia de 1 %, 5% y 10%. Si la hipótesis nula no es rechazada cuando los *valores p* son altos, las medias de las dos distribuciones de pronóstico son estadísticamente similares una a la otra. El mismo análisis se ejecuta en variaciones de dos pronósticos a la vez usando la prueba F. Si los *valores p* son pequeños, entonces las variaciones (y desviaciones estándar) son estadísticamente diferentes una de la otra, de otra manera, para *valores p* más grandes, las variaciones son estadísticamente idénticas una a la otra.

Prueba de Hipótesis sobre las Medias y Varianzas de Dos Pronóstico

Sumario Estadístico

Una prueba de hipótesis se lleva a cabo cuando se prueban las medias y varianzas de dos distribuciones para determinar si son estadísticamente idénticas o diferentes la una de la otra. Es Es decir, para verificar si las diferencias entre las dos medias y las dos varianzas que se llevan a cabo están basadas en probabilidades aleatorias o si de hecho son diferentes entre sí. Las pruebas t de dos variables con varianzas desiguales (la varianza poblacional del pronóstico 1 se espera que sea diferente a la varianza poblacional del pronóstico 2) es adecuada cuando las distribuciones de pronósticos son de diferentes poblaciones (por ejemplo, datos recolectados de diferentes regiones geográficas, dos unidades de negocios diferentes, etcétera). La prueba t de dos variables con varianzas iguales (la varianza poblacional del pronóstico 1 se espera que sea igual a la varianza poblacional del pronóstico 2) es adecuada cuando las distribucionoes de pronósticos son de poblaciones similares (por ejemplo, datos recolectados de dos diseños de motor diferentes pero con especificaciones similares, etcétera). La prueba t para el par de variables dependientes es adecuado cuando las distribuciones de pronósticos provienen de poblaciones similares (por ejemplo, datos recoletados del mismo grupo de clientes pero en diferentes ocasiones, etcétera).

Una prueba de hipótesis de dos colas se lleva a cabo sobre la hipótesis nula Ho de manera que las dos medias de población son estadísticamente idénticas la una a la otra. La hipótesis alternativa sugiere que las medias poblacionales son diferentes entre sí. Si los valores p calculados son menores o iguales a 0.01, 0.05, o 0.10, significa que las hipótesis se rechazan, lo cual implica que las medias pronosticadas son estadística y significativamente diferentes en un nivel de significancia de 1%, 5% y 10% respecitvamente. Si la hipótesis nuca no se rechaza cuando los valores p son altos, las medias de las dos distribuciones pronosticadas son estadísticamente similares entre sí. El mismo análisis se lleva a cabo sobre las varianzas de dos pronósticos al mismo tiempo utilizando el par de pruebas F. Si los valores p son pequeños, entonces las varianzas (y las desviaciones estándar) son estadísticamente diferentes entre sí, de otra manera, para valores grandes p, las varianzas son estadísticamente idénticas entre sí.

Resultados

Suposición de la Prueba de Hipótesis	*Varianzas Desiguales*
Estadística t Calculada:	*1.015722*
Valor P para estadística t:	*0.309885*
Cálculo de estadística F:	*1.063476*
Valor P para estadística F:	*0.330914*

Figura 5.19 – Resultados de Prueba de Hipótesis

Notas

La prueba t de dos variables con varianzas desiguales (la varianza poblacional del pronóstico 1 se espera que sea diferente de la varianza poblacional del pronóstico 2) es apropiada cuando las distribuciones del pronóstico son de diferentes poblaciones (por ejemplo, datos colectados de dos diferentes locaciones geográficas, dos diferentes unidades de negocios operantes, y así sucesivamente). Las pruebas t de dos variables con variaciones iguales (la variación de población del pronóstico 1 se espera que sea igual a la variación de población del pronóstico 2) es apropiada cuando las distribuciones de pronóstico son de poblaciones similares (por ejemplo, datos colectados de dos diferentes diseños de motor con especificaciones similares, y así sucesivamente). La prueba t de dos variables dependientes es apropiada cuando las distribuciones de pronóstico son exactamente de la misma población. (Por ejemplo, datos recolectados del mismo grupo de clientes pero en diferentes ocasiones, y así sucesivamente).

5.6 Extracción de Datos y Guardar Resultados de Simulación

Los datos sin analizar de una simulación pueden ser fácilmente extraídos usando la rutina *Extracción de Datos* del Simulador de Riesgo. Ambos supuestos y pronósticos pueden ser extraídos pero primero se debe correr una simulación. Los datos extraídos se pueden usar entonces para una variedad de otros análisis.

Procedimiento

- Crea o abrir un modelo, en el cual se definan supuestos y pronósticos, y corra la simulación.

- Seleccione *Simulador de Riesgo | Herramientas | Extracción de Datos*

- Seleccione los supuestos y/o pronósticos de los que desea extraer los datos y de Click en **OK**

Los datos pueden ser extraídos a diferentes formatos:

- Datos en una nueva hoja de trabajo donde los valores simulados (supuestos y pronósticos) puedan entonces ser guardados o analizados más tarde como se requiera.

- Archivo de texto plano donde los datos puedan ser exportados dentro de otro software de análisis de datos.

- Archivo de Simulador de Riesgo donde los resultados (ambos supuestos y pronósticos) puedan ser recuperados más tarde al seleccionar *Simulador de Riesgo | Herramientas | Abrir/Importar Datos*.

La tercera opción es la selección más popular, esto es, guardar los resultados simulados como un archivo ***.risksim*** donde los resultados pueden ser recuperados más tarde y no se necesita volver a correr una simulación cada vez. La Figura 5.21 muestra la caja de diálogo para extraer o exportar y salvar los resultados de simulación.

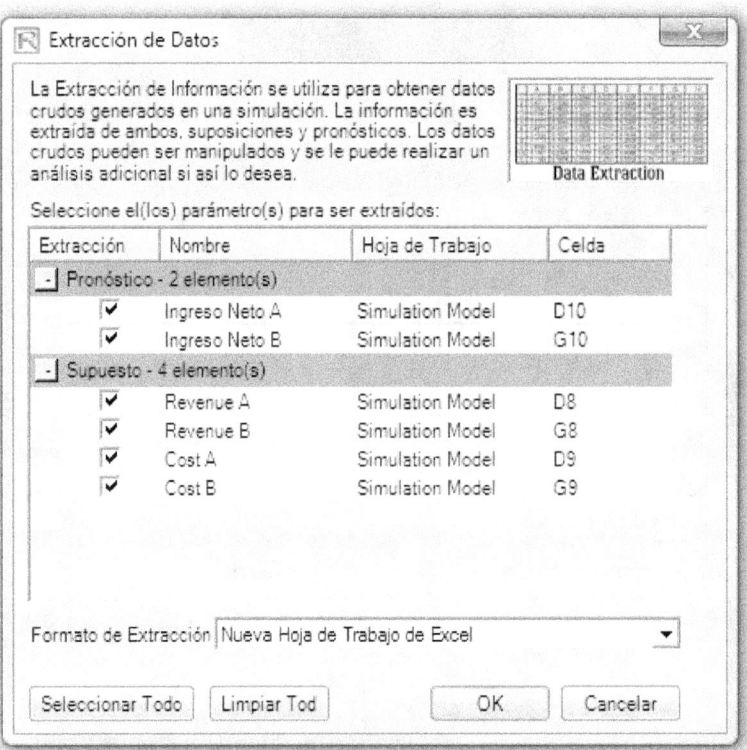

Figura 5.21 – Reporte de Simulación de Prueba

5.7 Crear Reporte

Después de correr una simulación, usted puede generar un reporte de supuestos, pronósticos, y también los resultados obtenidos durante la ejecución de la simulación.

Procedimiento

- Abra o cree un modelo, defina supuestos y pronósticos, y corra la simulación

- Seleccione *Simulador de Riesgo | Herramientas | Crear Reporte*

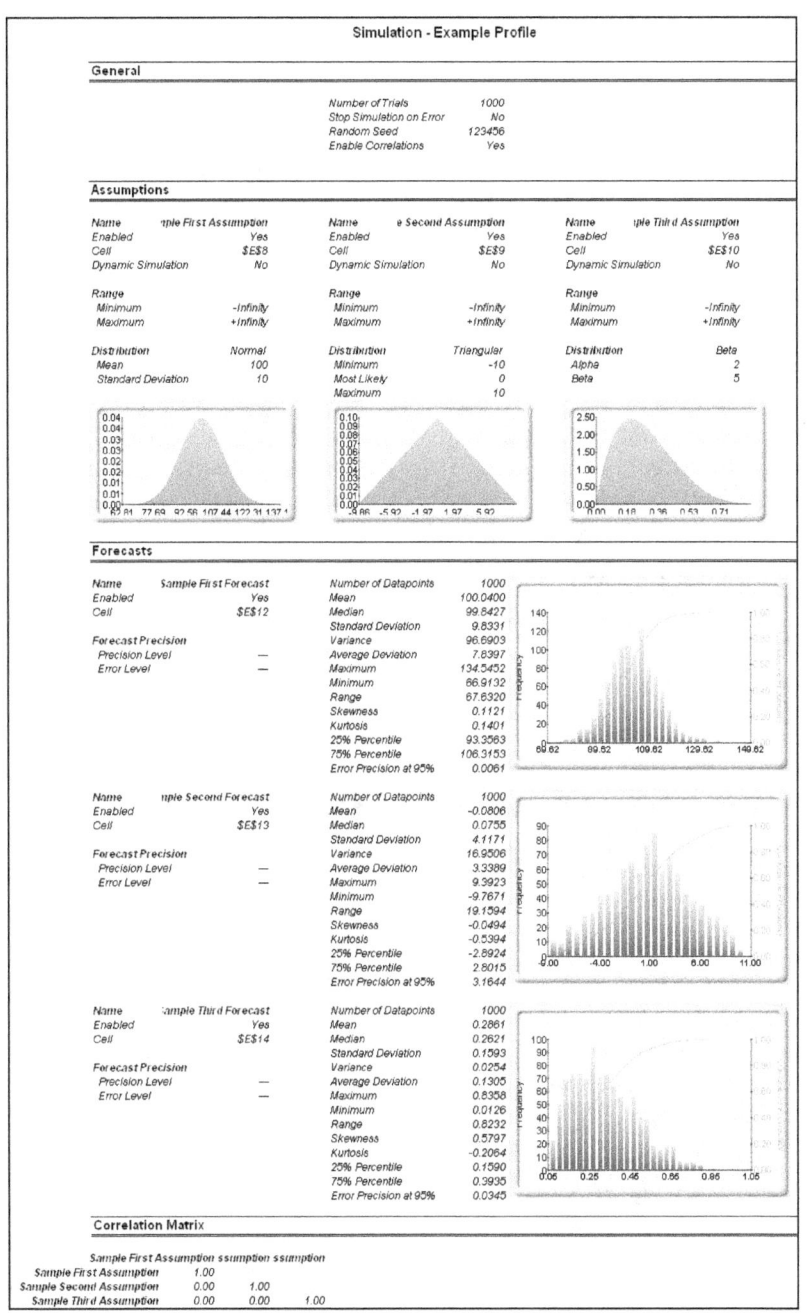

Figura 5.21 – Reporte de Simulación de Prueba

5.8 Herramienta de Diagnóstico para Pronóstico y Regresión

Está herramienta analítica avanzada en el Simulador del Riesgo se usa para determinar las propiedades econométricas de sus datos. El diagnóstico incluye verificar los datos para heteroscedasticidad, no linealidad, valores atípicos, errores de la especificación, micronumerosidad, estacionalidad y propiedades estocásticas, la normalidad y esfericidad de los errores, y de multicolinealidad. Cada prueba se describe en más detalle en sus informes respectivos en el modelo.

Procedimiento

- Abra el modelo del ejemplo (*Simulador de Riesgo | Modelos de Ejemplo | Diagnóstico de Regresión*) y vaya a la hoja de trabajo de *Datos de Serie de Tiempo* y escoja los datos incluyendo los nombres de las variables (las células **C5:H55**).

- También puede ingresar por *Simusador de Riesgo | Herramientas | Herramientas de Diagnóstico*. Verifique los datos y escoja la Variable Dependiente *Y* en la pestaña del menú. De Click en *OK* cuando termine (Figura 5.22).

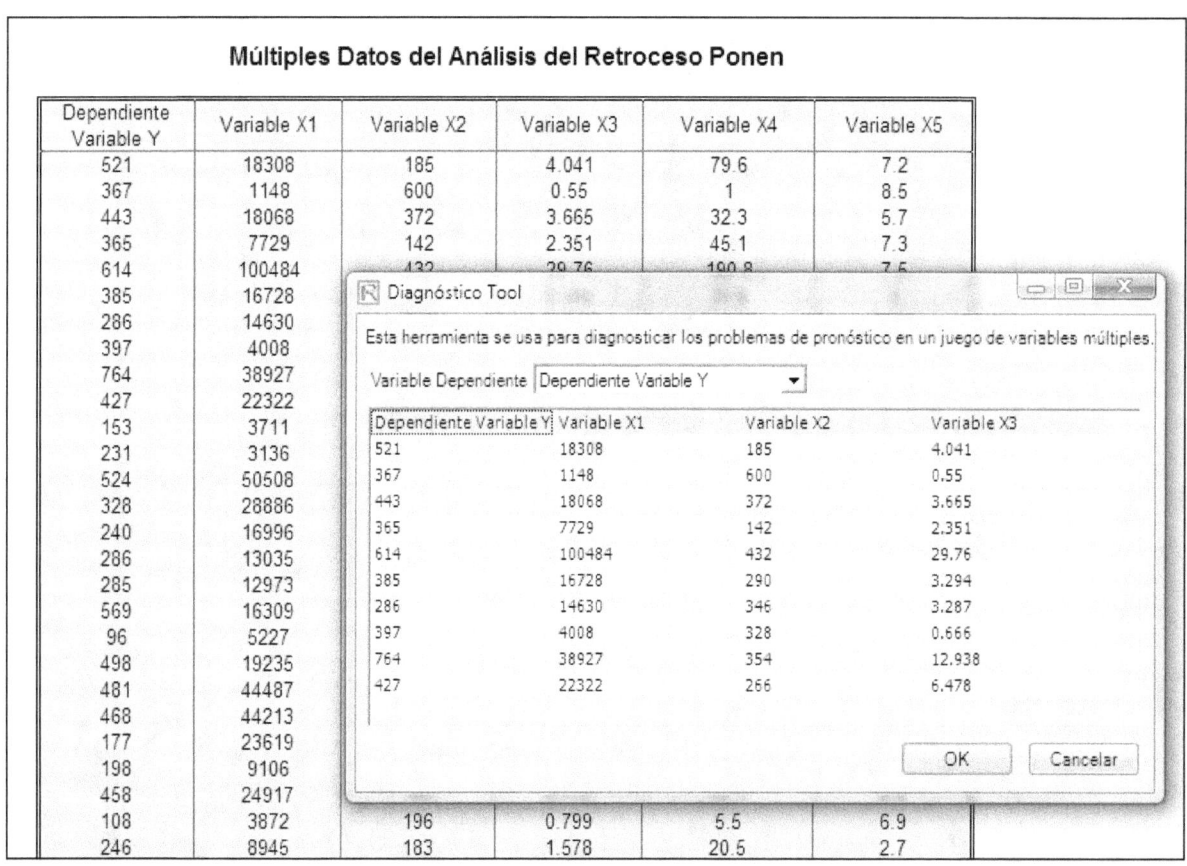

Figura 5.22 – Correr los Datos Herramienta de Diagnóstico

Una violación común en el pronóstico y en la regresión es la heteroscedasticidad (vea la Figura 5.23 para resultados de la prueba que usan la herramienta diagnóstico). Es decir, el incremento a través del tiempo del valor de la varianza de los errores. Visualmente, el ancho de las fluctuaciones de los datos se incrementa y se dispersa con el tiempo. Normalmente, el coeficiente de determinación (R-Cuadrado) cae significativamente cuando existe heteroscedasticidad. Si la varianza de la variable dependiente no es constante, entonces el error de la varianza no será constante tampoco. A menos que la heteroscedasticidad de la variable dependiente sea pronunciada, su efecto no será severo: los mínimos cuadrados estimados aun serán imparciales, y los estimados de la pendiente y el intercepto estarán normalmente distribuidos si los errores están normalmente distribuidos, o al menos distribuidos de forma asintótica (mientras el número de datos se incrementa) si los errores no están distribuidos normalmente. El estimado de la varianza y de la pendiente en conjunto será inexacto, pero la inexactitud no resulta considerable si los valores de la variable independiente son simétricos respecto a sus medias.

Si el número de datos es pequeño (micronumerosidad), puede resultar complicado detectar las violaciones de los supuestos. Con pequeñas muestras, la presencia de las violaciones de supuestos como heteroscedasticidad y no-normalidad de la varianza son difíciles de detectar (Cuando están presentes). Con un número pequeño de datos, la regresión lineal ofrece menor protección contra las violaciones de supuestos. Con pocos datos, puede ser difícil determinar que tan bien ajustadas están las líneas resultantes están con respecto a los datos, o cuándo una regresión no-lineal podría ser más apropiada.

Aun cuando ninguna de las pruebas de supuestos sean violados, una regresión lineal sobre un pequeño número de datos puede que no tenga el suficiente poder para detectar una diferencia significativa entre la pendiente y cero, aún si la pendiente no es cero. El poder depende del error residual, la variación observada en la variable independiente, el nivel de significancia de la prueba alfa, y el número de datos. El poder disminuye cuando la varianza residual se incrementa, cuando el nivel de significancia decrece (por ejemplo, cuando la prueba se hace más rigurosa), se incrementa cuando la variación en la pendiente observada se incrementa, y aumenta el número de datos.

Los valores pueden no ser idénticamente distribuidos debido a la presencia de valores atípicos. Los valores atípicos son anomalías en los datos. Pueden tener una gran influencia sobre el ajuste realizado sobre la pendiente y el intercepto, generando un pobre ajuste sobre el conjunto total de datos. Los valores atípicos tienden a incrementar la varianza residual, disminuyendo la probabilidad de rechazar la hipótesis nula, por ejemplo, creando altos errores de predicción. Esto puede deberse a errores de registro, los cuales se pueden corregir, o también debidos a que no todos los valores de la variable dependiente están siendo muestreados de la misma población. Aparentemente los valores atípicos también se deben a que los valores en la variable dependiente son de la misma población, pero no normales. Sin embargo, un punto puede ser un valor inusual dentro de una variable ya sea dependiente o independiente sin ser necesariamente un valor atípico en la dispersión. En un análisis de regresión, la línea ajustada puede ser altamente sensible a los valores atípicos. En otras palabras, regresión por mínimos cuadrados no es resistente a valores atípicos, sin embargo, no estima la pendiente ajustada. Un punto verticalmente removido de los otros puntos puede hacer que la línea ajustada pase cerca de ésta, en lugar de seguir la tendencia general de la línea del resto de datos, especialmente si el punto es horizontal y relativamente lejos del centro de los datos.

Sin embargo, debe tenerse gran precaución cuando se decide eliminar los valores atípicos. Aunque en la mayoría de los casos cuando los valores atípicos se eliminan, la regresión resultante luce mucho mejor, debe existir una justificación previa primero. Por ejemplo, si uno está llevando a cabo una regresión de los retornos de una firma en particular, los valores atípicos causados por bajas en el mercado deben incluirse; estos no son verdaderos valores atípicos, sino que son inevitables ciclos del negocio.

No incluir estos valores atípicos y utilizar la ecuación de la regresión para pronosticar el comportamiento de la variable producirá resultados incorrectos. Por el contrario, los valores atípicos supuestamente son causados por condiciones no recurrentes de negocios (por ejemplo, fusiones y adquisiciones) y cambios similares de estructura en los negocios que no pueden pronosticarse, estos valores atípicos deben eliminarse y los datos funcionarán mejor en el análisis de regresión. El análisis aquí realizado identifica los valores atípicos y deja a juicio del usuario determinar si deben ser eliminados o mantenerse.

Algunas veces, una relación no lineal entre variables dependientes e independientes es más adecuada que una relación lineal. En algunos casos, ejecutar una regresión lineal puede no ser óptimo. Si el modelo lineal no tiene la forma correcta, entonces las estimaciones de la pendiente, el intercepto y los valores estimados de la regresión lineal serán sesgados, y estos valores estimados no serán de mucha ayuda. Sobre un rango de variables dependiente o independientes, los modelos no lineales pueden aproximarse bien a los modelos lineales (de hecho ésta es la base de la interpolación lineal), pero para un modelo de predicción más adecuado y exacto se debe seleccionar otra modelo adecuado para los datos seleccionados. Una transformación no lineal debe aplicarse primero a los datos antes de ejecutar la regresión. Un sencillo acercamiento es tomar el logaritmo natural de la variable independiente (otra manera sería tomar la raíz cuadrada de la variable dependiente o elevarla a la segunda o tercera potencia) y ejecutar un pronóstico o predicción de la regresión utilizando los datos no lineales ya transformados.

Los Resultados Diagnósticos

Variable	Heteroskedasticity W-Test p-value	Heteroskedasticity La Prueba del Hipótesis Resultado	Micronumerosity La Aproximación Resultado	Outliers Bajar Natural Salta	Outliers Natural Superior Atado	Número de Atado "Outliers" Potencial	Nonlinearity La Prueba No Lineal p-value	Nonlinearity No Lineal Hipótesis Resultado
Y			No Problema	-7.86	671.70	2		
Variable X1	0.2543	Homoskedastic	No Problema	-21377.95	64713.03	3	0.2458	lineal
Variable X2	0.3371	Homoskedastic	No Problema	77.47	445.93	2	0.0335	no lineal
Variable X3	0.3649	Homoskedastic	No Problema	-5.77	15.69	3	0.0305	no lineal
Variable X4	0.3066	Homoskedastic	No Problema	-295.96	628.21	4	0.9298	lineal
Variable X5	0.2495	Homoskedastic	No Problema	3.35	9.38	3	0.2727	lineal

Figura 5.23 – Resultados de Pruebas de Valores atípicos, Heteroscedasticidad, Micronumerosidad, y No linealidad

Un error muy común cuando se pronostican datos de series de tiempo es asumir que los valores de los errores o perturbaciones de las variables independientes o dependientes son independientes. Los términos de error de la variable dependiente a través del tiempo pueden estar autocorrelacionados. Para valores seriales y dependientemente correlacionados, las estimaciones de la pendiente y el intercepto serán sesgadas, y las estimaciones de sus pronósticos y varianzas no serán confiables y por lo tanto la validez de la bondad de ajuste de la certeza estadística será deficiente.

Por ejemplo, tasas de interés, tasas de inflación, ventas, ingresos, y muchos otros datos de series de tiempo están normalmente autocorrelacionados, en donde los valores en el periodo actual está relacionado con un periodo previo, y así sucesivamente (claramente, la tasa de interés de marzo está relacionada con la de febrero, la cual a su vez, está relacionada con la de enero, y así sucesivamente). Ignorar este tipo de relaciones llevará a pronósticos parciales y poco certeros. En tales eventos, un modelo de autocorrelación o un modelo ARIMA puede ser lo ideal (*Simulación | Pronóstico | ARIMA*). Finalmente, las funciones de autocorrelación de una serie que tiene una tendencia no estacionaria decae lentamente (véase el Reporte No Estacionario).

Si la autocorrelación total AC(1) es diferente a cero, significa que la serie de tiempo esta ordenada seriamente y esta correlacionada. Si AC(k) decrece geométricamente o exponencialmente con un incremento en los rezagos, implica que la serie sigue un proceso autorregresivo de orden bajo. De la misma manera si AC(k) disminuye hasta cero después de un pequeño número de rezagos, implica que la serie sigue un proceso de orden bajo. La autocorrelación parcial PAC(k) mide la correlación entre observaciones (para series de tiempo) que están separadas k periodos, manteniendo constantes las correlaciones entre los rezagos intermedios menores que k. Si el patrón de autocorrelación total puede ser capturado por una autoregresión u orden menor que k, entonces la autocorrelación parcial PAC en el rezago será muy cercana a cero. El estadístico Ljung-Box Q analiza utiliza los valores P - Value para identificar si los coeficientes de correlación superiores al primer rezago son iguales a cero (la hipótesis nula) contra la hipótesis de que no todos los rezago son cero. Cuando los P-Value son muy pequeños (P<0.001) se puede rechazar la hipótesis nula inicial, es decir, existen valores de los coeficientes de autocorrelación que son significativamente diferentes de cero. Las líneas punteadas en las gráficas de las autocorrelaciones son los dos errores estándar aproximados a los límites. Si la autocorrelación está dentro de estos límites, no es significativamente diferente a cero en (aproximadamente) el 5% del nivel de significancia.

La autocorrelación mide la relación de la variable dependiente Y con el pasado de ella misma. Los rezagos distributivos, en contraste, son relaciones de los rezagos en el tiempo entre la variable dependiente Y y diferentes variables X independientes. Por ejemplo, el movimiento y la dirección de la tasa de préstamos hipotecarios tienden a seguir el comportamiento de Tasa de Bonos del Tesoro pero con un rezago de tiempo (normalmente de 1 a 3 meses).

En algunas ocasiones, los rezagos en el tiempo siguen ciclos y estacionalidad (por ejemplo las ventas de helados tienden a incrementarse durante los meses de verano y por lo tanto están relacionados con las ventas de verano, de los 12 meses anteriores). El análisis de rezagos de distribución que se muestra a continuación indica de qué manera la variable dependiente se relaciona con cada uno de los rezagos de tiempo de las variables independientes; así, cuando todos los rezagos están considerados simultáneamente, se puede determinar que rezagos de tiempo son estadísticamente significativos y deben ser considerados.

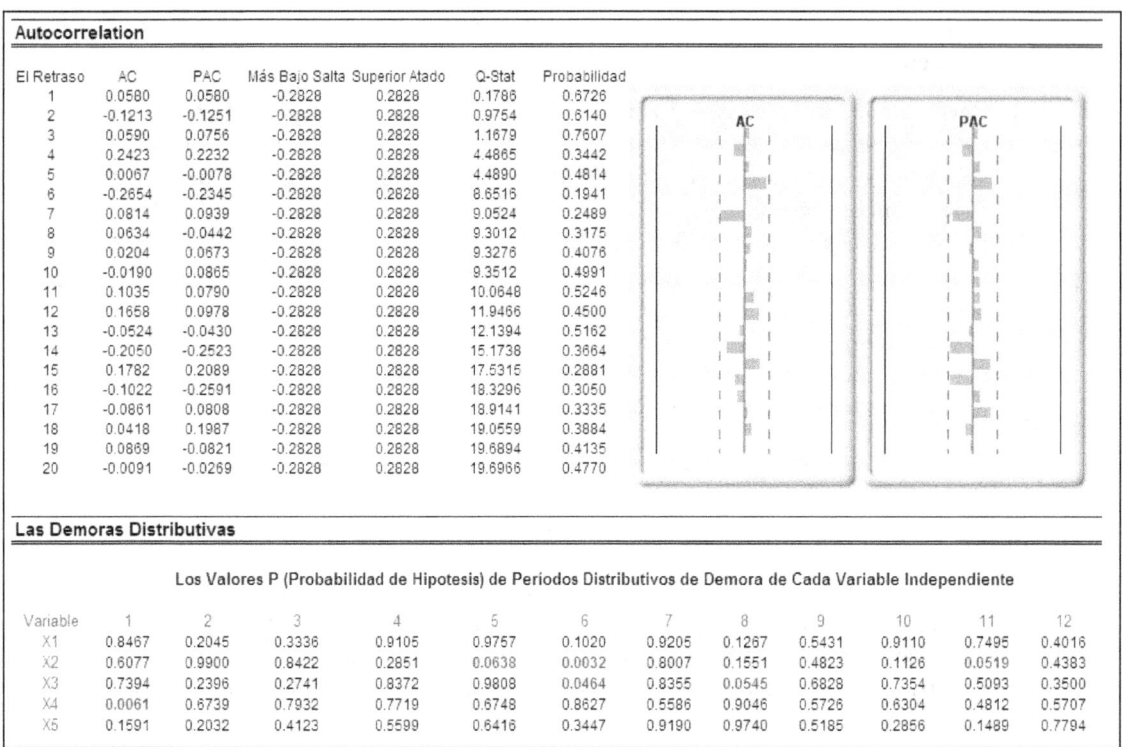

Autocorrelation

El Retraso	AC	PAC	Más Bajo Salta	Superior Atado	Q-Stat	Probabilidad
1	0.0580	0.0580	-0.2828	0.2828	0.1786	0.6726
2	-0.1213	-0.1251	-0.2828	0.2828	0.9754	0.6140
3	0.0590	0.0756	-0.2828	0.2828	1.1679	0.7607
4	0.2423	0.2232	-0.2828	0.2828	4.4865	0.3442
5	0.0067	-0.0078	-0.2828	0.2828	4.4890	0.4814
6	-0.2654	-0.2345	-0.2828	0.2828	8.6516	0.1941
7	0.0814	0.0939	-0.2828	0.2828	9.0524	0.2489
8	0.0634	-0.0442	-0.2828	0.2828	9.3012	0.3175
9	0.0204	0.0673	-0.2828	0.2828	9.3276	0.4076
10	-0.0190	0.0865	-0.2828	0.2828	9.3512	0.4991
11	0.1035	0.0790	-0.2828	0.2828	10.0648	0.5246
12	0.1658	0.0978	-0.2828	0.2828	11.9466	0.4500
13	-0.0524	-0.0430	-0.2828	0.2828	12.1394	0.5162
14	-0.2050	-0.2523	-0.2828	0.2828	15.1738	0.3664
15	0.1782	0.2089	-0.2828	0.2828	17.5315	0.2881
16	-0.1022	-0.2591	-0.2828	0.2828	18.3296	0.3050
17	-0.0861	0.0808	-0.2828	0.2828	18.9141	0.3335
18	0.0418	0.1987	-0.2828	0.2828	19.0559	0.3884
19	0.0869	-0.0821	-0.2828	0.2828	19.6894	0.4135
20	-0.0091	-0.0269	-0.2828	0.2828	19.6966	0.4770

Las Demoras Distributivas

Los Valores P (Probabilidad de Hipotesis) de Períodos Distributivos de Demora de Cada Variable Independiente

Variable	1	2	3	4	5	6	7	8	9	10	11	12
X1	0.8467	0.2045	0.3336	0.9105	0.9757	0.1020	0.9205	0.1267	0.5431	0.9110	0.7495	0.4016
X2	0.6077	0.9900	0.8422	0.2851	0.0638	0.0032	0.8007	0.1551	0.4823	0.1126	0.0519	0.4383
X3	0.7394	0.2396	0.2741	0.8372	0.9808	0.0464	0.8355	0.0545	0.6828	0.7354	0.5093	0.3500
X4	0.0061	0.6739	0.7932	0.7719	0.6748	0.8627	0.5586	0.9046	0.5726	0.6304	0.4812	0.5707
X5	0.1591	0.2032	0.4123	0.5599	0.6416	0.3447	0.9190	0.9740	0.5185	0.2856	0.1489	0.7794

Figura 5.24 – Autocorrelación y Resultados de los Rezagos Distributivos

Otro requisito cuando se ejecuta un modelo de regresión es la suposición de normalidad y esfericidad del término del error. Si el supuesto de normalidad es violada por los valores extremos presentes, entonces la bondad de ajuste de la regresión lineal puede que no sea la más poderosa o informativa de las pruebas disponibles, y esto puede significar la diferencia entre detectar un ajuste lineal o no. Si los errores no son independientes y no están normalmente distribuidos, puede indicar que los datos probablemente estén autocorrelacionados o sufran de no linealidad o algún otro tipo de error destructivo. La independencia de los errores también puede detectarse en las pruebas de heteroscedasticidad (véase la Figura 5.25).

La prueba de Normalidad de los errores es una forma de prueba no paramétrica, la cual no hace suposiciones sobre la forma específica de la población de la cual se deriva la muestra, permitiendo que se analicen los conjuntos de datos de pequeñas muestras. Esta prueba evalúa la hipótesis nula de cualquier dato que haya sido tomado de una población con distribución normal, contra una hipótesis alternativa en la que el conjunto de datos no está normalmente distribuido. Si el estadístico-D es mayor o igual a los valores críticos D en varios niveles de significancia, entonces se rechaza la hipótesis nula y se acepta la hipótesis alternativa (los errores no están normalmente distribuidos). De otra manera, si el estadístico-D es menor que el valor crítico D, no se rechaza la hipótesis nula (los errores están distribuidos normalmente). Esta prueba se basa en las dos frecuencias acumulativas: una derivada del conjunto de datos muéstrales, y la segunda de una distribución teórica basada en la media y desviación estándar de los datos de la muestra.

Pruebe el Resultado

		Los Errores	La Frecuencia Relativa	Observado	Esperado	O-E
El Promedio del Error del Regresion	0.00	-219.04	0.02	0.02	0.0612	-0.0412
La Desviación Típica de Errores	141.83	-202.53	0.02	0.04	0.0766	-0.0366
Estadística D	0.1036	-186.04	0.02	0.06	0.0948	-0.0348
D Critico at 1%	0.1138	-174.17	0.02	0.08	0.1097	-0.0297
D Critico at 5%	0.1225	-162.13	0.02	0.10	0.1265	-0.0265
D Critico at 10%	0.1458	-161.62	0.02	0.12	0.1272	-0.0072
La Hipótesis nula: Los errores se distribuyen normalmente.		-160.39	0.02	0.14	0.1291	0.0109
		-145.40	0.02	0.16	0.1526	0.0074
		-138.92	0.02	0.18	0.1637	0.0163
		-133.81	0.02	0.20	0.1727	0.0273
		-120.76	0.02	0.22	0.1973	0.0227
		-120.12	0.02	0.24	0.1985	0.0415
		-113.25	0.02	0.26	0.2123	0.0477
		-113.12	0.02	0.28	0.2125	0.0675
		-97.53	0.02	0.30	0.2458	0.0542

Figura 5.25 – Prueba para la Normalidad de Errores

En ocasiones, algunas series de tiempo no pueden modelarse convencionalmente, excepto por el método de proceso estocástico, ya que los eventos subyacentes son estocásticos por naturaleza. Por ejemplo, usted no puede modelar adecuadamente un pronóstico para precios de las acciones, tasas de interés, precio del petróleo, y otros bienes, utilizando un modelo sencillo de regresión, ya que estas variables son altamente inciertas y volátiles, y no siguen un patrón predeterminado de comportamiento; en otras palabras, los procesos no son estacionarios.

La estacionalidad se verifica aquí utilizando las Pruebas de Ejecución, mientras se encuentran otras pistas visuales en el reporte de Autocorrelación (la gráfica de la función de ACF decae lentamente). Un Proceso Estocástico en una secuencia de eventos o caminos generados por las leyes de probabilidad. Esto significa que eventos aleatorios pueden ocurrir en el tiempo, pero son regidos por leyes estadísticas y probabilísticas específicas. Los principales Procesos Estocásticos incluyen la Caminata Aleatoria o Proceso Browniano, Regresión a la Media y los Saltos de Difusión. Estos procesos pueden ser utilizados para pronosticas una multitud de variables que aparentemente sigan tendencias aleatorias pero que están restringidas por las leyes de la probabilidad. La ecuación generadora del proceso es conocida de antemano, pero los resultados reales generados se desconocen. (Vea la Figura 5.26).

El proceso de Movimiento Browniano de Caminata Aleatoria puede utilizarse para pronosticar precios de acciones, precios de bienes básicos o commodities, y otros datos estocásticos de datos se series se tiempo dada una deriva (drift) o tasa de crecimiento y una volatilidad alrededor de la trayectoria o sendero originado por la deriva. El proceso de Reversión a la Media puede utilizarse para reducir las fluctuaciones del Proceso de Caminata Aleatoria, permitiendo al sendero creado orientarse hacia un objetivo a largo plazo, haciéndolo muy útil para pronosticar variables de series de tiempo que tienen una tasa de largo plazo, como las tasas de interés y tasas de inflación (estas son tasas objetivo a largo plazo determinadas por las autoridades reguladoras o el mercado). El proceso de Difusión de Salto es muy útil para pronosticar datos de series de tiempo cuando las variables muestran ocasionalmente saltos aleatorios, tales como los precios del petróleo o el precio de la electricidad (eventos externos y discretos pueden hacer que los precios suban o bajen drásticamente). Finalmente, estos tres procesos estocásticos pueden mezclarse y ajustarse como se requiera.

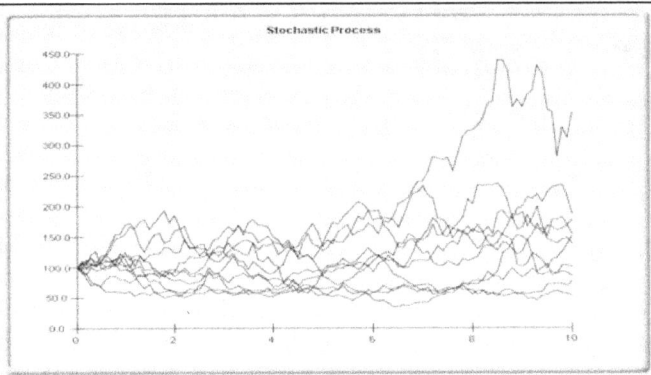

Figura 5.26 – La Estimación Estocástica del Parámetro del Proceso

La Multicolinealidad existe cuando hay una relación entre las variables independientes. Cuando esto ocurre, la ecuación de regresión no puede estimarse del todo. En situaciones de colinealidad cercana, la ecuación de regresión estimada será sesgada y proporcionará resultados inexactos. Esta situación es especialmente cierta cuando se utiliza una regresión por etapas o regresión progresiva, en donde las variables independientes están combinadas linealmente, resultando en una ecuación de regresión que puede ser altamente ineficiente o inexacta en términos de los coeficientes estimados, pues no tienen errores estándar pequeños. Una prueba rápida para comprobar la presencia de multicolinealidad en una ecuación de regresión múltiple, es tener un valor de R-cuadrado elevado mientras que las estadísticas t son relativamente bajas.

Otra prueba rápida consiste en crear una matriz de correlación entre las variables independientes. Una correlación cruzada indica el potencial de una autocorrelación. La regla de oro consiste en que si una correlación con un valor absoluto mayor a 0.75 es indicativa de múltiples multicolinealidades. Otra prueba para la multicolinealidad es la utilización del Factor de Inflación de Varianza (FIV), el cual se obtiene aplicando regresión de cada variable independiente hacia todas las demás variables independientes, obteniendo el valor de R-cuadrado y calculando el FIV. Un FIV por encima de 2.0 puede considerarse como multicolinealidad severa. Un FIV que excede de 10.0 indica multicolinealidad destructiva. (La Figura 5.27).

La Matriz del Correlación

CORRELATION	X2	X3	X4	X5
X1	0.333	0.959	0.242	0.237
X2	1.000	0.349	0.319	0.120
X3		1.000	0.196	0.227
X4			1.000	0.290

El Factor del Inflado de la Variación

VIF	X2	X3	X4	X5
X1	1.12	12.46	1.06	1.06
X2	N/A	1.14	1.11	1.01
X3		N/A	1.04	1.05
X4			N/A	1.09

Figura 5.27 –Errores de Multicolinealidad

La Matriz de Correlación producto momento de Pearson (se refiere comúnmente a la R de Pearson) entre pares de variables. El coeficiente de la correlación se ubica entre -1.0 y + 1.0. El signo indica la dirección de la asociación entre las variables mientras el coeficiente indica la magnitud o la fuerza de la asociación. La R de Pearson sólo mide una relación lineal, y es menos efectivo en la medición de las relaciones no lineales.

Para probar si las correlaciones son significativas, se realiza una prueba de hipótesis de dos colas y los valores P resultantes se muestran en la parte inferior. Valores de P, menores que 0.10, 0.05, y 0.01 son resaltados en azul indicando que son estadísticamente significativos. En otras palabras, un valor P para un par de variables correlacionadas que son significativa y estadísticamente diferentes de cero, indican que hay una relación lineal entre las dos variables.

Se debe enfatizar que una correlación significativa no implica causalidad. Las asociaciones entre variables en ninguna manera implican que el cambio de una variable causa que otra variable cambie. Cuándo dos variables que mueven independientemente de uno al otro pero en un sendero relacionado, ellos pueden ser puestos en correlación pero su relación quizás sea falsas (por ejemplo, una correlación entre manchas solares y el mercado de acciones quizás sea fuerte pero uno puede suponer eso no hay la causalidad y que está relación es puramente falso).

El Coeficiente (R) de la Correlación producto momento de Pearson entre dos variables (X y Y) es relacionado a la medida de la covarianza (cov) donde Rx, Y = sy cov(x,y)/(sx). El beneficio de dividir la covarianza por el producto de las dos desviaciones típicas de las variables(s) es que el coeficiente resultante de la correlación se ubica entre -1.0 y +1.0. Esto hace que la correlación sea una medida relativamente buena comparar entre diferentes variables (particularmente con unidades y magnitudes diferentes).

El rango de Spearman basado en el grado de correlación no paramétricas se incluye también abajo. La R de Spearman está relacionada con la R de Pearson en que los datos son primero organizados y luego correlacionados. El rango de las correlaciones proporciona una mejor estimación de la relación entre dos variables aun cuando una o ambas son no lineales. Se debe enfatizar que una correlación significativa no implica causalidad.

Las asociaciones entre variables de ninguna manera implican que el cambio de una variable causa que otra variable cambie. Cuando dos variables que se mueven independientemente una de la otra pero en un sendero relacionado, ellas pueden ser analizadas por medio de una correlación pero su relación quizás sea espuria (por ejemplo, una correlación entre manchas solares y el mercado de acciones quizás sea fuerte pero uno puede suponer que entre las variables no hay la causalidad y que esta relación es puramente espuria o falsa).

5.9 Herramienta de Análisis Estadístico

Otra herramienta muy poderosa en el Simulador del Riesgo es la Herramienta de Análisis Estadístico, que determina las propiedades estadísticas de los datos. El diagnóstico incluye verificar los datos para varias propiedades estadísticas, de la estadística básica hasta evaluar las propiedades estocásticas de los datos.

Procedimiento

- Abra el modelo del ejemplo (*Simulador de Riesgo | Modelos de Ejemplos | Análisis de Estadísticas*) y vaya a la hoja de trabajo de Datos (Data) y escoja los datos inclusive los nombres variables (las células **C5:E55**).

- De Click en el *Simulador de Riesgo | Herramientas | Análisis de Estadísticas* (la Figura 5.28).

- Verifique el tipo de datos, si los datos escogidos son de una sola variable o múltiples variables organizadas en filas. En nuestro ejemplo, nosotros asumimos que las áreas de datos seleccionadas son de múltiples variables. De Click en **OK** cuando terminó.

- Escoja las pruebas estadísticas que usted desea implementar. La sugerencia (vienen definidas previamente) es escoger todas las pruebas. De Click en **OK** cuando terminado (la Figura 5.29).

Se recomienda tomar un tiempo revisando los informes que se generaron para obtener una mejor comprensión de las pruebas estadísticas realizadas (los informes de la muestra se muestran en Figuras 5.30-5.33).

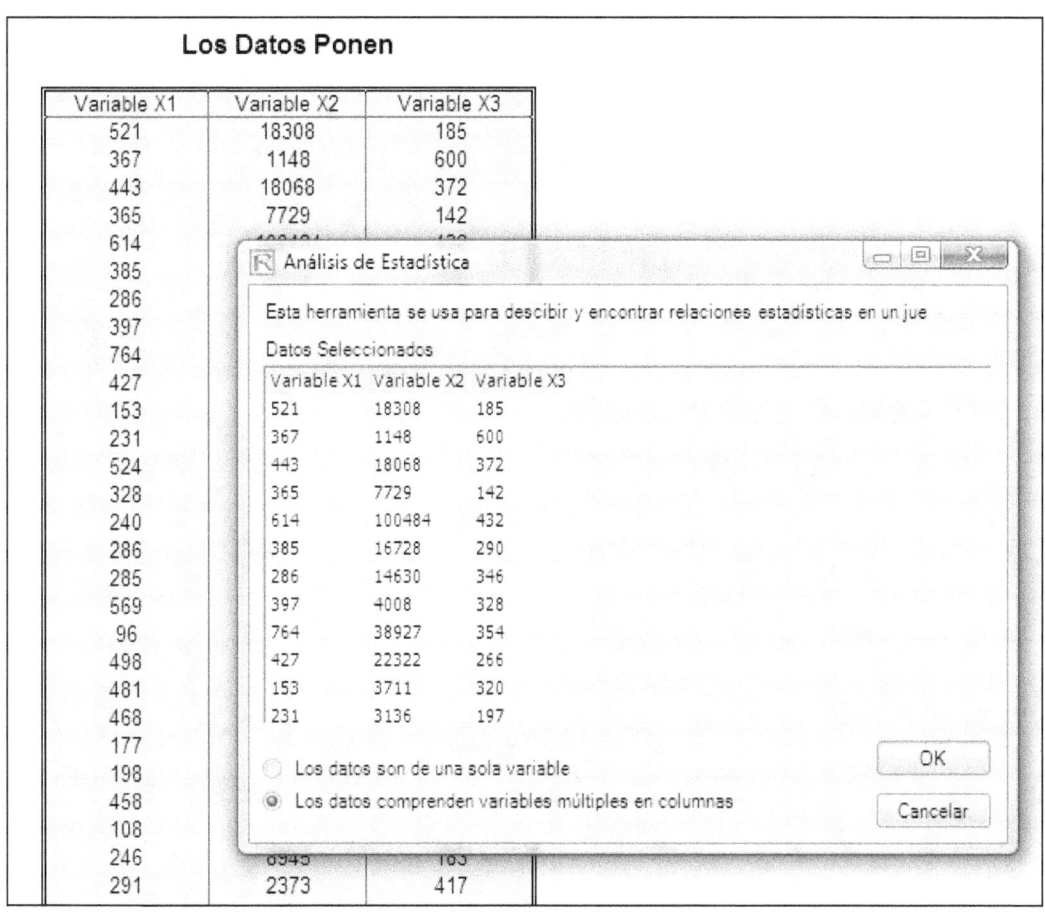

Figura 5.28 – Correr la Herramienta Estadística del Análisis

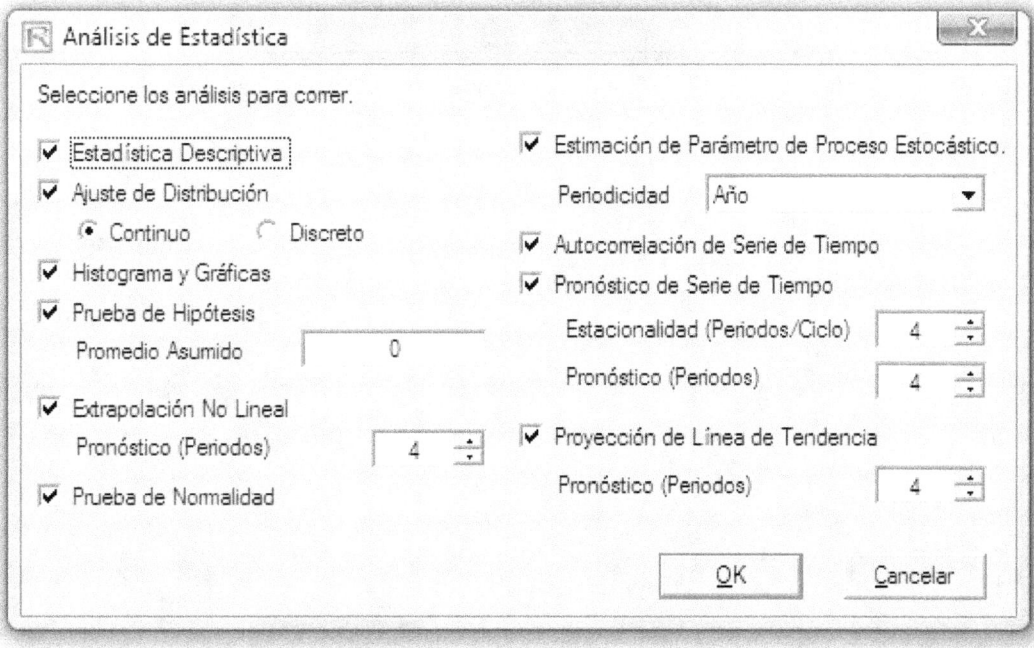

Figura 5.29 – Pruebas Estadísticas

La Estadística Descriptiva			

El Análisis de la Estadística

Casi todas distribuciones se pueden describir dentro de 4 momentos (algunas distribuciones requieren un momento, mientras los otros requieren dos momentos, etcétera). La estadística descriptiva captura cuantitativamente estos momentos. El primer momento describe la ubicación de una distribución (en otras palabras, significa, la mediana, y el modo) y es interpretado como el valor esperado, los regresos esperados, o el valor mediano de ocurrencias.

El Medio Aritmético calcula el promedio de todas ocurrencias resumiendo todos los puntos de datos y divídelos por el número de puntos. El Medio Geométrico es calculado tomando la raíz del poder de los productos de todos los puntos de datos y los requiere todo ser positivo. El Medio Geométrico es más exacto para los porcentajes o las tasas que fluctúan significativamente. Por ejemplo, usted puede usar Medio Geométrico para calcular la tasa mediana del crecimiento el interés compuesto dado con tasas variables. El Medio Recortado calcula el promedio aritmético del conjunto de datos después que el outliers extremo se ha recortado. Cuando los promedios están la tendencia cuando outliers significativa prona existe, el Medio Recortado reduce tan tendencia en distribuciones de skewed.

El Error Uniforme del Medio calcula el error que rodea la media muestral. El más grande el tamaño de la muestra, el más pequeño el error tanto que para un tamaño de la muestra infinitamente grande, el error se acerque cero, indicar que el parámetro de población se ha estimado. Debido a errores de muestreo, el 95% de Intervalo de la Confianza para el Medio se proporciona. Basado en un análisis de los puntos de datos de muestra, el medio verdadero de población debe caer entre estos Bajar e Intervalos Superiores para el Medio.

La mediana es el punto de datos donde 50% de todos datos señala la caída encima de este valor y 50% debajo de este valor. Entre el tres primero estadística de momento, la mediana está menos susceptible a outliers. Una distribución simétrica tiene la Mediana iguala al Medio Aritmético. Una distribución de skewed existe cuando la Mediana es muy lejos del Medio. El Modo mide la mayoría punto frecuentemente ocurriendo de datos.
El mínimo es el valor más pequeño en el conjunto de datos mientras el Máximo es el valor más grande. La distancia es la diferencia entre los valores del Máximo y el Mínimo.

El segundo momento mide una extensión de la distribución o la anchura, y se describe frecuentemente usando las medidas tal como Desviaciones Típicas, las Variaciones, los Cuartiles, y las Distancias Inter Cuartil. La Desviación Típica indica la desviación mediana de todos datos señala de su medio. Es una medida popular como se asocia con el riesgo (desviaciones típicas más altas significan una distribución más ancha, el riesgo más alto, o dispersión más ancha de puntos de datos alrededor del medio) y sus unidades son idénticas al conjunto original de datos. La Desviación Típica de la Muestra difiere de la Desviación Típica de Población en que los usos anteriores un grado de la corrección de la libertad de justificar tamaños de la muestra pequeños. También, Intervalos más Bajos y Superiores de Confianza se proporcionan para la Desviación Típica y la desviación típica entra este intervalo. Si sus datos ponen cubre cada elemento de la población, usa la Desviación Típica de Población en lugar. Las dos medidas de la Variación son simplemente los valores cuadrados de las desviaciones típicas.

El Coeficiente de la Variabilidad es la desviación típica de la muestra dividió entre la media muestral, probar una unidad liberta la medida de dispersión que se puede comparar a través de distribuciones diferentes (usted ahora puede comparar las distribuciones de valores denominados en millón de dólares con uno en mil millones de dólares, o de los contadores y los kilogramos, etc.) El Primer Cuartil mide el percentil vigésimo quinto de los puntos de datos cuando arregló de su más pequeño al valor más grande. El Tercer Cuartil es el valor del punto 75th de datos de percentil. A veces cuartiles se usan como las distancias superiores y más bajas de una distribución como truncan el conjunto de datos para ignorar outliers. La Distancia Inter Cuartil es la diferencia entre el tercero y primero cuartiles, y a menudo se usa para medir la anchura del centro de una distribución.

Skewness es el tercer momento en una distribución. Skewness caracteriza el grado de la asimetría de una distribución alrededor de su medio. Skewness positivo indica una distribución con una cola asimétrica que extiende hacia valores más positivos. Skewness negativo indica una distribución con una cola asimétrica que extiende hacia valores más negativos.

Kurtosis caracteriza el peakedness o la lisura relativos de una distribución compararon con la distribución normal. Es el cuarto momento en una distribución. Un valor positivo de Kurtosis indica una distribución relativamente alcanzada el máximo. Un kurtosis negativo indica una distribución relativamente plana. El Kurtosis midió aquí ha sido centrado para poner cero de a (ciertas otras medidas de kurtosis son concentradas en 3.0). Mientras ambos son igualmente válidos, centrando a través de marcas de cero la interpretación más sencilla. Un Kurtosis positivo alto indica una distribución alcanzada el máximo alrededor de su centro y leptokurtic o alrededor de colas gordas. Esto indica una probabilidad más alta de acontecimientos extremos (por ejemplo, los acontecimientos catastróficos, los ataques de terrorista, los choques del mercado de acciones) que es predicho en una distribución normal.

La Estadística del Resumen

La Sstadística	Variable X1		
Las Observaciones	50.0000	La Desviación Típica (Muestra)	172.9140
Medio Aritmético	331.9200	La Desviación Típica (Población)	171.1761
Medio Geométrico	281.3247	El Intervalo más bajo de la Confianza para la Desviación Típica	148.6090
Recortado Medio	325.1739	El Intervalo superior de la Confianza para la Desviación Típica	207.7947
El Error uniforme del Promedio Aritmético	24.4537	La Variación (Muestra)	29899.2588
El Intervalo más bajo de la Confianza para el Promedio	283.0125	La Variación (Población)	29301.2736
El Intervalo superior de la Confianza para el Promedio	380.8275	Coeficiente del Variabilidad	0.5210
La Mediana	307.0000	Primero Cuartil (Q1)	204.0000
El Modo	47.0000	Tercer Cuartil (Q3)	441.0000
El Mínimo	764.0000	La Distancia Inter-Cuartil	237.0000
El Máximo	717.0000	Oblicuo	0.4838
La Distancia		Kurtosis	-0.0952

Figura 5.30 – Muestra de un Reporte de la Herramienta de Análisis Estadístico.

El Resumen Estadístico

La Estadística de Dataset:

Las Observaciones	50
Pruebe el Promedio	331.92
Pruebe Desviación Típica	172.91

El Usuario Proporcionó la Estadística:

Formado una Hipótesis Promedia	0.00

La Estadística Calculada:

t-Estadístico	13.5734
P-Valor (cola derecha)	0.0000
P-Valor (cola izquierda)	1.0000
P-Valor (dos colas)	0.0000

Nulo Hipotesis (Ho):	μ = Formado una Hipótesis Promedia
Alterno Hipotesis (Ha):	μ < > Formado una Hipótesis Promedia

Las notas: "<>" Denota "más que" para la cola del derecho, "menos que" para la cola de la izquierda, o "no iguala a" para la hipótesis de dos colas prueba.

El Resumen de Probar de Hipótesis

El uno prueba T variable es apropiada cuando la desviación típica de población no se sabe pero la distribución de muestreo se asume para ser aproximadamente normal (la prueba T se usa cuando el tamaño de la muestra es menos de 30 pero es también apropiado y de hecho, proporciona más conservador resulta con conjuntos más grande de datos). Esta prueba T puede ser aplicada a tres tipos de pruebas de hipótesis: una prueba de dos tailed, una prueba de tailed de derecho, y una prueba de tailed de izquierda. Las tres pruebas y sus resultados respectivos se listan abajo para su referencia.

La Prueba de Dos Colas de la Hipótesis

Una hipótesis de dos tailed prueba la hipótesis nula Ho tanto que el medio de población sea estadísticamente idéntico al medio formado una hipótesis. La hipótesis alternativa es que el medio verdadero de población es estadísticamente diferente del medio formado una hipótesis cuando probó usar el dataset de la muestra. Usando una prueba T, si el valor P computado es menos que una cantidad especificada del significado (típicamente 0.10, 0.05, o 0.01), esto significa que el medio de población es estadísticamente significativamente diferente que el medio formado una hipótesis en 10%, 5% y 1% de valor del significado (o en el 90%, 95%, y 99% de confianza estadística). Opuestamente, si el valor P es más alto que 0.10, 0.05, o 0.01, el medio de población es estadísticamente idéntico al medio formado una hipótesis y cualquier diferencia están debido a la oportunidad del azar.

La Prueba del Hipótesis de Cola de Derecho

Una hipótesis de tailed de derecho prueba la hipótesis nula Ho tanto que el medio de población sea estadísticamente menor o igual que al medio formado una hipótesis. La hipótesis alternativa es que el medio verdadero de población es estadísticamente más que el medio formado una hipótesis cuando probó usar el dataset de la muestra. Usando una prueba T, si el valor P es menos que una cantidad especificada del significado (típicamente 0.10, 0.05, o 0.01), esto significa que el medio de población es estadísticamente significativamente más que el medio formado una hipótesis en 10%, 5%, y 1% de valor del significado (o 90%, 95%, y 99% de confianza estadística). Opuestamente, si el valor P es más alto que 0.10, 0.05, o 0.01, el medio de población es estadísticamente semejante o menos que el medio formado una hipótesis.

La Prueba de Cola Izquierda de Hipótesis

Una hipótesis de tailed de izquierda prueba la hipótesis nula Ho tanto que el medio de población sea estadísticamente más que o igual al medio formado una hipótesis. La hipótesis alternativa es que el medio verdadero de población es estadísticamente menos que el medio formado una hipótesis cuando probó usar el dataset de la muestra. Usando una prueba T, si el valor P es menos que una cantidad especificada del significado (típicamente 0.10, 0.05, o 0.01), esto significa que el medio de población es estadísticamente significativamente menos que el medio formado una hipótesis en 10%, 5%, y 1% de valor del significado (o 90%, 95%, y 99% de confianza estadística). Opuestamente, si el valor P es más alto que 0.10, 0.05, o 0.01, el medio de población es estadísticamente semejante o más que el medio formado una hipótesis y cualquier diferencia son la oportunidad debidos del azar de ti.

Porque la prueba T es más conservador y no requiere una desviación típica conocida de población como en la prueba Z, nosotros sólo usamos esta prueba T.

Figura 5.31 – Muestra de un Reporte de la Herramienta de Análisis Estadístico.

(Prueba de Hipótesis de Una Variable)

Pruebe para la Normalidad

La prueba de la Normalidad es una forma de la prueba de nonparametric, que hace no suposiciones acerca de la forma específica de la población de que la muestra se dibuja, tener en cuenta los conjuntos más pequeños de datos de muestra para ser analizados. Esta prueba evalúa la hipótesis nula de si los datos prueban fue dibujado de una población normalmente distribuida, contra una hipótesis alterna que los datos prueban no es distribuido normalmente. Si el valor P calculado es menor o igual que al valor alfa del significado entonces rechaza la hipótesis nula y acepta la hipótesis alterna. De otro modo, si el valor P es más alto que el valor alfa del significado, no rechaza la hipótesis nula. Esta prueba se fía de dos frecuencias cumulativas: uno derivado del conjunto de datos de muestra, el segundo de una distribución teórica basada en el medio y la desviación típica de los datos de la muestra. Una alternativa a esta prueba es la prueba Cuadrada de la Ji para la normalidad. La prueba Cuadrada de la Ji requiere más datos señalan para correr comparó con la prueba de la Normalidad usada aquí.

Pruebe el Resultado

		Los Datos	Frecuencia Relativa	Observado	Esperado	O-E
Los Datos Promedian	331.92					
La Desviación Típica	172.91	47.00	0.02	0.02	0.0497	-0.0297
D Estadística	0.0859	68.00	0.02	0.04	0.0635	-0.0235
D Critico at 1%	0.1150	87.00	0.02	0.06	0.0783	-0.0183
D Critico at 5%	0.1237	96.00	0.02	0.08	0.0862	-0.0062
D Critico at 10%	0.1473	102.00	0.02	0.10	0.0918	0.0082
La Hipótesis nula: Los datos se distribuyen normalmente		108.00	0.02	0.12	0.0977	0.0223
		114.00	0.02	0.14	0.1038	0.0362
La conclusión: Los datos de la muestra son normal en		127.00	0.02	0.16	0.1180	0.0420
el 1% de nivel alfa.		153.00	0.02	0.18	0.1504	0.0296
		177.00	0.02	0.20	0.1851	0.0149
		186.00	0.02	0.22	0.1994	0.0206
		188.00	0.02	0.24	0.2026	0.0374
		198.00	0.02	0.26	0.2193	0.0407

Figura 5.32 – Muestra de un Reporte de la Herramienta de Análisis Estadístico.

(Prueba de Normalidad)

El Análisis de Nonstationarity de la Variable del Dependiente

El Resumen Estadístico

A veces, ciertos tipos de datos de serie de tiempo no se pueden modelar usando cualquier otros métodos con excepción de un proceso estocástico, porque los acontecimientos fundamentales son estocástico en la naturaleza. Por ejemplo, usted no puede modelar adecuadamente y para poder pronosticar los precios de acciones, tipo de interés, el precio de aceite, y otros precios de bienes usando un modelo sencillo del retroceso, porque estas variables son sumamente inciertas y volátiles, y no siguen una orden constante predefinida de la conducta, en otras palabras, el proceso no es inmóvil. Stationarity se verifica aquí usar el Corre la Prueba mientras otro indicio visual se encuentra en el informe de Autocorrelation (el ACF tiende a decaer lentamente). Un proceso estocástico es una sucesión de acontecimientos o senderos engendrados por leyes de probabilistic. Eso es, los acontecimientos del azar pueden ocurrir con el tiempo pero son gobernados por específico estadístico y las órdenes de probabilistic. Los procesos estocásticos principales incluyen la Caminata del Azar o el Movimiento de Brownian, Significan Reversión, y la Difusión del Salto. Estos procesos se pueden usar para pronosticar una multitud de las variables que siguen aparentemente el azar las tendencias pero restringidos por leyes de probabilistic. La ecuación engendrando del proceso se sabe por adelantado pero los resultados verdaderos engendrados son desconocido.

El proceso del Movimiento de la Caminata del Azar Brownian se puede usar para pronosticar los precios de acciones, los precios de bienes, y de otros datos estocásticos de la serie de tiempo dados una tasa del deriva o el crecimiento y una inestabilidad alrededor del sendero del deriva. El proceso de Reversión de Medio se puede usar para reducir las fluctuaciones del proceso de la Caminata del Azar permitiendo el sendero al blanco un valor a largo plazo, hacelo útil para pronosticando las variables de la serie de tiempo que tiene una tasa a largo plazo tal como tasas de tipo de interés e inflado (éstos son las tasas a largo plazo del blanco por autoridades regulativas o el mercado). El proceso de la Difusión del Salto es útil para pronosticar los datos de la serie de tiempo cuando la variable puede exhibir ocasionalmente el azar los saltos, tal como precios de aceite o precio de la electricidad (los golpes distintos del acontecimiento de exogenous pueden hacer el salto de precios arriba o hacia abajo). Estos procesos se pueden mezclar también y pueden ser emparejados como requerido.

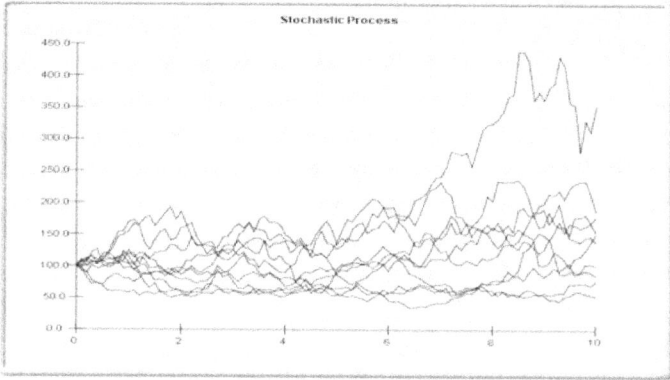

El Resumen Estadístico

El siguiente es los parámetros estimados para un proceso estocástico dado los datos proporcionados. Está hasta usted determinar si la probabilidad del ataque (semejante a una bondad del cómputo conveniente) es suficiente para justificar el uso de un pronóstico estocástico del proceso, y si ése es el caso, si es una caminata del azar, signifique reversión, o un modelo de la difusión del salto, o las combinaciones del mismo. A escoger el modelo estocástico correcto del proceso, usted tendrá que fiarse de las experiencias pasadas y un priori las esperanzas económicas y financieras de lo que los datos fundamentales ponen es representado mejor por. Estos parámetros se pueden entrar en un pronóstico estocástico del proceso (**Simulador de Riesgo | Pronostico | Procesos Estocásticos**).

(Annualized)

Rango de Flujo Crecimiento	-1.48%	Rango de Reversión	283.89%	Rango del Salto	20.41%
Volatilidad Anualizada	88.84%	Valor a Largo Plazo	327.72	Tamaño del Salto	237.89

Probabilidad del ataque ejemplar estocástico: 46.48%

Figura 5.33 – Muestra de un Reporte de la Herramienta de Análisis Estadístico

(Estimación de Parámetros Estocásticos)

Esta es una herramienta estadística de probabilidad incluida en el Simulador del Riesgo que es más bien útil para analizar una variedad de parámetros, y puede ser usado para calcular la función (PDF) de densidad de la probabilidad, que se llama también la función (PMF) de masa de probabilidad para distribuciones discretas (usaremos estos términos intercambiablemente), donde dada alguna distribución y sus parámetros, nosotros podemos determinar la probabilidad de la ocurrencia dada algún resultado X. Además, la función (CDF) cumulativa de la distribución se puede computar también, que es la suma de los valores de PDF hasta este valor X. Finalmente, el inverso la función (ICDF) cumulativa de la distribución se usa para calcular el valor X dada la probabilidad de la ocurrencia.

Está herramienta es accesible vía **Simulador de Riesgo | Herramientas | Análisis de Distribución**. Revisando un ejemplo, la Figura 5.34 muestra como calcular una distribución binomial (en otras palabras, una distribución con dos resultados, como lanzar una moneda, donde el resultado es *cara o cruz*, con alguna probabilidad definida para cada uno de los eventos). Suponga que lanzamos una moneda dos vez, si obtenemos *cara* tenemos un éxito, se usa una distribución binomial con Ensayos = 2 (tirar la moneda dos veces) y la Probabilidad = 0.50 (la probabilidad de éxito, de las *caras* que obtienen). Seleccionar la PDF y los valores X como de 0 a 2 con un intervalo de 1 (esto significa que solicitamos los valores 0, 1, 2 para X), las probabilidades resultantes se proporcionan en la tabla y gráficamente, así como también los cuatro momentos teóricos de la distribución. Cuando los resultados del lanzamiento de la moneda son Cara - Cara, Cruz - Cruz, Cara - Cruz y Cruz - Cara, la probabilidad que se obtiene exactamente de obtener las distintas combinaciones de eventos solo Caras 25%, una Cara 50%, y sin Caras son 25%.

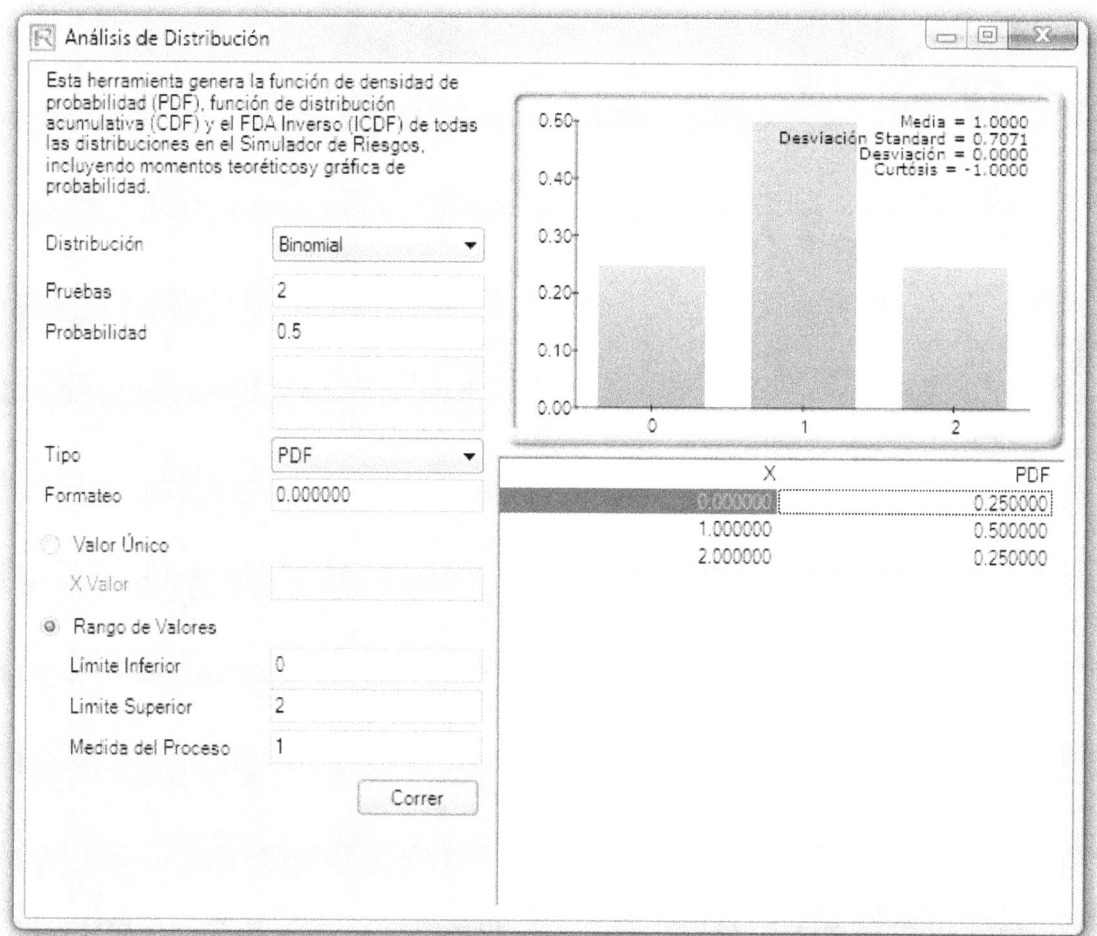

Figura 5.34 – Herramienta de Análisis de Distribución (Distribución Binomial con 2 Ensayos)

De manera semejante, podemos obtener las probabilidades exactas de lanzar monedas, digamos 20 a la vez, como se ve en la Figura 5.35. Los resultados se presentan en forma de tabla y en formatos gráficos.

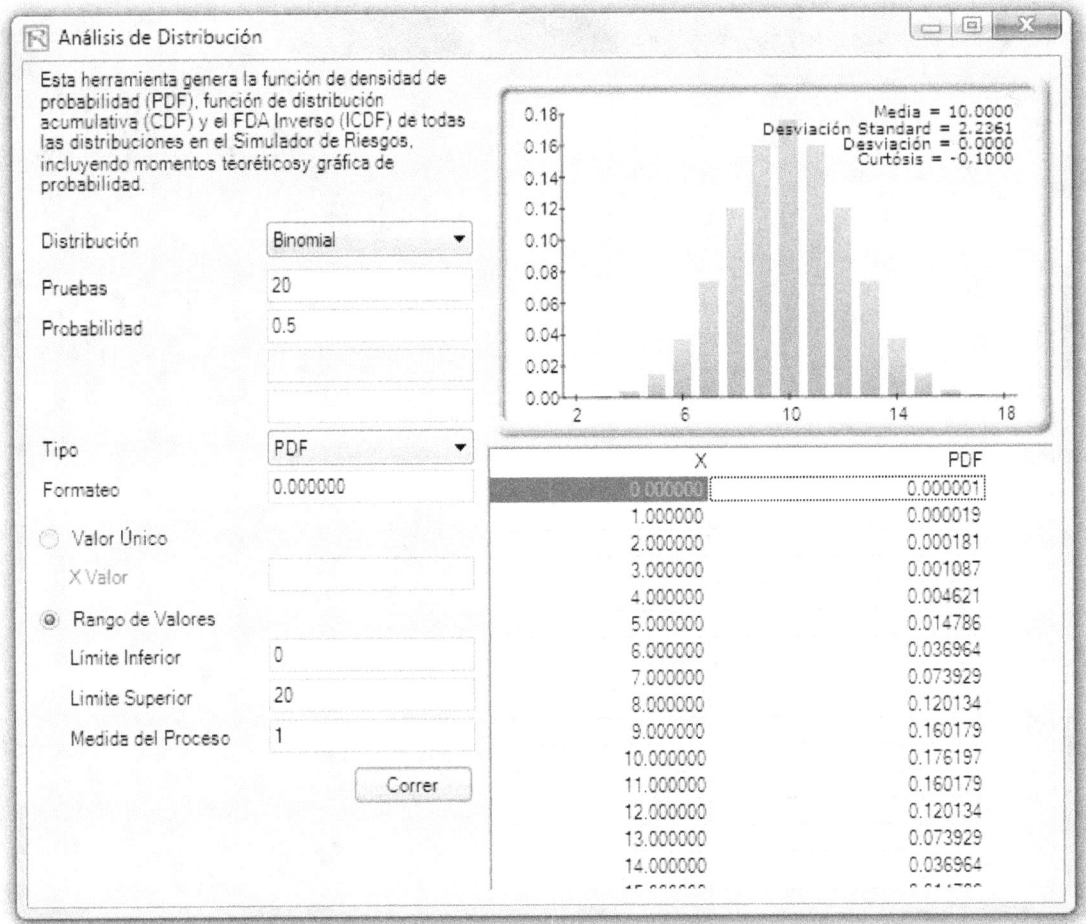

Figura 5.35 – Herramienta de Análisis de Distribución

(Distribución Binomial con 20 Ensayos)

La Figura 5.36, muestra la misma distribución binomial pero ahora se calcula el CDF. El CDF es simplemente la suma de los valores de PDF arriba del punto x. Por ejemplo, en la Figura 5.35, se ve que las probabilidades de 0, 1, y 2 son 0.000001, 0.000019, y 0.000181, cuyo suma es 0.000201, que es el valor de CDF en $x = 2$ en la Figura 5.36. Mientras que el PDF calcula las probabilidades de obtener 2 caras, el CDF calcula la probabilidad de que obtiene no más de 2 caras (ni las probabilidades de 0, 1, y 2 cabezas). Tomando el complemento (en otras palabras, 1 – 0.00021 obtienen 0.999799 o 99.9799 %) proporciona la probabilidad de que obtengan por lo menos 3 caras o más.

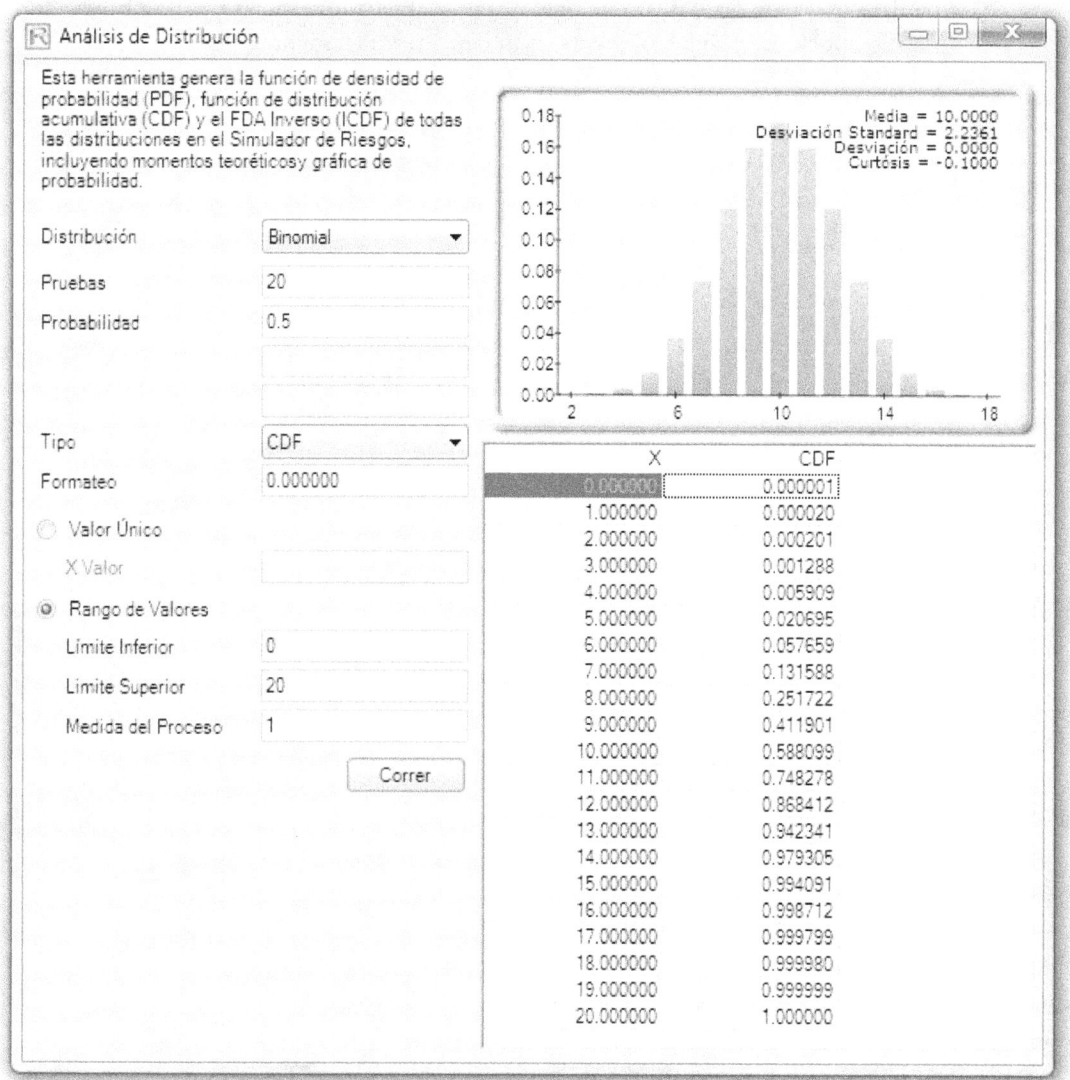

Figura 5.36 – Herramienta de Análisis de Distribución

(Distribución Binomial CDF con 20 Ensayos)

Usando está herramienta del Análisis de Distribución, otras distribuciones aún más avanzadas se pueden analizar, tal como la *gamma, beta, binomial negativa*, y muchos otras en el Simulador del Riesgo. Un ejemplo adicional en el uso de la herramienta en una distribución continua y la funcionalidad de ICDF, la Figura 5.37 muestra la distribución normal uniforme (la distribución normal con media cero y desviación estándar de uno), donde aplicamos el ICDF para encontrar el valor de *x* que corresponde a la probabilidad acumulativa de 97.50% de (CDF). Eso es, un una cola CDF de 97.50% es equivalente dos colas 95% de intervalo de la confianza (hay una 2.50% de probabilidad en la cola correcta y 2.50% en la cola izquierda, dividida en 95% en el centro o en el área del intervalo de confianza, que es equivalente a una 97.50% de área para una cola). El resultado es la familiar Z-score de 1.96. Por lo tanto, usando está herramienta del Análisis de Distribución las cuentas estandarizadas para otras distribuciones, las probabilidades exactas y acumulativas de otras distribuciones pueden obtenerse rápidamente y fácilmente.

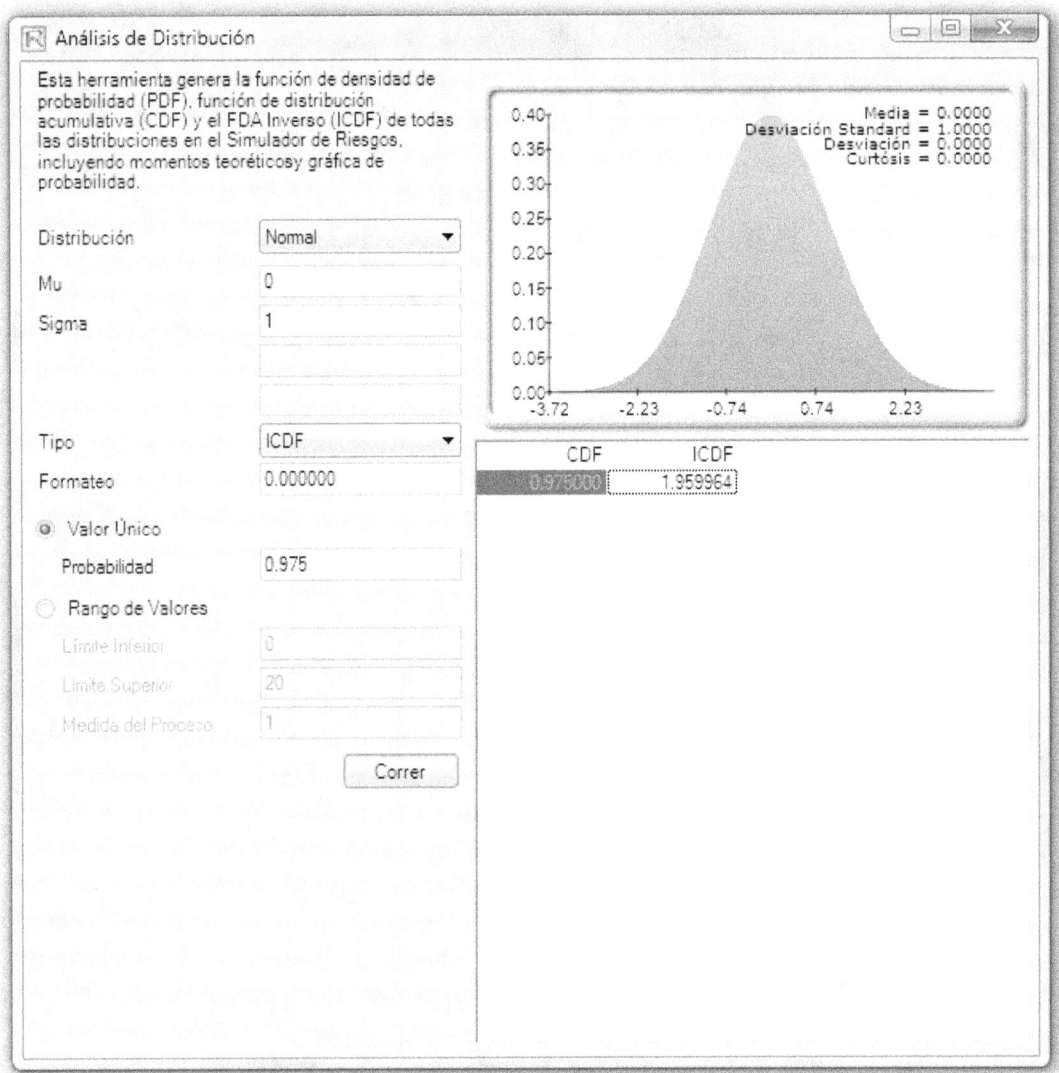

Figura 5.37 – Herramienta de Análisis de Distribución

(Distribución Normal ICDF y la Z-score)

5.11 Herramienta de Análisis de Escenarios

La herramienta de **Análisis de Escenarios** en el Simulador de Riesgo le permite correr rápidamente múltiples escenarios y sin esfuerzo con tan sólo cambiar uno o dos parámetros de entrada para determinar una variable de salida. La figura 5.38 ilustra cómo ésta herramienta trabaja sobre el modelo de flujo de caja descontado (Modelo No. 7 en la carpeta de **Modelos de Ejemplo** del **Simulador de Riesgo**). En éste ejemplo la celda G6 (valor presente neto) es seleccionada como la variable de interés, mientras que las celdas C9 (tasa efectiva) y C12 (precio del producto), son seleccionadas como supuestos a modificar. Usted puede fijar el valor inicial y el final para probar los valores, así como el tamaño del paso o el número de pasos a ejecutar entre estos valores. El resultado es una tabla de análisis de escenarios (Figura 5.39), donde los encabezados de fila y columna son las dos variables de entrada y el esquema de la tabla muestra los Valores Presentes Netos.

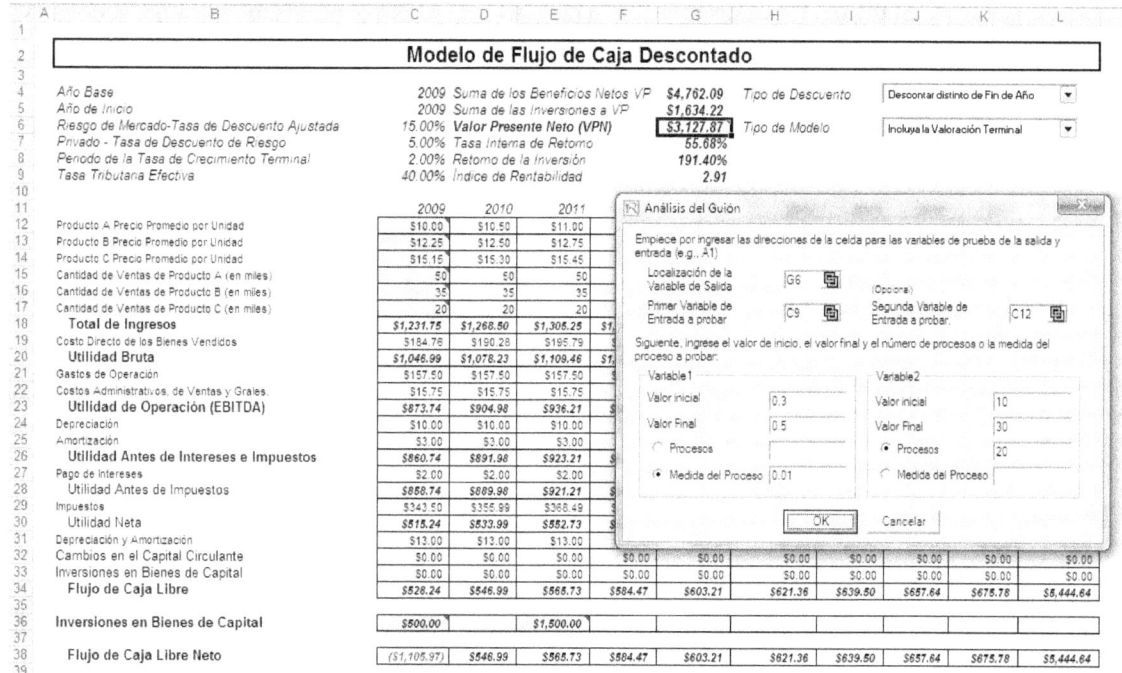

Figura 5.38 Herramienta de Análisis de Escenarios

TABLA DE ANÁLISIS DE ESCENARIOS

Variable del Salida: G6
Variable de la Colu: C12   Mínimo: 10 Máximo: 30 Pasos: 20 Tamaño: ---   Valor Despreciable Inicial: $10.00
Variable de la Fila: C9   Mínimo: 0.3 Máximo: 0.5 Pasos: ---   Tamaño: 0.01 Valor Despreciable Inicial: 40.00%

Valor Despreciable Inicial: $3,127.87

	$10.00	$11.00	$12.00	$13.00	$14.00	$15.00	$16.00	$17.00	$18.00	$19.00	$20.00	$21.00	$22.00	$23.00	$24.00	$25.00	$26.00	$27.00	$28.00	$29.00	$30.00
30.00%	$3,904.83	$4,134.43	$4,364.04	$4,593.64	$4,823.24	$5,052.84	$5,282.44	$5,512.04	$5,741.64	$5,971.24	$6,200.85	$6,430.45	$6,660.05	$6,889.65	$7,119.25	$7,348.85	$7,578.46	$7,808.06	$8,037.65	$8,267.26	$8,496.86
31.00%	$3,827.14	$4,053.48	$4,279.78	$4,506.10	$4,732.42	$4,958.74	$5,185.06	$5,411.39	$5,637.71	$5,864.03	$6,090.35	$6,316.67	$6,542.99	$6,769.31	$6,995.63	$7,221.96	$7,448.26	$7,674.60	$7,900.92	$8,127.24	$8,353.56
32.00%	$3,749.44	$3,972.48	$4,195.52	$4,418.56	$4,641.61	$4,864.95	$5,087.69	$5,310.73	$5,533.77	$5,756.81	$5,979.85	$6,202.89	$6,425.94	$6,648.98	$6,872.02	$7,095.06	$7,318.10	$7,541.14	$7,764.18	$7,987.22	$8,210.26
33.00%	$3,671.75	$3,891.51	$4,111.27	$4,331.03	$4,550.79	$4,770.55	$4,990.31	$5,210.07	$5,429.83	$5,649.60	$5,869.36	$6,089.12	$6,308.88	$6,528.64	$6,748.40	$6,968.16	$7,187.92	$7,407.68	$7,627.45	$7,847.21	$8,066.97
34.00%	$3,594.05	$3,810.53	$4,027.01	$4,243.49	$4,459.97	$4,676.45	$4,892.94	$5,109.42	$5,325.90	$5,542.38	$5,758.86	$5,975.34	$6,191.82	$6,408.30	$6,624.79	$6,841.27	$7,057.75	$7,274.23	$7,490.71	$7,707.19	$7,923.67
35.00%	$3,516.35	$3,729.55	$3,942.76	$4,155.96	$4,369.15	$4,582.36	$4,795.56	$5,008.76	$5,221.95	$5,435.16	$5,648.36	$5,861.57	$6,074.77	$6,287.97	$6,501.17	$6,714.37	$6,927.57	$7,140.77	$7,363.97	$7,567.17	$7,780.38
36.00%	$3,438.66	$3,648.58	$3,858.50	$4,068.42	$4,278.34	$4,488.26	$4,698.18	$4,908.10	$5,118.03	$5,327.95	$5,537.87	$5,747.79	$5,957.71	$6,167.63	$6,377.55	$6,587.47	$6,797.39	$7,007.32	$7,217.24	$7,427.16	$7,637.08
37.00%	$3,360.96	$3,567.60	$3,774.24	$3,980.88	$4,187.53	$4,394.17	$4,600.81	$4,807.45	$5,014.09	$5,220.73	$5,427.37	$5,634.01	$5,840.65	$6,047.30	$6,253.94	$6,460.58	$6,667.22	$6,873.86	$7,080.50	$7,287.14	$7,493.78
38.00%	$3,283.27	$3,486.63	$3,689.99	$3,893.35	$4,096.71	$4,300.07	$4,503.43	$4,706.79	$4,910.15	$5,113.51	$5,316.88	$5,520.24	$5,723.60	$5,926.96	$6,130.32	$6,333.68	$6,537.04	$6,740.40	$6,943.76	$7,147.13	$7,350.49
39.00%	$3,205.57	$3,405.65	$3,605.73	$3,805.81	$4,005.89	$4,205.97	$4,406.06	$4,606.14	$4,806.22	$5,006.30	$5,206.38	$5,406.46	$5,606.54	$5,806.62	$6,006.70	$6,206.79	$6,406.87	$6,606.95	$6,807.03	$7,007.11	$7,207.19
40.00%	$3,127.87	$3,324.67	$3,521.48	$3,718.28	$3,915.08	$4,111.88	$4,308.68	$4,505.48	$4,702.28	$4,899.08	$5,095.88	$5,292.68	$5,489.49	$5,686.29	$5,883.09	$6,079.89	$6,276.69	$6,473.49	$6,670.29	$6,867.09	$7,063.89
41.00%	$3,050.18	$3,243.70	$3,437.22	$3,630.74	$3,824.26	$4,017.78	$4,211.30	$4,404.82	$4,598.35	$4,791.87	$4,985.39	$5,372.43	$5,565.95	$5,759.47	$5,952.99	$6,146.51	$6,340.03	$6,533.56	$6,727.08	$6,920.60	
42.00%	$2,972.48	$3,162.72	$3,352.96	$3,543.20	$3,733.45	$3,923.69	$4,113.93	$4,304.17	$4,494.41	$4,584.85	$4,874.89	$5,065.13	$5,255.37	$5,445.61	$5,635.85	$5,826.10	$6,016.34	$6,206.58	$6,396.82	$6,587.06	$6,777.30
43.00%	$2,894.79	$3,081.75	$3,268.71	$3,455.67	$3,642.63	$3,829.59	$4,016.55	$4,203.51	$4,390.47	$4,577.43	$4,764.40	$4,951.36	$5,138.32	$5,325.28	$5,512.24	$5,699.20	$5,886.16	$6,073.12	$6,260.08	$6,447.04	$6,634.01
44.00%	$2,817.09	$3,000.77	$3,184.45	$3,368.13	$3,551.81	$3,735.49	$3,919.18	$4,102.86	$4,286.54	$4,470.22	$4,653.90	$4,837.58	$5,021.26	$5,204.94	$5,388.62	$5,572.30	$5,755.98	$5,939.67	$6,123.35	$6,307.03	$6,490.71
45.00%	$2,739.39	$2,919.79	$3,100.20	$3,280.60	$3,461.00	$3,641.40	$3,821.80	$4,002.20	$4,182.60	$4,363.00	$4,543.40	$4,723.80	$4,904.20	$5,084.61	$5,265.01	$5,445.41	$5,625.81	$5,806.21	$5,986.61	$6,167.01	$6,347.41
46.00%	$2,661.70	$2,838.82	$3,015.94	$3,193.06	$3,370.18	$3,547.30	$3,724.42	$3,901.54	$4,078.65	$4,255.79	$4,432.91	$4,610.03	$4,787.15	$4,964.27	$5,141.39	$5,318.51	$5,495.63	$5,672.75	$5,849.87	$6,027.00	$6,204.12
47.00%	$2,584.00	$2,757.84	$2,931.58	$3,105.52	$3,279.37	$3,453.21	$3,627.05	$3,800.89	$3,974.73	$4,148.57	$4,322.41	$4,496.25	$4,670.09	$4,843.93	$5,017.77	$5,191.62	$5,365.46	$5,539.30	$5,713.14	$5,886.98	$6,060.82
48.00%	$2,506.31	$2,676.87	$2,847.43	$3,017.99	$3,188.55	$3,359.11	$3,529.67	$3,700.23	$3,870.79	$4,041.35	$4,211.91	$4,392.48	$4,563.04	$4,723.60	$4,894.16	$5,064.72	$5,235.28	$5,405.84	$5,576.40	$5,746.96	$5,917.52
49.00%	$2,428.61	$2,595.89	$2,763.17	$2,930.45	$3,097.73	$3,265.01	$3,432.29	$3,599.58	$3,766.86	$3,934.14	$4,101.42	$4,268.70	$4,435.98	$4,603.26	$4,770.54	$4,937.82	$5,105.10	$5,272.38	$5,439.67	$5,606.95	$5,774.23
50.00%	$2,350.91	$2,514.91	$2,678.92	$2,842.92	$3,006.92	$3,170.92	$3,334.92	$3,498.92	$3,662.92	$3,826.92	$3,990.92	$4,154.92	$4,318.92	$4,482.92	$4,646.93	$4,810.93	$4,974.93	$5,138.93	$5,302.93	$5,466.93	$5,630.93

Figura 5.39 Tabla de Análisis de Escenarios

Una técnica analítica final, su interés es el de Agrupación y Segmentación. La Figura 5.40 nos muestra unos datos de ejemplo. Seleccione los datos y ejecute la herramienta a través del **Simulador de Riesgo | Herramientas | Agrupación y Segmentación**. La figura 5.40 nos muestra un modelo de segmentación de dos grupos. Se toma el conjunto de datos original y se ejecutan algunos algoritmos internos (una combinación o una agrupación jerárquica de k-medias y otro método de momentos para encontrar los grupos que mejor se ajustan o por conglomerados estadísticos naturales) para dividir estadísticamente o segmentar el conjunto original de datos en dos grupos. También puede ver la pertenencia a los dos grupos en la figura 5.40. Se hace evidente que este conjunto de datos se puede dividir en tantos grupos como se desee. Esta técnica es útil en una variedad de materias incluyendo el tema de mercadeo (La segmentación del mercado de clientes en varios grupos de acuerdo con su relación, administración gestión, etc.), la Física, las ingenierías entre otras.

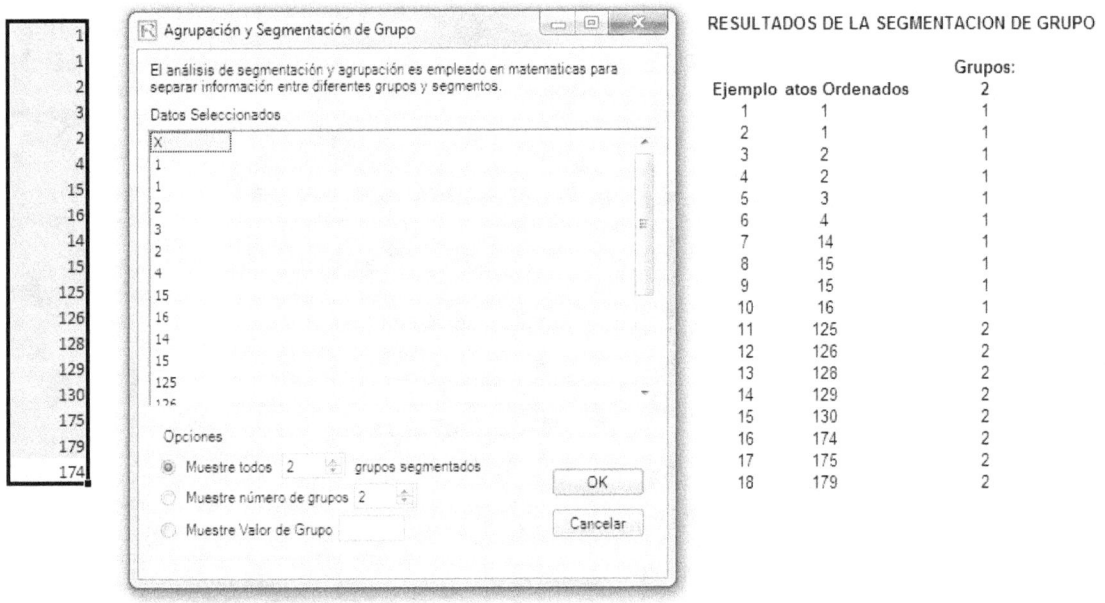

Figura 5.40 Herramienta de resultados de Agrupación y Segmentación

5.14 Generador de Números Aleatorios, Monte Carlo versus Hipercubo Latino, y Métodos Cópula de Correlación

Para empezar, en la versión 2011/2012, hay 6 generadores de números aleatorios, 3 correlaciones de cópula y 2 simuladores de métodos de muestreo (figura 5.41). Estas preferencias se ubican a través del **Simulador de Riesgo | Opciones.**

El Generador de Números Aleatorios (RNG, por sus siglas en inglés) es el corazón de cualquier software de simulación. Con base en los números aleatorios generados, diferentes distribuciones matemáticas pueden ser construidas. La metodología es propietaria de **ROV Risk Simulator,** es una metodología que proporciona los mejores y más robustos números aleatorios. Como se ha señalado, hay soportados 6 generadores de números aleatorios y en general, el método predeterminado de **ROV Risk Simulator** y el Método *Avanzado de Sustracción Aleatoria* son los métodos recomendados para su uso. No aplique los otros métodos a menos que su modelo o análisis específicamente lo pida, y aun así, se recomienda comprobar los resultados contra los dos métodos anteriormente recomendados. El de más abajo en la lista de RNGs, es el más simple de los Números Aleatoriamente Generados (RNGs) es el algoritmo que más rápido se genera, en comparación con los resultados más robustos de otros RNGs, que se encuentran en la parte superior de la lista de RNGs.

En la Sección de Correlaciones tres métodos son compatibles: La *Cópula Normal*, la *t-Cópula* y la *Cópula Cuasi Normal*. Estos métodos se basan en técnicas de integración matemática y cuando haya duda, la Cópula Normal provee los más cercanos y seguros resultados. La t-Cópula es adecuada para valores extremos en las colas de las distribuciones simuladas, mientras que la Cópula Cuasi Normal devuelve los resultados que están entre los valores derivados de los otros dos métodos.

En la Sección de métodos de Simulación, el *Modelo de Hipercubo Latino* (LHS por sus siglas en inglés) y la *Simulación de Monte Carlo* (MCS, por sus siglas en inglés), son compatibles. Tenga en cuenta que las Cópulas y otras funciones multivariadas **no** son compatibles con el Hipercubo Latino (en adelante LHS), porque éste último puede ser aplicado a una variable aleatoria única y no sobre una distribución conjunta. En realidad el LHS tiene un impacto limitado en la precisión de los resultados del modelo; entre más distribuciones haya, sólo habrá un modelo LHS que aplica a las distribuciones en forma individual. El beneficio del LHS es una vez iniciada cuando no se completa el número de muestras definidas en principio, por ejemplo, si se detiene la Simulación en la mitad de su ejecución. El LHS aplica una fuerte carga en un Modelo de Simulación con un gran número de entradas debido a que las necesita para generar y organizar las muestras de cada distribución antes de ejecutar la primera muestra. Esto retrasa la ejecución en un modelo grande, sin embargo, genera precisión adicional, aunque mínima. Finalmente, el LHS se aplica mejor cuando las distribuciones son bien distribuidas, simétricas y sin ningún tipo de correlaciones. Aún más LHS es una herramienta poderosa la cual produce una distribución uniforme de la muestra, donde MCS puede algunas veces generar distribuciones desiguales (Es decir, los datos de la muestra puede a veces estar más fuertemente concentrados en un área de la distribución) en comparación con una distribución más uniforme de la muestra (cada parte de la distribución se expone) cuando se aplica LHS.

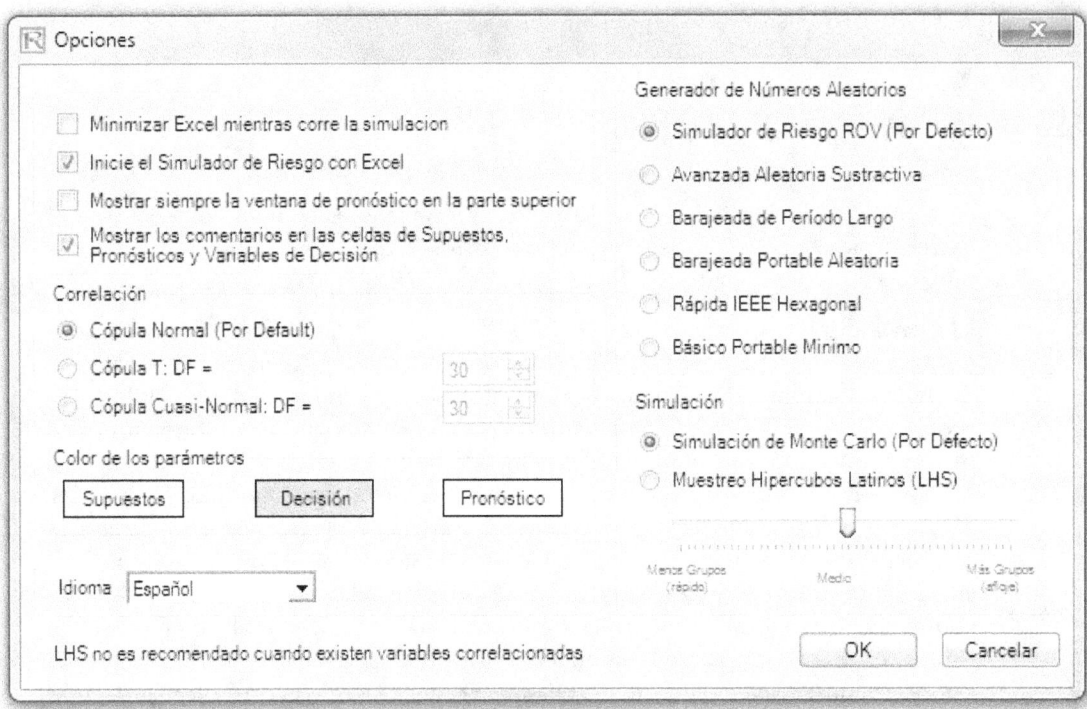

Figura 5.41 –Opciones del Simulador de Riesgo

5.15 Desestacionalización y Eliminación de tendencias en Datos

Esta herramienta desestacionaliza y elimina tendencias de datos originales extrayendo sus componentes (figura 5.42). En los modelos de pronóstico, el proceso usualmente incluye la remoción de los efectos de la acumulación de datos establecidos en la estacionalidad y tendencia mostrando únicamente cambios absolutos en los valores y permitiendo patrones potenciales cíclicos ser identificados después de remover una deriva general, tendencias, giros, curvas y efectos de ciclos estacionales de una serie de datos de tiempo. Por ejemplo, un conjunto de datos sin tendencia puede ser necesario para ver una descripción más precisa de las ventas de una empresa en un año determinado con mayor claridad al desplazar el conjunto de datos desde una pendiente con una superficie plana para ver mejor los ciclos subyacentes y las fluctuaciones.

Muchos datos de series de tiempos presentan estacionalidad en donde ciertos eventos se repiten después de un período de tiempo u estacionalidad (por ejemplo, los ingresos a una estación de esquí, son más altos en invierno que en verano, y éste ciclo, predecible se repetirá cada invierno) Los períodos de estacionalidad representan cuántos períodos tendrían que pasar antes de que el ciclo se repita (por ejemplo, 24 horas en un día, 12 meses en un año, 4 trimestres en un año, 60 minutos en una hora, y así sucesivamente). Esta herramienta desestacionaliza y elimina tendencias de sus datos originales para extraer los componentes estacionales. Un índice estacional superior a 1 indica un período de pico alto en el ciclo estacional y un valor por debajo de 1 indican un descenso en el ciclo.

- Seleccione los datos que desea analizar (Ej.: B9:B28) y de clic en *Simulador de Riesgo | Herramientas |Desestacionalización y Libre de Tendencias*.

- Seleccione *Desestacionalización y/o Libre de Tendencias*. Seleccione cualquiera de los modelos de eliminación de tendencias que desee ejecutar e ingrese el orden relevante (por ejemplo: el orden polinomial, orden de promedio móvil, orden de diferencia, u orden de tasa) y haga clic en *OK*

- Revisión de los dos informes generados para obtener más detalles sobre la metodología, aplicación y gráficos resultantes de los datos desestacionalizados y sin tendencia.

- Procedimiento (Prueba de estacionalidad)

- Seleccione los datos que desea analizar (por ejemplo, B9:B28) y haga clic el *Simulador de Riesgo | Herramientas | Prueba de Estacionalidad*

- Ingrese el período de estacionalidad máxima a evaluar. Es decir, si introduce 6, el Simulador de Riesgo pondrá a prueba los siguientes períodos de estacionalidad: 1, 2, 3, 4, 5, 6. Período 1, por supuesto, no implica la estacionalidad en los datos.

- Revise el informe generado para obtener más detalles sobre la metodología, aplicación, gráficos resultantes y los resultados de la estacionalidad de la prueba. La mejor periodicidad estacional aparece en primer lugar (en el puesto por la medida más baja de la medida del error RMSE) y todas las medidas pertinentes del error se incluyen para la comparación: la raíz del error cuadrado medio (RMSE), error cuadrático medio (MSE), la desviación media absoluta (MAD), y el error medio porcentual absoluto (MAPE).

Desestacionalizacion, Tendencia y Estacionalidad

La herramienta del Simulador de Datos para la Desestacionalización y Eliminación de Tendencia permite eliminar cualquier componente estacional o de tendencia en tus datos. Este proceso permite mostrar solo los cambios absolutos en un valor de un período a otro, permitiendo así que los posibles patrones ciclicos en tu serie de tiempo a ser indentificados. La desestacionalización y eliminación de tendencia elimina cualquier tendencia en general, tendencia, torceduras, doblés, y otros ciclos estacionales que puedan afectar los datos de tu serie de tiempo, dejando atrás el comportamiento estructural real de los datos en el tiempo.

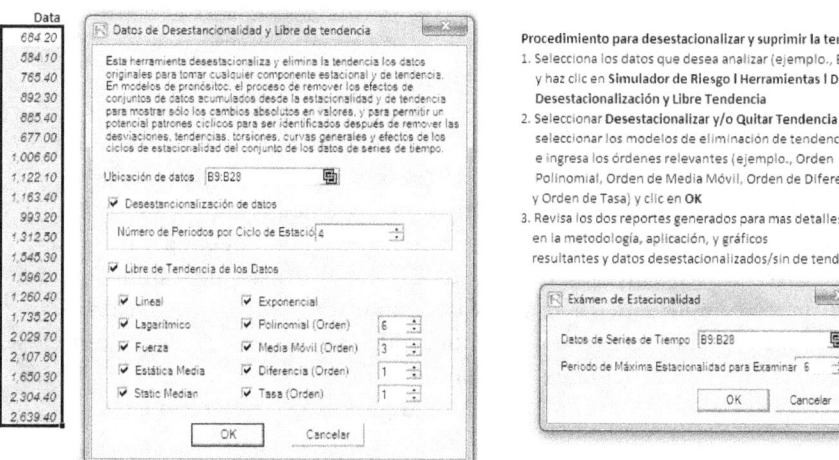

Figura 5.42 – Desestacionalización y Libre de Tendencia

5.16 Análisis de Componentes Principales

El *Análisis de Componentes Principales* es el camino para identificar los patrones en los datos, y remodelar los datos de tal forma que se pueda resaltar sus similitudes y diferencias (Figura 5.43). Los patrones de los datos son muy difíciles de encontrar en altas dimensiones cuando existen múltiples variables, y las gráficas de altas dimensiones son muy difíciles de representar e interpretar. Una vez que los patrones son identificados en los datos, pueden ser comprimidos y los números de las dimensiones pueden ser reducidos. Esta reducción de las dimensiones de los datos no significa mucho en cuanto a la pérdida de información. Más bien, se pueden obtener los mismos niveles de información a través de un número reducido de variables.

Procedimiento

- Seleccione los datos a analizar (por ejemplo., B11:K30), haga clic en **Simulador de Riesgo | Herramientas | Análisis de Componentes Principales** y haga clic en **OK**.

- Revise el informe generado para los resultados calculados.

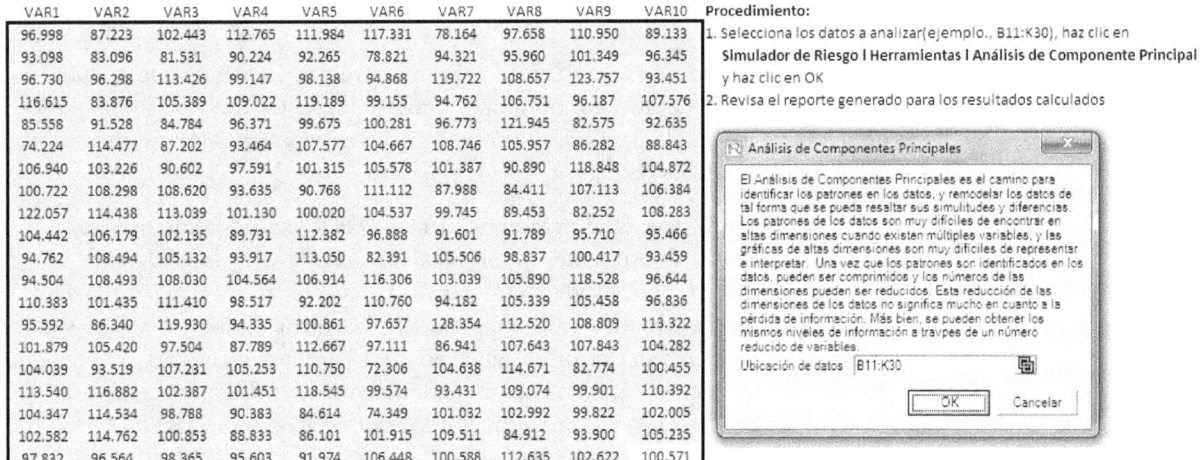

VAR1	VAR2	VAR3	VAR4	VAR5	VAR6	VAR7	VAR8	VAR9	VAR10
96.998	87.223	102.443	112.765	111.984	117.331	78.164	97.658	110.950	89.133
93.098	83.096	81.531	90.224	92.265	78.821	94.321	95.960	101.349	96.345
96.730	96.298	113.426	99.147	98.138	94.868	119.722	108.657	123.757	93.451
116.615	83.876	105.389	109.022	119.189	99.155	94.762	106.751	96.187	107.576
85.558	91.528	84.784	96.371	99.675	100.281	96.773	121.945	82.575	92.635
74.224	114.477	87.202	93.464	107.577	104.667	108.746	105.957	86.282	88.843
106.940	103.226	90.602	97.591	101.315	105.578	101.387	90.890	118.848	104.872
100.722	108.298	108.620	93.635	90.768	111.112	87.988	84.411	107.113	106.384
122.057	114.438	113.039	101.130	100.020	104.537	99.745	89.453	82.252	108.283
104.442	106.179	102.135	89.731	112.382	96.888	91.601	91.789	95.710	95.466
94.762	108.494	105.132	93.917	113.050	82.391	105.506	98.837	100.417	93.459
94.504	108.493	108.030	104.564	106.914	116.306	103.039	105.890	118.528	96.644
110.383	101.435	111.410	98.517	92.202	110.760	94.182	105.339	105.458	96.836
95.592	86.340	119.930	94.335	100.861	97.657	128.354	112.520	108.809	113.322
101.879	105.420	97.504	87.789	112.667	97.111	86.941	107.643	107.843	104.282
104.039	93.519	107.231	105.253	110.750	72.306	104.638	114.671	82.774	100.455
113.540	116.882	102.387	101.451	118.545	99.574	93.431	109.074	99.901	110.392
104.347	114.534	98.788	90.383	84.614	74.349	101.032	102.992	99.822	102.005
102.582	114.762	100.853	88.833	86.101	101.915	109.511	84.912	93.900	105.235
97.832	96.564	98.365	95.603	91.974	106.448	100.588	112.635	102.622	100.571

Procedimiento:

1. Selecciona los datos a analizar(ejemplo., B11:K30), haz clic en **Simulador de Riesgo I Herramientas I Análisis de Componente Principal** y haz clic en OK
2. Revisa el reporte generado para los resultados calculados

Figura 5.43 – Análisis de Componentes Principales

5.17 Análisis de Cambio Estructural

El cambio Estructural examina si los coeficientes de distintos conjuntos de datos son iguales y estos exámenes son comúnmente utilizados en análisis de series de tiempo para examinar la presencia de un cambio estructural (Figura 5.44). El conjunto de datos de series de tiempo pueden ser divididos en dos subconjuntos y cada subconjunto puede ser examinado uno al otro y en todo el conjunto de datos para determinar estadísticamente si en verdad hay un inicio de cambio en un periodo de tiempo particular. El examen de cambio estructural es utilizado con frecuencia para determinar si las variables independientes tienen diferentes impactos sobre diferentes subgrupos del universo, tales como examinar si, la nueva campaña de marketing, las actividades, eventos grandes, adquisición, privatización, etc. tienen impacto sobre los datos de series de tiempo.

Una prueba de hipótesis de una cola es realizada sobre la hipótesis nula (Ho) de tal manera que los subconjuntos de datos son estadísticamente similares entre sí, es decir, no hay cambio estructural estadísticamente significativo. La hipótesis alternativa (Ha) es que los dos subconjuntos de datos son estadísticamente diferentes entre sí, lo que indica un posible cambio estructural, si el cálculo de los valores p es inferior o igual a 0.01, 0.05 ó 0,10, entonces la hipótesis es rechazada, lo que implica que los dos subconjuntos de datos son diferentes estadísticamente significativos al 1%, 5% y al 10% de nivel de significancia. Grandes valores p indican que no hay cambio estructural estadísticamente significativo. Suponga que el conjunto de datos tiene 100 puntos de datos de series de tiempo, puede ajustar varios puntos de cambio para examinar, por ejemplo, puntos de datos: 10, 30 y 51 (esto significa que se ejecutarán 3 puntos de cambio estructural sobre los siguientes conjuntos de datos: punto de datos 1-9 comparado con 10-100; punto de datos 1-29 comparado con 30-100; y 1-50 comparado con 51-100, para ver si en verdad al inicio de los puntos de datos 10, 30 y 51 existen cambios en la estructura subyacente).

Procedimiento

- Seleccione los datos (por ejemplo, B11:B25), haga clic en *Simulador de Riesgo | Herramientas | Examen de Cambio Estructural*, e ingrese los puntos relevante en los cuales desea aplicar la prueba sobre los datos (por ejemplo., 6, 10, 12) y haga clic en OK

- Revise el informe para determinar cuál de estos puntos evaluados indican un punto de cambio estructural estadísticamente significativo en sus datos y qué puntos no.

Y	X1	X2
521	18308	185
367	1148	600
443	18068	372
365	7729	142
614	100484	432
385	16728	290
286	14630	346
397	4008	328
764	38927	354
427	22322	266
153	3711	320
231	3136	197
524	50508	266
328	28886	173
240	16996	190
286	13035	239
285	12973	190
569	16309	241
96	5227	189
498	19235	358

Procedimiento:

1. Selecciona los datos a analizar (ejemplo., B15:D34) y haz clic en **Simulador de Riesgo I Herramientas I Prueba de Ruptura Estructural**, e ingresa los puntos importante de prueba que deseas aplicar a tus datos (ejemplo., 6, 10, 12) y haz clic en **OK**

2. Revisa el reporte para determinar cúal de estos puntos de prueba indican a un punto de ruptura estadísticamente significante en tus datos y cúales puntos no.

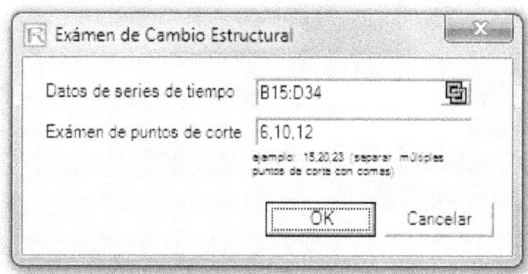

Figura 5.44 – Análisis de Cambio Estructural

Las líneas de tendencia pueden ser usadas para determinar si una serie de datos de tiempo sigue una tendencia apreciable (Figura 5.45). Las tendencias pueden ser lineales o no lineales (pueden ser exponencial, logarítmica, promedio, de poder o polinomial).

Procedimiento

- Seleccione los datos que desee analizar, haga clic en **Simulador de Riesgo | Pronóstico | Líneas de Tendencia**, seleccione las líneas de tendencia correspondientes a los datos que escogió (Ej. Seleccione todos los métodos, por defecto) ingrese el número de periodos a pronosticar (Ej. 6 periodos) y de clic en **OK**.

- Revise el reporte para que decida cuál de estos ejemplos de líneas de tendencia provee el mejor ajuste y pronóstico para sus datos

Ingresos Históricos por Ventas			
Año	Trimestre	Período	Ventas
2006	1	1	$684.20
2006	2	2	$584.10
2006	3	3	$765.40
2006	4	4	$892.30
2007	1	5	$885.40
2007	2	6	$677.00
2007	3	7	$1,006.60
2007	4	8	$1,122.10
2008	1	9	$1,163.40
2008	2	10	$993.20
2008	3	11	$1,312.50
2008	4	12	$1,545.30
2009	1	13	$1,596.20
2009	2	14	$1,260.40
2009	3	15	$1,735.20
2009	4	16	$2,029.70
2010	1	17	$2,107.80
2010	2	18	$1,650.30
2010	3	19	$2,304.40
2010	4	20	$2,639.40

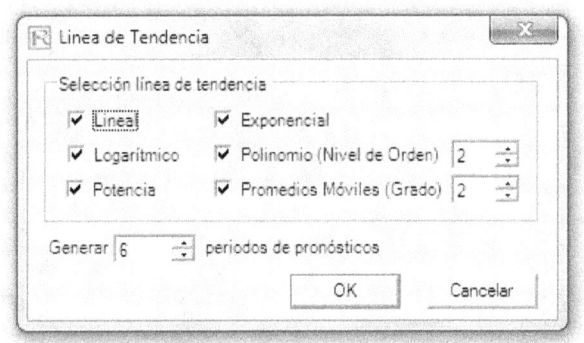

Figura 5.45 Pronósticos de Líneas de Tendencia

5.19 Herramienta de Verificación del Modelo

Después de que un modelo ha sido creado y los supuestos y los pronósticos han sido establecidos, usted puede correr la simulación normalmente o ejecutar la herramienta de **Revisión del Modelo** (Figura 5.46) para saber si el modelo ha sido establecido correctamente. Como alternativa si el modelo no se ejecuta y usted sospecha que alguna configuración podría ser incorrecta corra esta herramienta desde **Simulador de Riesgo | Herramientas | Verificación del Modelo** para identificar donde podría haber problemas. Tenga en cuenta que si bien esta herramienta revisa los problemas más comunes del modelo, así como los problemas de los supuestos y los pronósticos en el **Simulador de Riesgo**, no es de ninguna manera lo suficientemente fuerte para detectar todo tipo de problemas. Vaya hasta el desarrollador del modelo para percatarse que el modelo funciona correctamente.

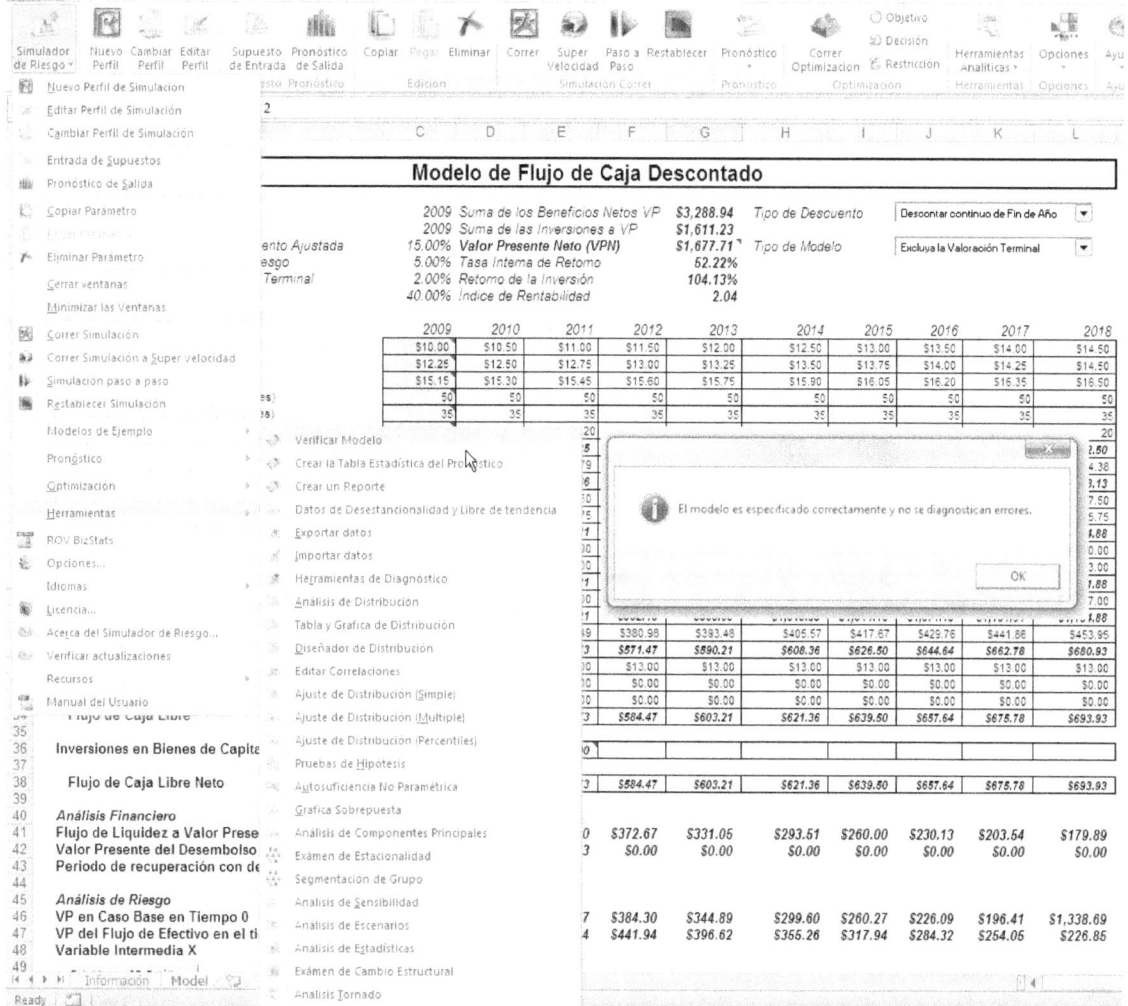

Figura 5.46 – Herramienta de Verificación del Modelo

5.20 Herramienta de Ajuste de Distribución Percentil

La herramienta de ajuste de Distribución Percentil (Figura 5.47) es otra alternativa para ajustar las distribuciones de probabilidad. Hay algunas herramientas relacionadas y cada una tiene sus usos y ventajas.

- *Ajuste de Distribución (Percentiles)* - usando un método alterno de entrada (percentiles y primer/segundo combinación de momentos) para encontrar el mejor ajuste de parámetros de una distribución específica sin necesidad de tener datos fijos. Este método es idóneo cuando hay insuficientes datos, únicamente cuando los percentiles y momentos están disponibles, o como medio para recuperar datos de la distribución completa con únicamente dos o tres puntos de datos, sin embargo, el tipo de distribución debe ser conocida.

- *Ajuste de distribución (simple)* Usando métodos estadísticos se pueden ajustar sus datos a todas las 42 distribuciones para encontrar la mejor distribución y sus parámetros de ingreso. Múltiples puntos de datos se necesitan para establecer un buen ajuste aunque el tipo de distribución puede o no ser conocida.

- *Ajuste de Distribución (Múltiple)* Usando métodos estadísticos puede ajustar su base de datos sobre múltiples variables al mismo tiempo, usando los mismos algoritmos como la variable simple, incorpora una comparación con la matriz de correlación entre las variables. Múltiples puntos de datos se necesitan para establecer un buen ajuste aunque el tipo de distribución puede o no ser conocida.

- *Distribución Personalizada (Ajuste de datos)* Usando técnicas de remuestreo no paramétricas se genera una distribución personalizada con datos existentes y simulando la distribución con base en esta distribución empírica. Pocos puntos de datos son requeridos y el tipo de distribución puede o no ser conocido.

Procedimiento

- De clic en **Simulador de Riesgo / Herramientas / Ajuste de Distribución (Percentiles)**, seleccione la distribución de probabilidad y los tipos de entrada que desea usar, establezca los parámetros y *Ejecute* para obtener los resultados. Revise los resultados de la R-cuadrada ajustada y compare los resultados empíricos con el ajuste teórico para determinar si su distribución está bien establecida.

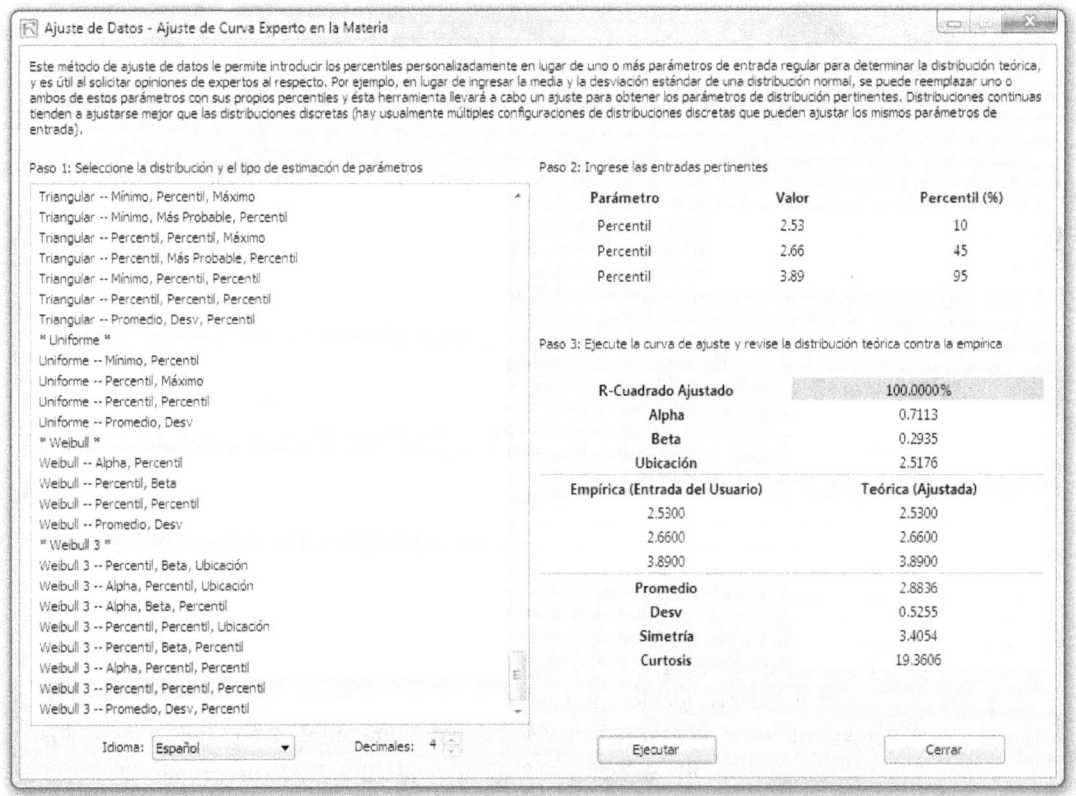

Figura 5.47 – Herramienta de Ajuste de Distribución Percentil

Tablas y Gráficos de Distribución es una nueva herramienta de Distribución de Probabilidad que es muy poderosa y con un módulo rápido, usado para la generación de tablas y gráficos de distribución (Figuras 5.48 – 5.51). Hay tres herramientas similares en el **Simulador de Riesgo** pero cada cual hace cosas diferentes:

- *Análisis de Distribución*: Se usa para cálculos pequeños de PDF, CDF, e ICDF de las 42 probabilidades de distribución disponibles en el **Simulador de Riesgo**, y genera una *tabla de probabilidad* con estos valores.

- *Tablas y Gráficos de Distribución*: La herramienta de Distribución de Probabilidad ya descrita aquí compara *diferentes parámetros de una misma distribución* (Ej. Las formas y los valores PDF, CDF, ICDF de una distribución Weibull con Alfa y Beta de (2, 2), (3, 5), y (3.5, 8) y los traslapa uno encima de otro)

- *Gráficos Superpuestos:* Usados para comparar *diferentes distribuciones* (inclusión de supuestos teóricos y resultados de pronósticos empíricamente simulados), los superpone uno encima de otro para que se puedan comparar visualmente.

Procedimiento

- Ejecute el *ROV BizStats* en **Simulador de Riesgo | Tablas y Gráficos de Distribución**, presione el botón de *Aplicar Entradas Globales* para cargar una muestra establecida de inclusión de parámetros o ingrese los suyos y *ejecute* para calcular los resultados. El resultado de los cuatro momentos y los CDF, ICDF, PDF son calculados en cada una de las 45 distribuciones de probabilidad (Figura 5.48)

- Haga clic en *Gráficos y Tablas* (Figura 5.49), seleccione una distribución [A] (ej. Arcoseno), elija si desea ejecutar el CDF, ICDF o el PDF [B], ingrese los parámetros necesarios y presione *ejecutar Gráfico o Ejecutar Tabla* [C]. Usted puede intercambiar entre las pestañas de *Gráfico y Tabla* para ver los resultados, así como probar algunos de los iconos de la tabla [E] para ver sus efectos en el gráfico.

- También puede cambiar dos parámetros [H] para generar múltiples gráficos y tablas de distribución ingresando por *De/a/paso* o usando los parámetros *personalizados* y dando clic en *ejecutar*. Por ejemplo y como está ilustrado en la figura 5.50, corra la distribución *Beta* y seleccione *PDF* [G], seleccione *Alfa* y *Beta* para cambiar [H] usando supuestos personalizados [I], e ingrese los parámetros relevantes: 2; 5; 5 para Alfa y 5; 3; 5 para Beta [J] y presione *Ejecutar Gráfico*. Esto generará tres distribuciones Beta [K]: Beta (2.5), Beta (5,3), y Beta (5,5) [L]. Explore, varios tipos de gráficos, líneas de división, lenguaje y escenario decimal [M], y trata de re-ejecutar la distribución usando la teoría contra los valores empíricamente simulados [N].

- La figura (5.51) ilustra las tablas de probabilidad generadas por una distribución binomial donde la probabilidad de éxito y la cantidad de ensayos exitosos (variable aleatoria X) están seleccionados para variar [O] usando la opción *De/a/paso*. Trate de replicar los cálculos como se muestran y presione la pestaña Tabla [P] para ver los resultados de la función de densidad de probabilidad. En este ejemplo la distribución binomial con un valor inicial de entrada de *ensayos = 20*, *Probabilidad* (de éxito) = 0.5, y *aleatoria X* o número de ensayos exitosos = 10, donde la probabilidad de éxito tiene un rango de cambio desde 0., 0.25,..., 0.50 y se muestra como una variable de fila, y el número de ensayos exitosos también se le permite variar desde 0, 1, 2,..., 8, y se muestra como la variable: Columna. *PDF* es elegida y por lo tanto los resultados de la tabla muestran la probabilidad de los eventos ocurridos. Por ejemplo, la probabilidad de tener exactamente 2 éxitos cuando se corren 20 ensayos y donde cada uno de los ensayos tiene un 25% , la probabilidad de éxito es 0.0669 ó 6.69%

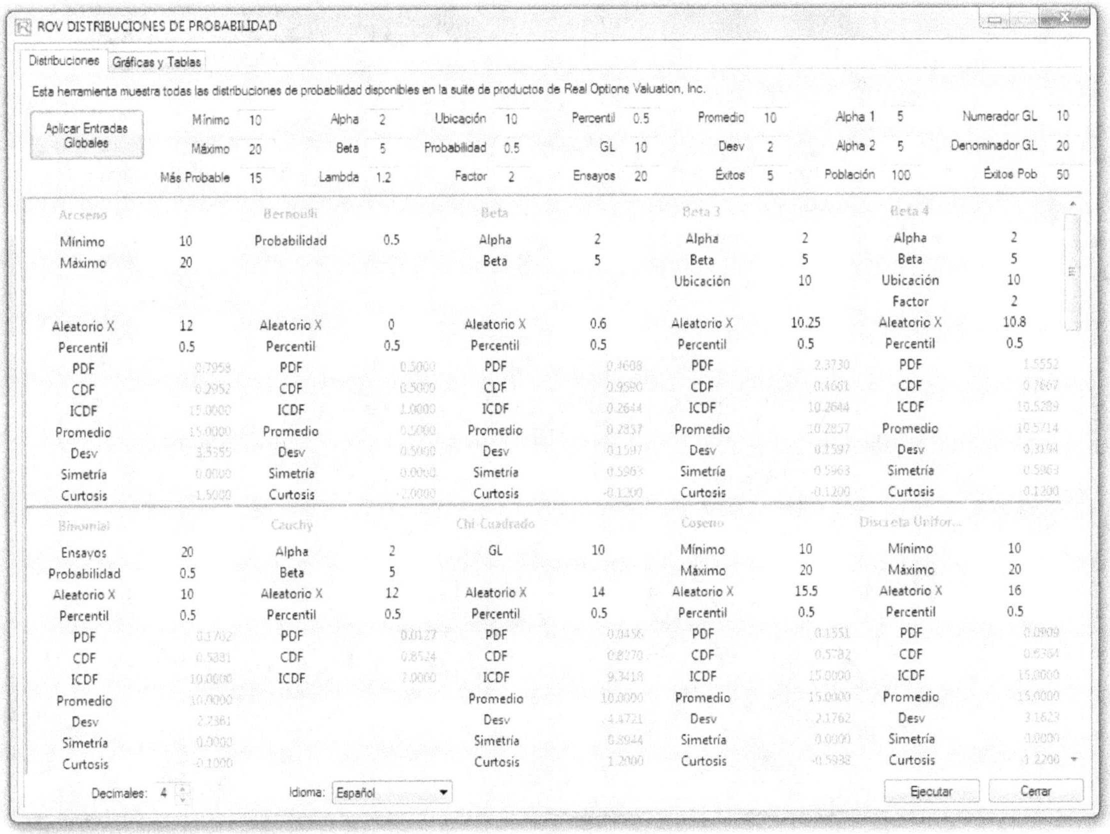

Figura 5.48 – Herramienta de Distribución de Probabilidad (45 Distribuciones de Probabilidad)

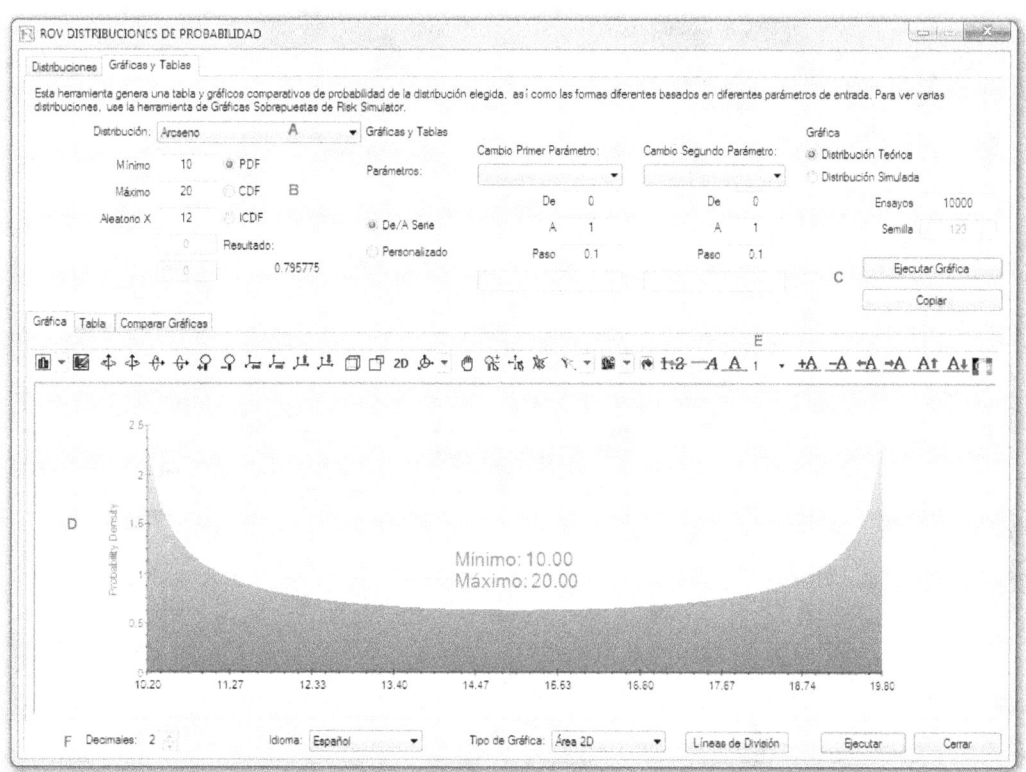

Figura 5.49 –ROV Distribución de Probabilidad (Gráficas PDF y CDF)

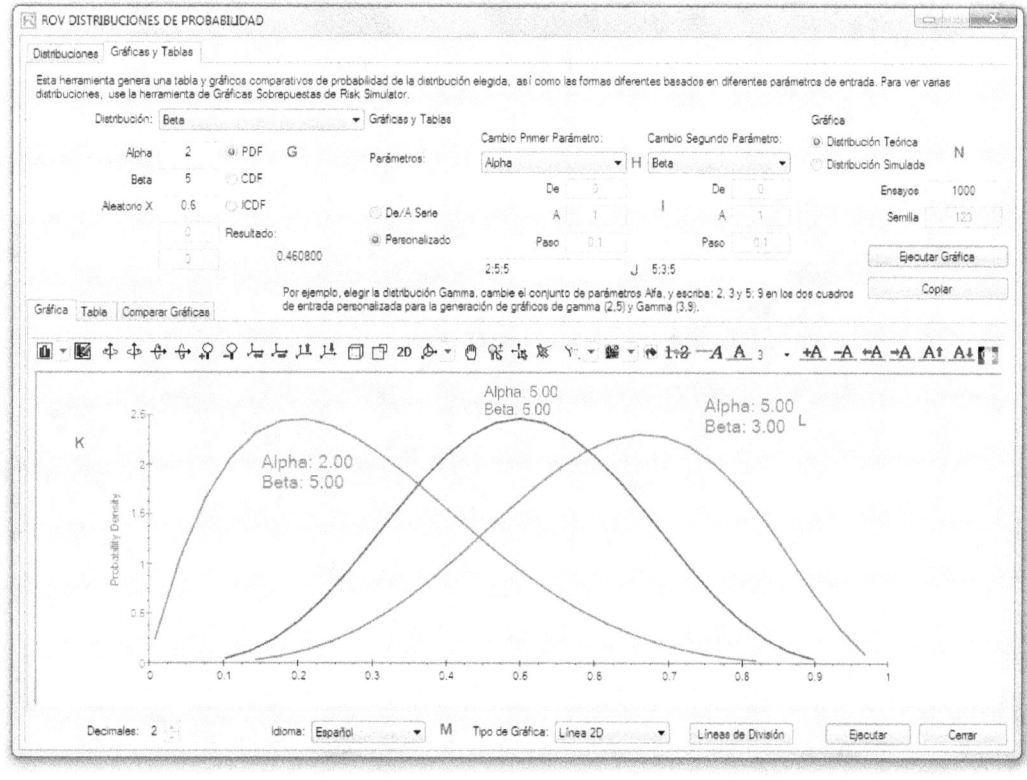

Figura 5.50 –ROV Distribución de Probabilidad (Gráficas Sobrepuestas Múltiples)

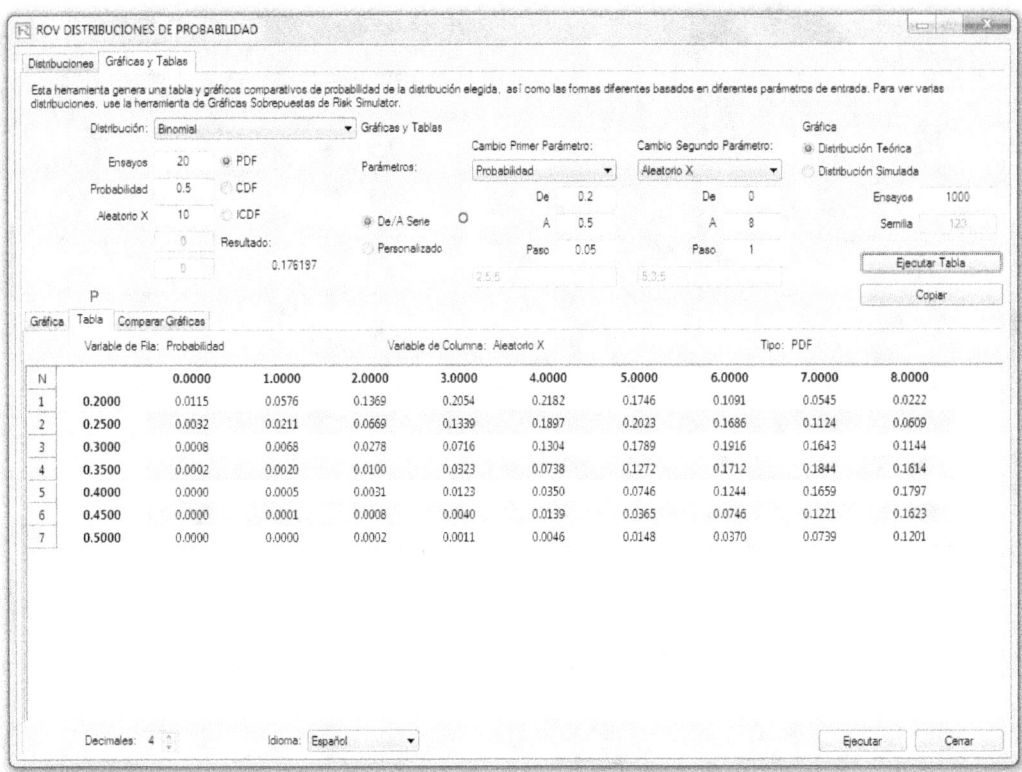

Figura 5.51 –ROV Distribución de Probabilidad (Tablas de Distribución)

5.22 ROV BizStats

Esta nueva herramienta *ROV BizStats* es un módulo, muy poderoso y rápido en el **Simulador de Riesgo** que es usado para ejecutar modelos analíticos y estadísticas para negocios en sus datos. Contiene más de 130 modelos analíticos y estadísticos (Figuras 5.52 – 5.55). A continuación presentamos un repaso rápido en pocos pasos para empezar el funcionamiento del módulo y los detalles sobre cada uno de los elementos en el software.

Procedimiento

- Ejecute *ROV BizStats* en el **Simulador de Riesgo | ROV BizStats**, presione *Ejemplo* para cargar una base de datos de muestra y el perfil del modelo [A] o ingrese sus datos, o elija copiar y pegar en la cuadrícula de los datos [D] (Figura 5.52). Usted puede agregar sus propias notas o los nombres de las variables en las *notas* de la fila [C].

- Seleccione el modelo correspondiente [F] ejecútelo en el paso 2 y usando la configuración de datos de entrada de ejemplo [G], ingrese las variables correspondientes [H]. Separe las variables con el mismo parámetro con punto y coma y use una nueva línea (presione *Entrar* para crear una nueva línea) para diferentes parámetros.

- Presione *Ejecutar* [I] para computar los resultados [J]. Usted puede ver algunos resultados analíticos correspondientes, gráficos o estadísticas entre varias pestañas en el paso 3.

- Si lo desea, usted puede ingresar un nombre al modelo para salvar el perfil en el paso 4 [L]. Muchos modelos pueden ser salvados con el mismo perfil. Los modelos pueden ser editados o borrados [M], reordenados en orden de aparición [N], todos los cambios pueden ser salvados [O] en un perfil simple con la extensión *.bizstats.

Notas

- El tamaño del número de celdas para los datos se puede establecer en el menú, el número de celdas puede ubicarse arriba de 1,000 variables de columna con un millón de filas de datos por variable. El menú también permite cambiar los lenguajes y los decimales para sus datos.

- Al empezar, siempre es bueno cargar el archivo de ejemplo [A] el cual viene completo porque trae algunos datos y modelos creados previamente [S]. De doble clic en algunos de estos modelos, ejecútelos y los resultados se mostrarán en el área de reporte [J], los cuales a veces traen gráficos o estadísticas [T/U]- El ejemplo sirve para saber cómo ingresar los parámetros [H], con base en la descripción que trae el modelo [G], así usted puede crear su modelo personalizado.

- Presione sobre los rótulos de las variables [D], seleccione una o más variables al tiempo, luego de clic derecho para agregar, borrar, copiar, pegar o visualizar [P] las variables seleccionadas.

- Los modelos también pueden ingresarse usando la consola de *Comandos* [V/W/X]. Para conocer cómo trabaja, de doble clic y ejecute el modelo [S] y vaya a la consola de *Comandos* [V]. Puede replicar un modelo o construir el suyo y ejecutarlo a través del *Comando* [X] cuando esté listo. Cada línea en la consola representa un modelo con sus correspondientes parámetros.

- El archivo completo *.bizstats (donde están salvados los datos y los diferentes archivos), puede ser editado directamente en un XML [Z] a través del *editor XML* desde el menú del *archivo*. Se puede cambiar el perfil y quedará establecido una vez el archivo sea salvado.

- Consejos

- Haz clic en la(s) cabecera(s) de la(s) columna(s) para seleccionar la(s) columna(s) enteras o variable(s), y una vez seleccionadas, puedes hacer clic derecho sobre la cabecera para Auto Ajustar la columna, Cortar, Copiar, Borrar, o Pegar los datos. También puedes hacer clic encima y seleccionar varias cabeceras de columnas o seleccionar muchas variables y hacer clic derecho y seleccionar Visualizar para graficar los datos.

- Si una celda tiene un valor grande que no se muestra completamente, haz clic encima y posiciona el mouse sobre la celda y verás un comentario emergente mostrando el valor entero, o simplemente redimensiona la columna de la variable (arrastra la columna para hacerla más amplia, haz doble clic sobre el borde de la columna para autoajustar la columna, o haz clic sobre la cabecera de la columna y selecciona Auto Ajuste).

- Utiliza las teclas arriba, abajo, izquierda y derecha para moverse por la tabla, o utiliza las teclas Inicio y Fin del teclado para moverte al principio o final de la fila. También puedes utilizar combinaciones de teclas como: Ctrl+Inicio para saltar a la celda superior izquierda, Ctrl+Fin para la celda inferior derecha, Shift+Arriba/Abajo para seleccionar un área en específico, y así sucesivamente.

- Puedes ingresar notas cortas para cada variable en la fila de Notas. Recuerda hacer tus anotaciones cortas y sencillas.

- Prueba los diversos iconos en la tabla de Visualización para cambiar la apariencia de los gráficos (ejemplo, rotar, desplazar, acercar/alejar, cambiar colores, agregar leyenda, y así sucesivamente)

- El botón de Copiar es utilizado para copiar los Resultados, Gráficos, y Estadísticas en el Paso 3 luego de que un modelo es corrido. Si no se corre ningún modelo, entonces el botón de copiar solo copiará una página en blanco.

- El botón de Reporte solo funcionará si existen modelos almacenados en el Paso 4 o si hay datos en la tabla, en caso contrario el reporte generado estará vacío. Necesitarás Microsoft Excel instalado para ejecutar la extracción de datos y los reportes de resultados, y Microsoft PowerPoint disponible para ejecutar los reportes de gráficos.

- En caso de dudar sobre como ejecutar un modelo en específico o un método estadístico, comienza el perfil de ejemplo y revisa como los datos son ajustados en el Paso 1 o como los parámetros de entrada son ingresados en el Paso 2. Puedes usar esto como guías para comenzar y plantillas para tus propios datos y modelos.

- El idioma puede ser cambiado en el menú de Lenguaje. Ten en cuenta que existen 10 idiomas disponibles en el software y más por ser añadidos. Sin embargo, algunos pocos resultados serán mostrados aun en Ingles.

- Puedes cambiar como la lista de modelos del Paso 2 es mostrada cambiando la Vista en la lista desplegable. Puedes listar los modelos alfabéticamente, categóricamente, y por requerimientos de entrada datos – ten en cuenta que en ciertos lenguajes Unicode (ejemplo, Chino, Japonés y Coreano), no existe arreglo alfabético y por lo tanto la primera opción no estará disponible.

- El software puede manejar distintos ajustes decimales y numéricos (ejemplo, mil dólares y cincuenta centavos pueden ser escritos como 1,000.50 o 1.000,50 o 1'000,50 y así sucesivamente). Los ajustes decimales pueden ser ajustados en el menú *Datos / Configuración Decimal* de ROV BizStats. Sin embargo, si tiene duda, por favor cambie los ajustes regionales de los computados a Ingles Americano (English USA) y mantenga el 1,000.50 estándar de Norte América en ROV BizStats (ese ajuste garantiza el trabajo con ROV BizStats y los ejemplos por defecto).

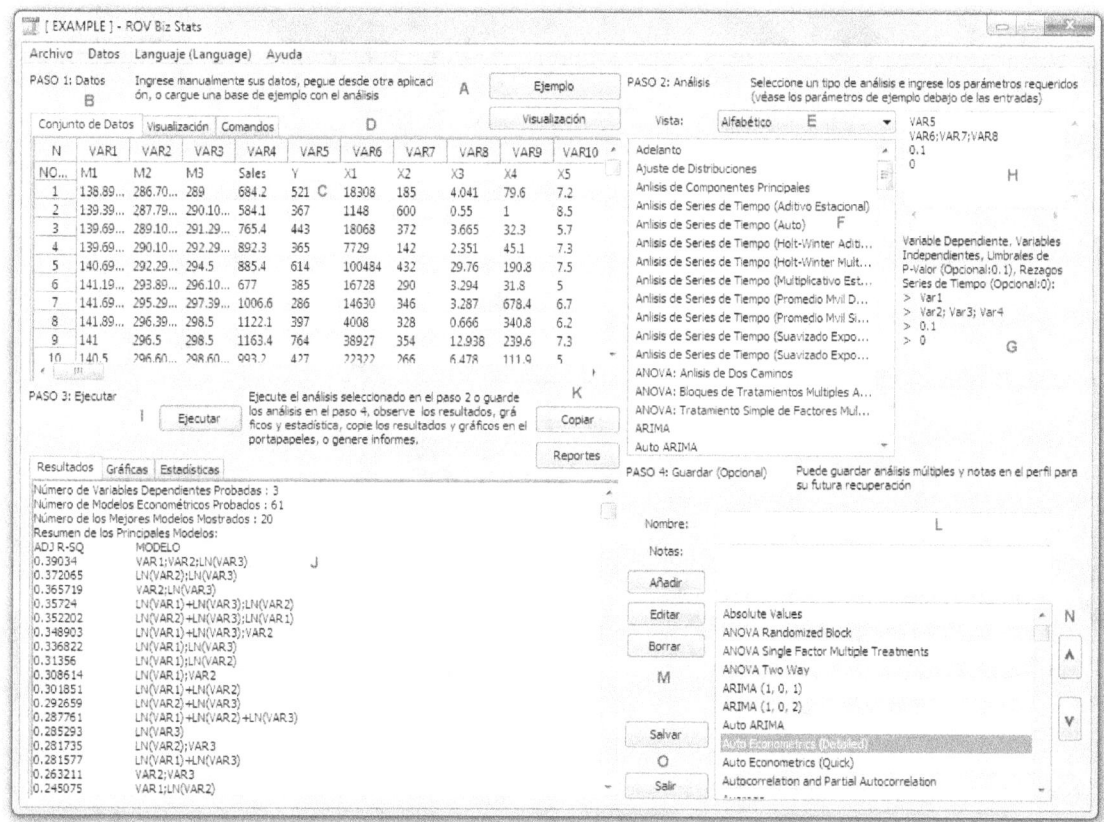

Figura 5.52 –ROV BizStats (Análisis Estadístico)

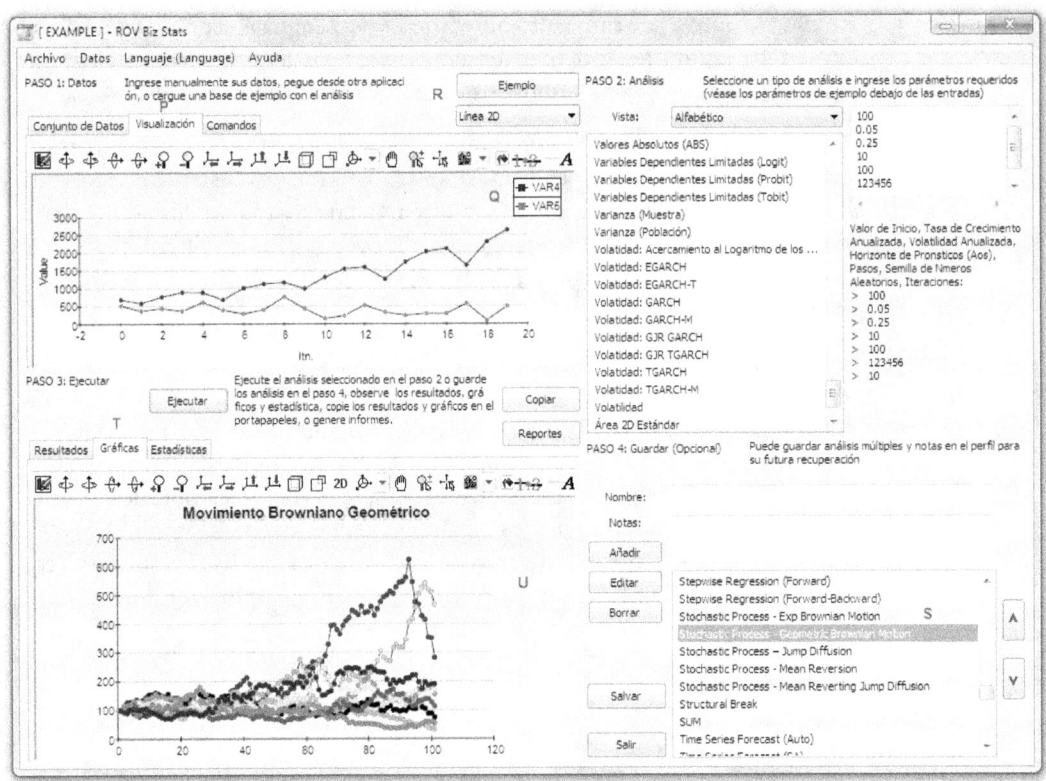

Figura 5.53 –ROV BizStats (Visualización de Datos y Gráficas de Resultados)

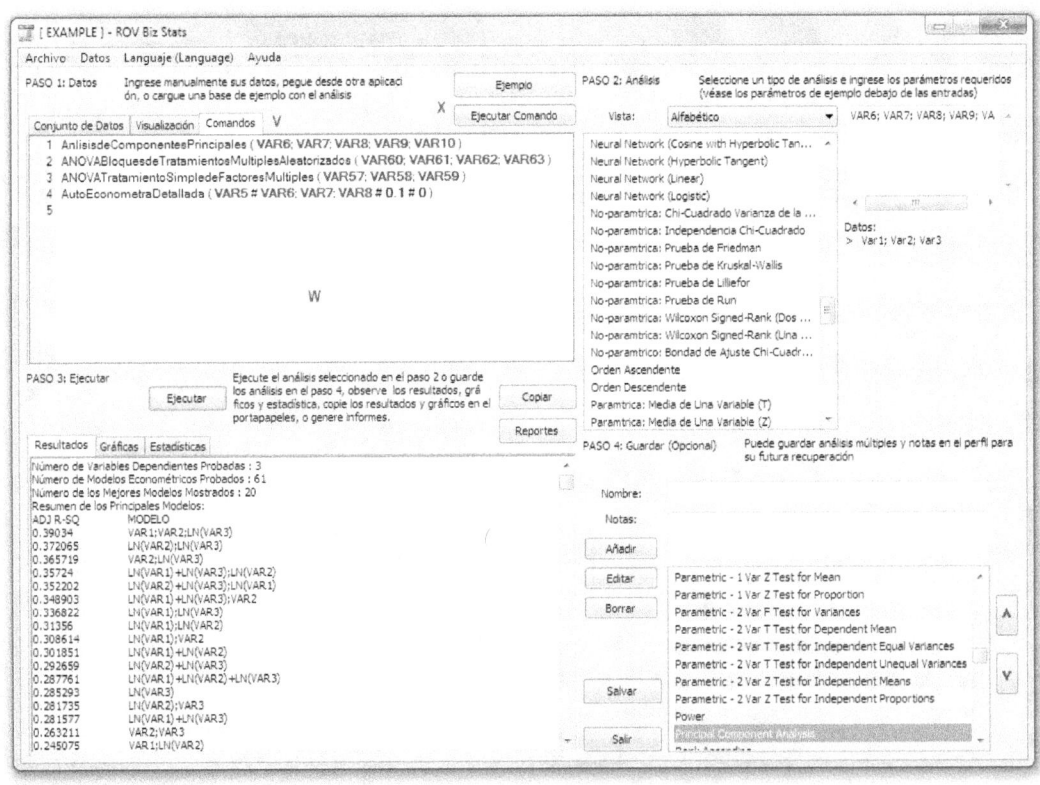

Figura 5.54 –ROV BizStats (Consola de Comandos)

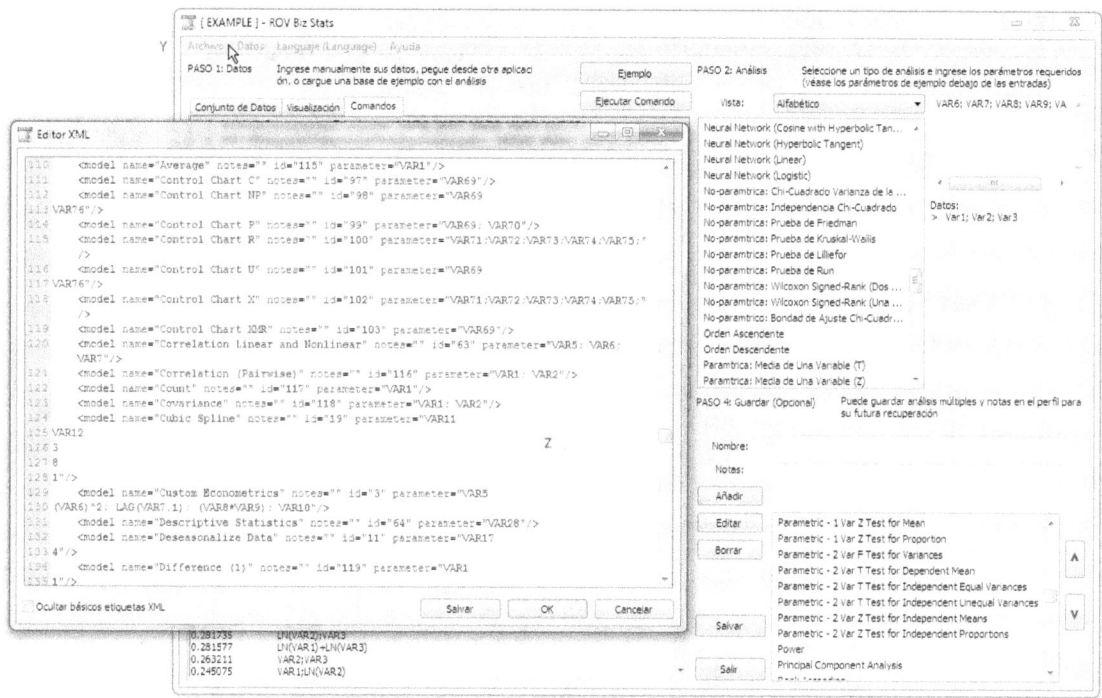

Figura 5.55 – ROV BizStats (Editor XML)

5.23 Metodologías de Pronóstico mediante Redes Neuronales y Lógica Difusa Combinatoria

El término de Red Neuronal es empleado comúnmente para referirse a una red o circuitos de neuronas biológicas mientras que el uso moderno que se le ha dado al término consiste en describir redes neuronales artificiales constituidas por neuronas o nodos artificiales recreados en un ambiente de software. La metodología intenta imitar el pensamiento e identificación de patrones, actividades realizadas por el cerebro y neuronas, y en nuestro caso, se busca identificar patrones con la finalidad de pronosticar datos de series de tiempo.

Esta metodología se encuentra dentro del módulo **ROV BizStats** en el Simulador de Riesgo, localizado en **Simulador de Riesgo / ROV BizStats / Red Neuronal** así como también en **Simulador de Riesgo / Pronóstico / Red Neuronal**. La figura 5.56 muestra la metodología de pronóstico de Red Neuronal.

Procedimiento

- Haz clic en **Simulador de Riesgo / Pronóstico / Red Neuronal**.

- Comienza ingresando datos de manera manual o copia aquellos datos que tengas en el portapapeles (ejemplo, selecciona y copia datos de Excel, abre esta herramienta y pega tus datos haciendo clic en el botón *Pegar*)

- Selecciona si deseas ejecutar un modelo de Red Neuronal *Lineal* o *No Lineal*, ingresa el numero deseado de *Periodos de Pronóstico* (ejemplo, 5), el número de *Capas* ocultas en la Red Neural (ejemplo, 3), y el número de *Períodos de Prueba* (ejemplo, 5).

- Haz clic en *Correr* para ejecutar el análisis y revisar los resultados procesados y gráficos. También puedes hacer *Copiar* de los resultados y grafico al portapapeles y pegarlo en cualquier otra aplicación.

Note que el número de capas ocultas en la red es un parámetro de entrada y necesitará ser calibrado con los datos que se ingresen. Normalmente, mientras más complicado sea el patrón de datos, necesitará un mayor número de capas ocultas y el tiempo de cómputo será mayor. Se recomienda que empiece con 3 capas. Los periodos de prueba es el número de puntos de datos utilizados en la calibración final del modelo de la red Neuronal por lo que recomendamos **utilizar al menos el mismo número de períodos que desee para pronosticar que el período de prueba.**

Por otro lado, el término de lógica difusa se deriva de la teoría de conjunto difuso para tratar con un razonamiento aproximado en vez de uno preciso—a diferencia de la lógica nítida, donde conjuntos binarios tienen lógica binaria, las variables difusas pueden tener un valor de verdad que se encuentra entre 0 y 1 y no están restringidos por los dos valores de verdad de la lógica proposicional clásica. Este esquema de ponderación difusa es empleado junto con un método combinatorio para obtener resultados de pronósticos de series de tiempo dentro del Simulador de Riesgo como se muestra en la Figura 5.57, y es el más adecuado cuando es aplicado a datos de series de tiempo que tienen estacionalidad y tendencia. Esta metodología se encuentra dentro del módulo ROV BizStats en el Simulador de Riesgo, en *Simulador de Riesgo | ROV BizStats | Lógica Difusa Combinatoria* así como en *Simulador de Riesgo | Pronóstico| Lógica Difusa Combinatoria*. La Figura 5.57 muestra la metodología de pronóstico de Red Neuronal.

Procedimiento

- Haz clic en *Simulador de Riesgo | Pronóstico | Lógica Difusa Combinatoria*.

- Comienza ingresando datos de manera manual o copia aquellos datos que tengas en el portapapeles (ejemplo, selecciona y copia datos de Excel, abre esta herramienta y pega tus datos haciendo clic en el botón *Pegar*).

- Selecciona de la lista desplegable la variable a la que desea realizarse el análisis, ingresa el periodo de estacionalidad (ejemplo, 4 para datos trimestrales, 12 para datos mensuales, y así), y el numero deseado de *Periodos de Pronóstico* (ejemplo, 5).

- Haz clic en *Correr* para ejecutar el análisis y revisar los resultados procesados y gráficos. También puedes hacer *Copiar* de los resultados y grafico al portapapeles y pegarlo en cualquier otra aplicación.

Tenga en cuenta que ni las redes neuronales ni las técnicas de lógica difusa han sido establecidas como un método confiable y válido en el dominio de pronóstico en el mundo de los negocios, ya sea a nivel estratégico, táctico u operativo. Aun así, existe una investigación en curso requerida en estos campos de pronóstico avanzado, sin embargo, el Simulador de Riesgo proporciona lo fundamental de estas dos técnicas con el propósito de realizar pronósticos de series de tiempo. Recomendamos que no utilice ninguna de estas técnicas de manera aislada sino que combínelas con otras metodologías de pronóstico del Simulador de Riesgo para construir modelos más robustos.

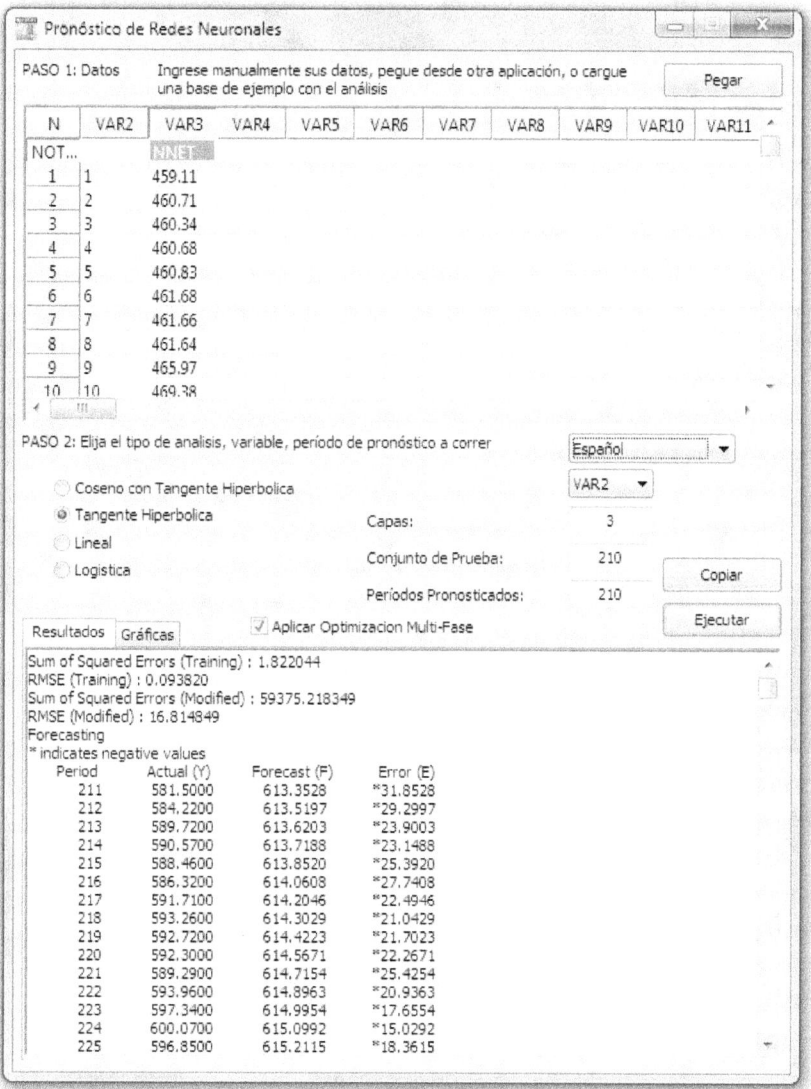

Figura 5.56 – Redes Neuronales

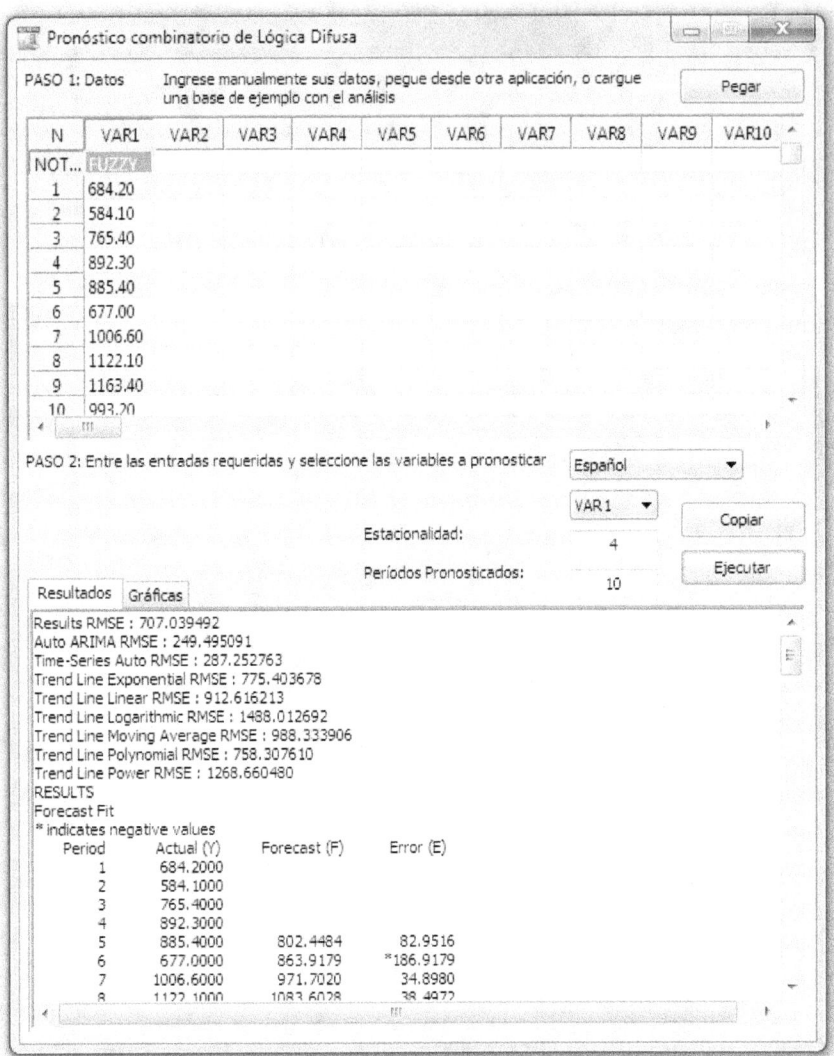

Figura 5.57 – Lógica Difusa Combinatoria

5.24 Optimizador de Búsqueda Objetivo

La herramienta de Goal Seek es un algoritmo de búsqueda aplicado para encontrar la solución de una variable dentro de un modelo. Si conoces el resultado que deseas a partir de una formula o modelo, pero no se está seguro acerca del valor de entrada que requiere la fórmula para obtener dicho resultado, utilice la característica **Simulador de Riesgo | Herramientas | Búsqueda Objetivo**. Note que Búsqueda Objetivo trabaja únicamente con un valor de entrada para la variable. Si desea aceptar más de un valor de entrada, utilice las rutinas de optimización de Simulador de Riesgo. La Figura 5,58 muestra un modelo sencillo y como Búsqueda Objetivo es aplicado.

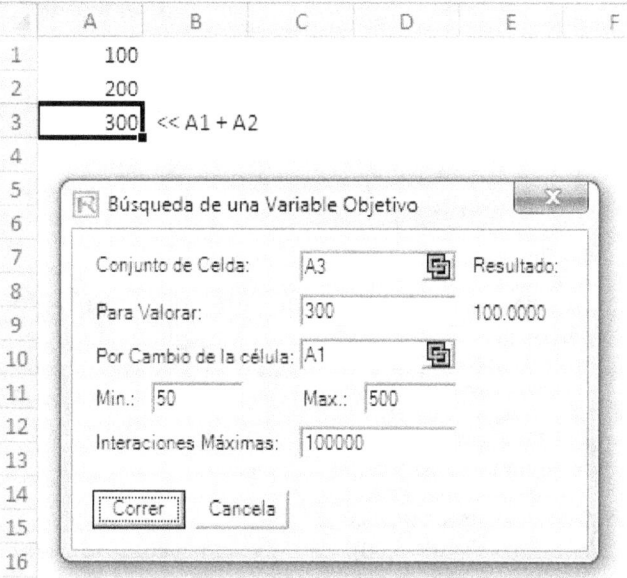

Figura 5.58 – Búsqueda Objetivo

5.25 Optimizador de Una Sola Variable

El Optimizador de una sola Variable es un algoritmo de búsqueda utilizado para encontrar la solución a una sola variable dentro de un modelo, como lo hace la rutina de Búsqueda Objetivo discutida anteriormente. Si desea el valor de resultado, máximo o mínimo, posible de un modelo pero no está seguro de cual sea el valor de entrada que requiere la fórmula para obtener dicho valor, utilice la característica **Simulador de Riesgo | Herramientas | Optimizador de Una Sola Variable** (Figura 5.59). Note que este optimizador de una sola variable se ejecuta bastante rápido pero solo aplica para encontrar una variable de entrada. Si quiere aceptar más de un valor de entrada, utilice las rutinas avanzadas de optimización del Simulador de Riesgo. Tenga en cuenta que esta herramienta es incluida en el Simulador de Riesgo porque a veces puede requerir un cálculo de optimización rápido para una sola variable de decisión y esta herramienta proporciona esa capacidad sin tener que establecer un modelo de optimización con perfiles, precondiciones de simulación, variables de decisión, objetivos, y restricciones.

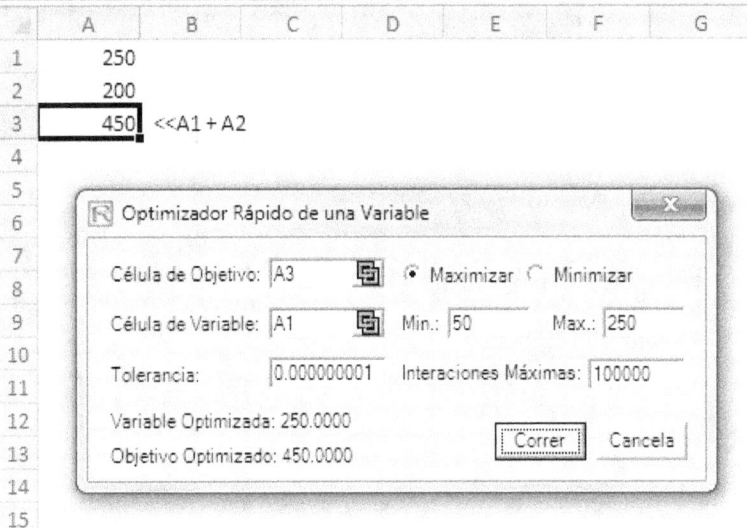

Figura 5.59 – Optimizador de Una Sola Variable

5.26 Algoritmo Genético de Optimización

Un algoritmo genético es una búsqueda heurística que imita el proceso de evolución neuronal. Esta heurística es empleada rutinariamente para generar soluciones útiles para problemas de optimización y búsqueda. Los algoritmos genéticos pertenecen a una clase más grande de algoritmos evolutivos, los cuales generan soluciones para problemas de optimización empleando técnicas inspiradas en la evolución neuronal, como la herencia, mutación, selección y mezcla.

El algoritmo genético está disponible en **Simulador de Riesgo | Herramientas | Algoritmo Genético** (Figura 5.60). Se debe tener cuidado calibrando las entradas del modelo ya que los resultados son bastante sensibles a las entradas (las entradas por defecto son provistas como una guía general para los niveles de entrada más comunes), y se recomienda que la Prueba de Búsqueda de Gradiente sea elegida para un conjunto de resultados más robusto (puedes desactivar esta opción para comenzar y luego activarla corriendo de nuevo el análisis para comparar los resultados)

Nota

En varios problemas, los algoritmos genéticos pueden tener una tendencia a convergir hacia puntos óptimos locales e incluso arbitrarios en vez del óptimo global para el problema. Esto significa que este no sabe cómo sacrificar el ajuste de corto tiempo para ganar un ajuste de tiempo prolongado. Para problemas de optimización específica y casos de problemas, otros algoritmos de optimización pueden encontrar mejores soluciones que los algoritmos genéticos (dada la misma cantidad de tiempo de computo). Por lo tanto, es recomendado que primero corra el Algoritmo Genético y luego vuelva a correrlo activando la opción de *Aplicar Prueba de Búsqueda del Gradiente* (Figura 5.60) para chequear la robustez del modelo. Este gradiente de búsqueda va a intentar ejecutar combinaciones de técnicas de optimización tradicional con métodos de Algoritmos Genéticos y devolver la mejor solución posible. Finalmente, a menos que exista una necesidad teórica específica para usar Algoritmos Genéticos, recomendamos emplear el módulo de Optimización de Simulador de Riesgo para resultados más robustos, que te permiten ejecutar rutinas dinámicas basadas en riesgo más avanzadas y de optimización estocástica.

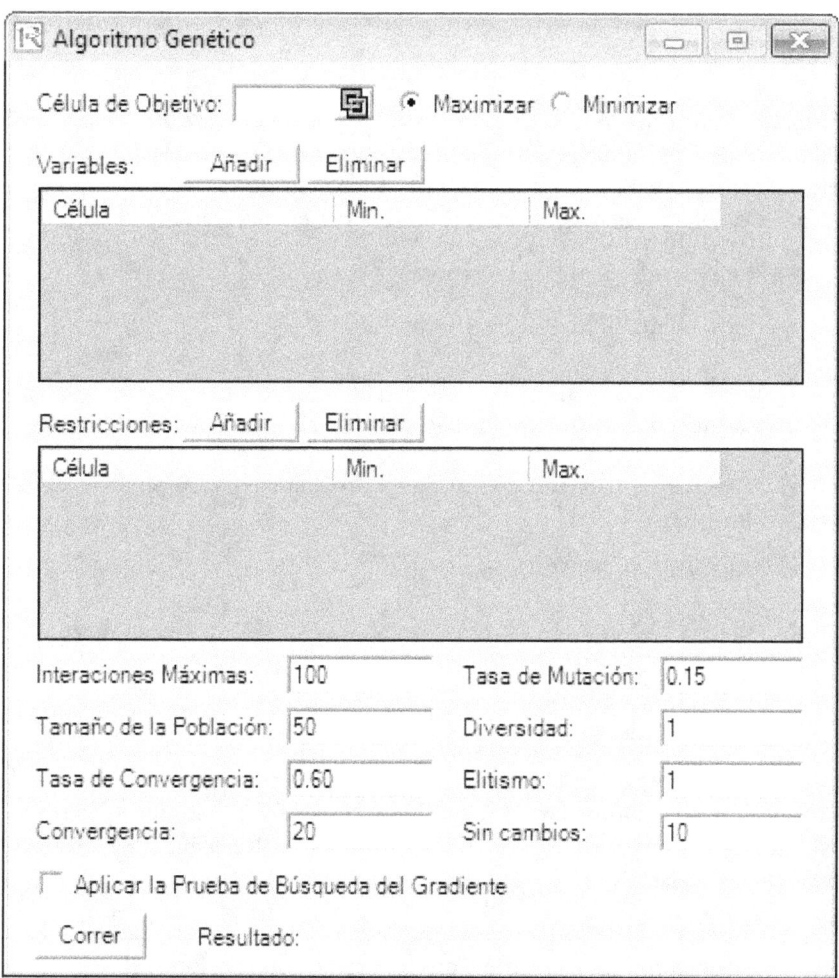

Figura 5.60 – Algoritmo Genético

Árbol de Decisiones

Simulador de Riesgo | Decision Tree (Árbol de Decisiones) ejecuta el módulo del Árbol de Decisiones (Figura 5.61). El Árbol de Decisiones de ROV es utilizado para crear y evaluar modelos de árbol de estrategia. Metodologías avanzadas adicionales y herramientas de análisis también se encuentran incluidas:

- Modelos de Árbol de Decisiones

- Simulación de Riesgo de Monte Carlo

- Análisis de Sensibilidad

- Análisis de Escenario

- Bayesiana (Actualización de Probabilidad Conjunta y Probabilidad Posterior)

- Información del Valor Esperado

- MINIMAX

- MAXIMIN

- Perfil de Riesgo

El módulo del Árbol de Decisiones tiene las mismas funciones que el módulo del Árbol de Estrategia (por favor, revise la sección del módulo del Árbol de Estrategia para mayor información), pero también contiene las siguientes herramientas de análisis adicionales:

- Insertar Decisión, Incertidumbre o nodos Terminales seleccionando cualquier nodo existente y después haciendo clic sobre el ícono del nodo de decisión (cuadrado), el ícono del nodo incertidumbre (círculo), el ícono del nodo terminal (triángulo) o utilizando las funciones en el menú de Insertar.

- Modificar las propiedades de Decisiones, Incertidumbres o Nodo Terminal Individuales haciendo doble clic sobre el nodo. A continuación se muestran algunos artículos del módulo de Árbol de Decisiones únicos adicionales que puede ser personalizado y configurado en propiedades del nodo del interface del usuario:

  - Nodos de Decisiones: Redefinición Personal o Auto Cálculo del valor sobre el nodo. La opción de cálculo automático está configurada predeterminadamente y cuando le da clic a EJECUTAR en el modelo del Árbol de Decisiones, los nodos de decisiones se actualizarán junto con los resultados.

  - Nodo Incertidumbre: Nombres de Eventos, Probabilidades y Configuración de la Hipótesis de Simulación. Puede añadir probables nombres de eventos, probabilidades y hipótesis de simulaciones sólo después de haber creado el branch de incertidumbre.

- Nodo Terminal: Entrada Manual, Liga de Excel y Configuración y Simulación.

- Puede accesar a Mostrar Ventana de Propiedades del Nodo desde el menú de Editar y las propiedades del nodo seleccionado serán actualizados cuando el nodo sea seleccionado.

- El módulo del Árbol de Decisiones también viene con las siguientes avanzadas herramientas de análisis:

  - Modelado de Simulación de Monte Carlo Simulation Modeling sobre el Árbol de Decisiones.

  - Análisis Bayesiana para obtener probabilidades posteriores

  - Valor Esperado de la Información Perfecta, Análisis de MINIMAX y MAXIMIN, Perfiles de Riesgo y Valor de la Información Imperfecta.

  - Análisis de Sensibilidad

  - Análisis de Escenario

  - Análisis de Funciones de Utilidad

- En este módulo encontrará 11 idiomas disponibles y el idioma actual podrá ser cambiado a través del menú de idioma.

- Insertar Opciones, nodos o Insertar Nodos Terminales seleccionando primero algún nodo existente y posteriormente dando clic sobre el ícono del nodo opción(cuadrado) o el ícono del nodo terminal(triángulo), o tulice las funciones de Insertar en el Menú.

- Modificar las Propiedades de los Nodo Opciones individuales o Nodos Terminales haciendo doble clic sobre el nodo. Algunas veces cuando hacemos clic sobre el nodo, todos los nodos subsecuentes también son seleccionados (esto le permite mover todo el árbol desde el nodo seleccionado). Si desea seleccionar sólo un nodo, deberá hacer clic sobre el fondo vacío y volver a hacer clic sobre el nodo para seleccionar individualmente. Incluso, puede mover nodos individualmente o el árbol entero desde el nodo seleccionado dependiendo de la configuración elegido (clic derecho, o en el menú de Editar, y seleccione Mover Nodos Individualmente o Mover Todos los Nodos).

- A continuación se describen cosas que pueden ser personalizados y configurados en propiedades del nodo en el interface del usuario. Y no hay más que simplemente probar las diferentes configuraciones para cada uno de las siguientes características para ver sus efectos en el Árbol de Estrategia:

  - Nombre. El nombre se muestra encima del nodo.

  - Valor. El valor se muestra debajo del nodo.

  - Liga de Excel. Liga el valor desde la celda de la hoja de cálculo de Excel

  - Notas. Puede insertar las notas arriba o abajo del nodo.

- Mostrar en el Modelo. Mostrar cualquier combinación de Nombre, Valor y Notas.

- Color Local contra Color General. El color del nodo puede cambiarse a un nodo local o general.

- Etiqueta dentro de la forma. Se puede colocar texto dentro del nodo (sólo deberá agrandar el nodo para acomodar el texto).

- Nombre del Evento Branch. El texto puede ser colocado en el branch para el principal nodo para indicar cuál es el evento principal para este nodo.

- Seleccionar Opciones Reales. Un específico tipo de opciones reales puede ser asignado al nodo actual. Asignar Opciones Reales a los nodos permite que las herramientas generen la lista de variables de entrada requeridos.

- Se puede personalizar todos los elementos generales, incluyendo elementos de fondo del Árbol de Estrategia, Líneas de Conexión, Nodos Opciones, Nodos Terminales y Caja de Texto. Por ejemplo, la siguiente configuración puede ser modificado para cada uno de los elementos:

  - Configuración de Fuentes del Nombre, Valor, Notas, Etiquetas, Nombre del Evento.

  - Tamaño del Nodo (mínimo y máximo alto y ancho).

  - Bordes (Estilos de línea, ancho y color).

  - Sombras (Colores y partes de aplicación de las sombras).

  - Colores Generales.

  - Forma General.

- El comando de mostrar Ventana de Requisitos de Datos del menú de Editar despliega una ventana a la derecha del Árbol de Estrategia cuando se selecciona el nodo opción o el nodo terminal, mostrando las propiedades del nodo que pueden ser actualizados directamente. Esta función nos da la alternativa a no hacer doble clic cada vez sobre el nodo.

- Archivos de Ejemplo se encuentran disponibles en el menú de Archivo como ayuda a la introducción a la construcción del Árbol de Estrategia.

- Proteger Archivo desde el menú de Archivo permite al Árbol de Estrategia encriptar con clave encriptada a más de 256-bit. Tenga cuidado cuando el archivo haya sido encriptado porque si llegara a perder la clave, ya no podrá abrir el mismo.

- Capturar la pantalla o imprimir el modelo existente lo puede realizar desde el menú a de Archivo. La pantalla capturada puede ser pegada posteriormente dentro de otras aplicaciones.

- Añadir, Duplicar, Renombrar y Eliminar Árbol de Estrategia lo puede realizar con el clic derecho sobre la tabla del Árbol de Estrategia o desde el menú de Editar.

- Incluso podrá Insertar la Liga del Archivo e Insertar Comentarios en cualquier nodo opción o terminal. También Insertar Texto o Insertar Imágenes en cualquier lugar en el fondo o en el área.

- Usted podrá Modificar los Estilos Existentes, o Administrar y Crear el Estilo Personalizado del Árbol de Estrategia (esto incluye especificaciones generales del Árbol de Estrategia como: tamaño, forma, esquema de colores y tamaño/color de las fuentes Decision Tree).

Modelos de Simulación

Esta herramienta ejecuta la Simulación de Riesgo de Monte Carlo sobre el Árbol de Decisiones (Figura 5.62). Esta herramienta permite configurar distribuciones probables como entradas de hipótesis para correr la simulación. Incluso puedes configurar la hipótesis para el nodo seleccionado o configurar una nueva hipótesis y utilizar la nueva hipótesis(o usar la hipótesis creada previamente) en una ecuación numérica o fórmula. Por ejemplo, puedes configurar una nueva hipótesis llamada Normal (ejemplo, Distribución Normal con 100 de media y desviación estándar de 10) y correr la simulación en el Árbol de decisiones, o utilizar esa hipótesis en la ecuación como (100*Normal+15.25). Crea tu propio modelo en el cuadro de expresión numérica. Puede utilizar cálculos básicos o añadir variables existentes en la ecuación haciendo doble click sobre la lista de los variables existentes. Los nuevos variables puedes ser añadidos a la lista, si se requiere, con expresiones numéricas o como hipótesis.

Análisis de Bayesian

Esta herramienta de análisis de Bayesian (Figura 5.63) puede ser realizada sobre cualquiera de los eventos de incertidumbre que están ligadas por la trayectoria. Por ejemplo, en el ejemplo de la derecha, la incertidumbre A y B están ligadas, donde el evento A ocurre primero en la línea del tiempo, y el evento B ocurre después. El primer evento A es la investigación del mercado con 2 resultados (Favorable o no favorable). El segundo evento B es la condición del mercado, también con 2 resultados (Fuerte y Débil). Esta herramienta es utilizada para calcular conjunción y marginal y posteriormente Bayesian actualiza las probabilidades insertando las probabilidades anteriores y la fiabilidad de las probabilidades condicionales; y la fiabilidad de las probabilidades pueden ser calculadas al obtener las actualizaciones posteriores de las probabilidades condicionales. Selecciona el análisis relevante deseado abajo y haga click sobre abrir ejemplo para ver los ejemplos de las entradas correspondientes al análisis seleccionado, y los resultados se mostrarán en la regla a la derecha, así como cuál de los resultados son utilizados como entrada en el árbol de decisiones en la figura.

- PASO 1: Ingrese el nombre para el primer y segundo evento de incertidumbre y seleccione cuantos eventos probables (estado de la naturaleza o resultados) tiene cada evento.

- PASO 2: Ingrese el nombre de cada evento probable o resultado.

- PASO 3: Ingrese el segundo evento antes de la probabilidades y la probabilidad condicional para cada evento o resultado. Las probabilidades deben sumar 100%.

Esta herramienta calcula el calor esperado de la información perfecta (EVPI), Análisis Minimax y Maximin, así como el Perfil de Riesgo y el valor de la información Imperfecta (Figura 5.64). Para iniciar, ingrese el número de la rama de decisiones o las estrategias bajo consideración (ejemplo, construir una instalación grande, mediana o chica) y el número de eventos de incertidumbre o el resultado de los estados de la naturaleza (ejemplo, buen mercado, un mercado malo), e ingrese los pagos esperados bajo cada escenario.

El valor Esperado de la información Perfecta (EVPI), ejemplo, asumiendo que tiene una perfecta visión y que sabe exactamente qué va a hacer (por medio de investigación de mercado y otros medios para una mejor deserción de los resultados probabilísticos), EVPI calcula si hay un valor agregado en dicha información (ejemplo, si la investigación del mercado agrega valor) comparado a las estimaciones más delicadas sobre las probabilidades de los estados de la naturaleza. Para empezar, ingrese el número de la rama de decisiones o la estrategia bajo consideración (ejemplo, construir una instalación grande, mediana o chica) y el número de eventos de incertidumbre o los resultados de los estados de la naturaleza (ejemplo, buen mercado, un mercado malo), e ingrese los pagos esperados bajo cada escenario.

Minimax (minimizando la regresión máxima) y Maximin (maximizando los pagos mínimos) son dos aplicaciones alternas para encontrar la trayectoria de decisión óptima. Estas dos aplicaciones no son usadas frecuentemente pero aún proveen insight adicionales dentro del proceso de toma de decisiones. Ingrese el número de rama de decisiones o trayectorias que existen (ejemplo, construyendo instalaciones grandes, medianos o chicos), así como eventos de incertidumbre o estados de la naturaleza bajo cada trayectoria (ejemplo: buena economía vs. mala economía). Después, complete la tabla de pagos para varios escenarios y calcule los resultados de Minimax y Maximin. Incluso podrá dar click sobre abrir ejemplo para ver los ejemplos del cálculo.

Sensibilidad

El análisis de Sensibilidad (Figura 5.65) sobre la entrada de probabilidad es realizada para determinar su impacto sobre los valores de la trayectoria de decisión. Primero, seleccione un nodo de decisión para analizar abajo, después seleccione un evento de probabilidad para probar desde la lista. Si existen múltiples eventos de incertidumbre con probabilidades idénticas, entonces estos se pueden analizar independientemente o al mismo tiempo.

La gráfica de sensibilidad muestra los valores de las trayectorias de decisiones bajo la variación del nivel de probabilidad. Los valores numéricos son mostrados en la tabla de resultados. La locación de la línea de cruce, en su caso, representa en qué evento probabilístico determinada trayectoria de decisión se vuelve dominante sobre los demás.

La tabla de Escenario (Figura 5.66) puede ser generada para determinar el valor de resultado dado algunos cambios en la entrada. Puede seleccionar uno o más trayectoria de decisiones para analizar(los resultados de cada trayectoria seleccionada se representará en tablas y gráficas separadas), y uno o dos incertidumbre o nodos de terminal como los variables de entrada para la tabla de escenario.

- Seleccione una o más trayectoria de decisiones desde la lista de abajo para analizar.

- Seleccione una o dos eventos de incertidumbre o terminal de pagos para modelar.

- Decida si desea cambiar la probabilidad del evento por su cuenta o cambiar todos los eventos de la probabilidad al mismo tiempo.

- Ingrese la entrada del rango del escenario.

Funciones de Utilidades

Funciones de Utilidades (Figura 5.67), o U(x) son a veces, utilizados en lugar de los valores esperados del terminal de pagos en el árbol de decisiones. U(x) puede ser desarrollada de dos formas: utilizando tediosa y detallada experimentación de todos los posibles resultados, o por el método de extrapolación exponencial (utilizado aquí). Ellos pueden moldear para quienes toman las decisiones que tienen aversión al riesgo (Abajo es más desastroso o doloroso que, o igual al potencial de arriba), que tiene riesgo neutral (arriba y abajo tiene la misma atracción), o que es amante de riesgo (potencial de arriba es más atractivo). Ingrese el valor mínimo y máximo esperado del terminal de pagos y el número de los puntos de datos que se encuentran en medio para calcular la curva de la utilidad y la tabla.

Si tiene una apuesta de 50:50 en donde ya sea que gane \$X o pierda -\$X/2 contra no jugar y tener una ganancia de \$0 de pago, cuál debería ser el valor de \$X? Por ejemplo, si es indiferente entre apostar en donde puede ganar \$100 o perder -\$50 con la misma probabilidad comparado a no jugar, entonces el X es de \$100. Ingrese X en la ganancia positiva del cuadro de abajo. Note que entre más grande sea X, menos aversión al riegos tiene; y entre menor sea X, indica que tiene más aversión al riesgo.

Ingresar la entrara requerida, seleccionar el tipo de U(x), y hacer click a Calcular Utilidad para obtener los resultados. Puede incluso aplicar los valores U(x) calculados al Árbol de decisión para volver a ejecutarlo, o revertir el Árbol utilizando los valores esperados de los Pagos.

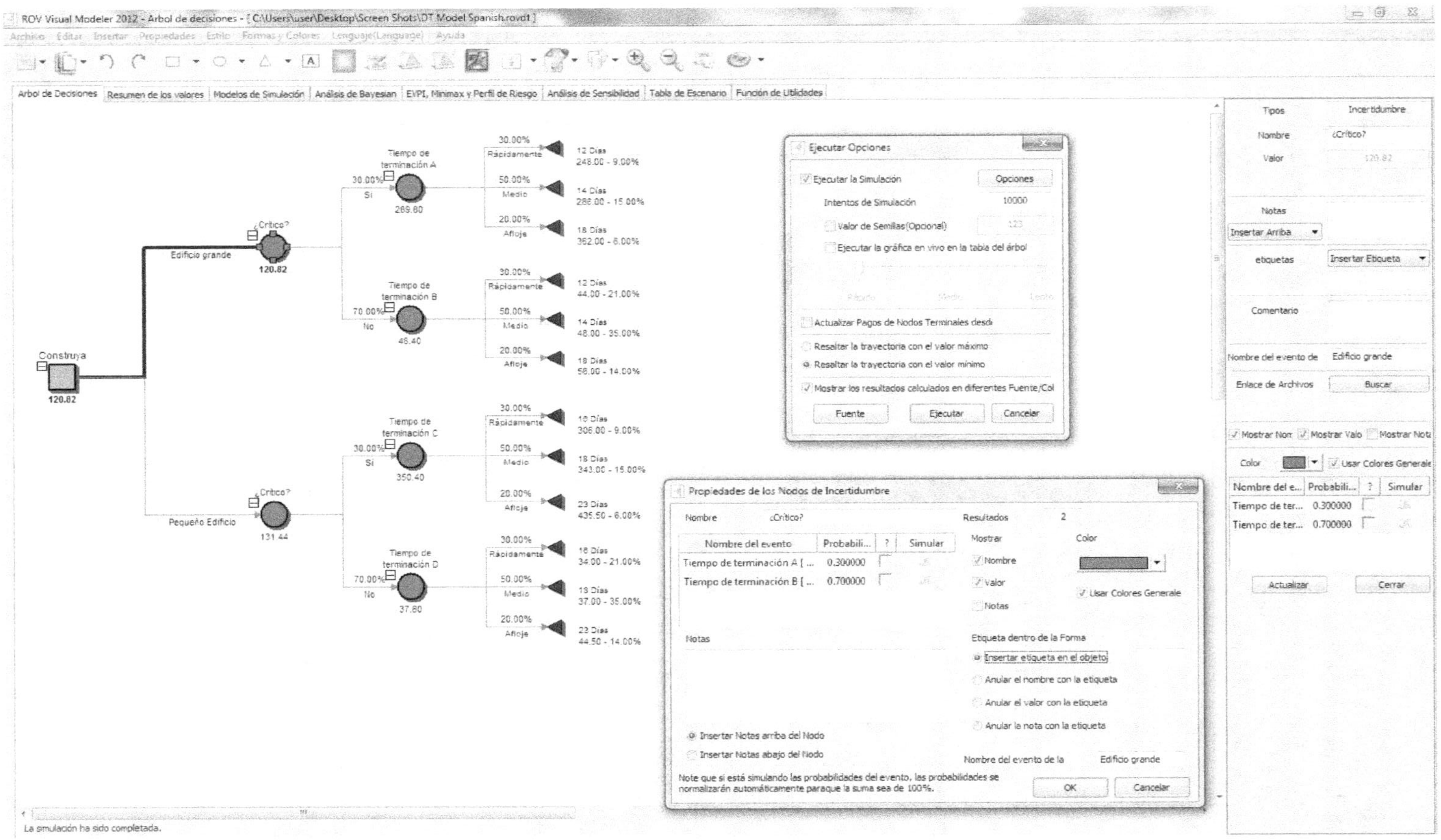

Figura 5.61 – ROV Árbol de Decisiones (Árbol de Decisiones)

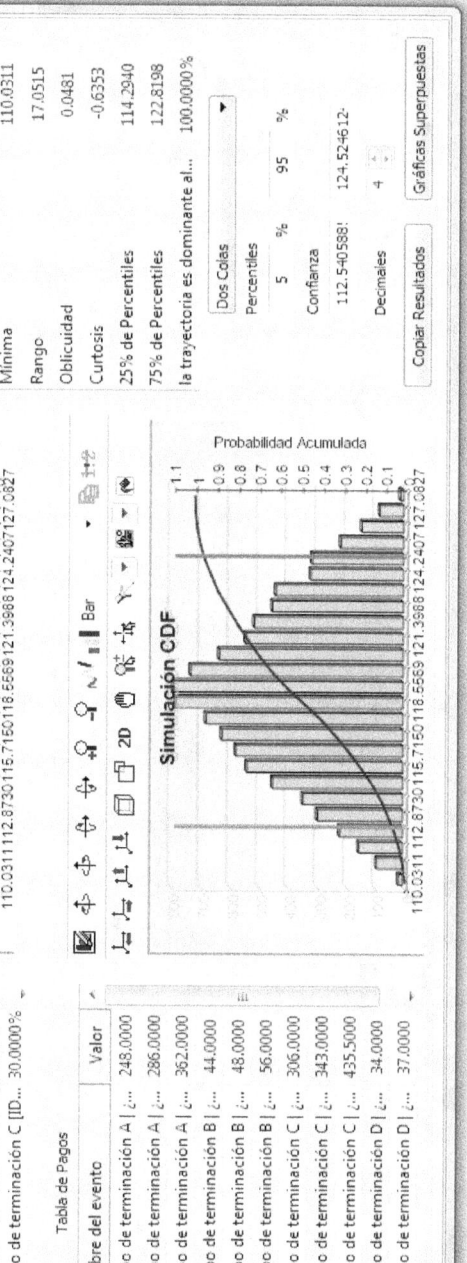

Figura 5.62 – ROV Árbol de Decisiones (Resultado de la Simulación)

Archivo Editar Insertar Propiedades Estilo Formas y Colores Lenguaje(Language) Ayuda

Arbol de Decisiones | Resumen de los valores | Modelos de Simulación | Análisis de Bayesian | EvPI, Minimax y Perfil de Riesgo | Análisis de Sensibilidad | Tabla de Escenario | Función de Utilidades

Esta herramienta de análisis de Bayesian puede ser realizada sobre cualquiera de los eventos de incertidumbre que están ligados por la trayectoria. Por ejemplo, en el ejemplo de la derecha, la incertidumbre A y B están ligadas, donde el evento A ocurre primero en la línea del tiempo, y el evento B ocurre después. El primer evento A es la investigación del mercado con 2 resultados(Favorable o no favorable). El segundo evento B es la condición del mercado, también con 2 resultados(Fuerte y Debil). Esta herramienta es utilizada para calcular conjunción y marginal y posteriormente Bayesian actualiza las probabilidades insertando las probabilidades anteriores y la fiabilidad de las probabilidades condicionales; y la fiabilidad de las probabilidades pueden ser calculadas al obtener las actualizaciones posteriores de las probabilidades condicionales. Selecciona el análisis relevante deseado abajo y haga click sobre abrir ejemplo para ver los ejemplos de las entradas correspondientes al análisis seleccionado, y los resultados se mostrarán en la regla a la derecha, así como cuál de los resultados son utilizados como entrada en el árbol de decisiones en la figura.

○ Calcular Bayesian-actualizado posteriormente a las probabilidades dadas previamente y Confiabilidad de la unión de probabilidades(más común)

○ Calcular la confiabilida de Unión de Probabilidades dadas las probabilidades previas y posteriores(menos común)

PASO 1: Ingrese el nombre para el primer y segundo evento de incertidumbre y seleccione cuantos eventos probables (estado de la naturaleza o resultados) tiene cada evento.

| nombre del primer evento | Market Research | Evento probable o Estado | 2 |
| Nombre del segundo evento | Market Conditons | Evento probable o Estado | 2 |

PASO 2: Ingrese el nombre de cada evento probable o resultado.

Estado	Market Research		Market Conditions
1	Favorable		Strong
2	Unfavorable		Weak

PASO 3: Ingrese el segundo evento antes de la probabilidad y la probabilidad condicional para cada evento o resultado. Las probabilidades deben sumar 100%.

Eventos	Antes de P(x)	Favorable	Unfavorable	SUMA
Strong	45.00%	60.00%	40.00%	100.00%
Weak	55.00%	30.00%	70.00%	100.00%
SUMA	100.00%			

Abrir Ejemplo

Calcular

Modelo Guardado

Nombre

Añadir

Borrar

Decision

Market Research

Market Research Reliability
60% (Favorable given Strong)
40% (Unfavorable given Strong)
30% (Favorable given Weak)
70% (Unfavorable given Weak)

First Uncertainty

Second Uncertainty (F) 43.50◨ Favorable

Second Uncertainty (U) 56.50◨ Unfavorable

Strong Market 62.07% PRIOR PROBABILITIES 45% AND 55%

Weak Market 37.93%

Strong Market 31.86% PRIOR PROBABILITIES 45% AND 55%

Weak Market 68.14%

Resultado del Análisis Bayesian

Antes de Probabilidades y Confiabilidad de la probabilidad

Probabilidad (Strong)	45.00%
Probabilidad (Weak)	55.00%
Probabilidad (Favorable | Strong)	60.00%
Probabilidad (Favorable | Weak)	30.00%
Probabilidad (Unfavorable | Strong)	40.00%
Probabilidad (Unfavorable | Weak)	70.00%

Probabilidad de Unión y Marginal

Probabilidad (Favorable)	43.50%
Probabilidad (Unfavorable)	56.50%
Probabilidad (Strong ∩ Favorable)	27.00%
Probabilidad (Weak ∩ Favorable)	16.50%
Probabilidad (Strong ∩ Unfavorable)	18.00%
Probabilidad (Weak ∩ Unfavorable)	38.50%

Posterior o Probabilidad Actualizada

Probabilidad (Strong	Favorable)	62.07%
Probabilidad (Weak	Favorable)	37.93%
Probabilidad (Strong	Unfavorable)	31.86%
Probabilidad (Weak	Unfavorable)	68.14%

Figura 5.63 – ROV Árbol de Decisiones (Análisis de Bayes)

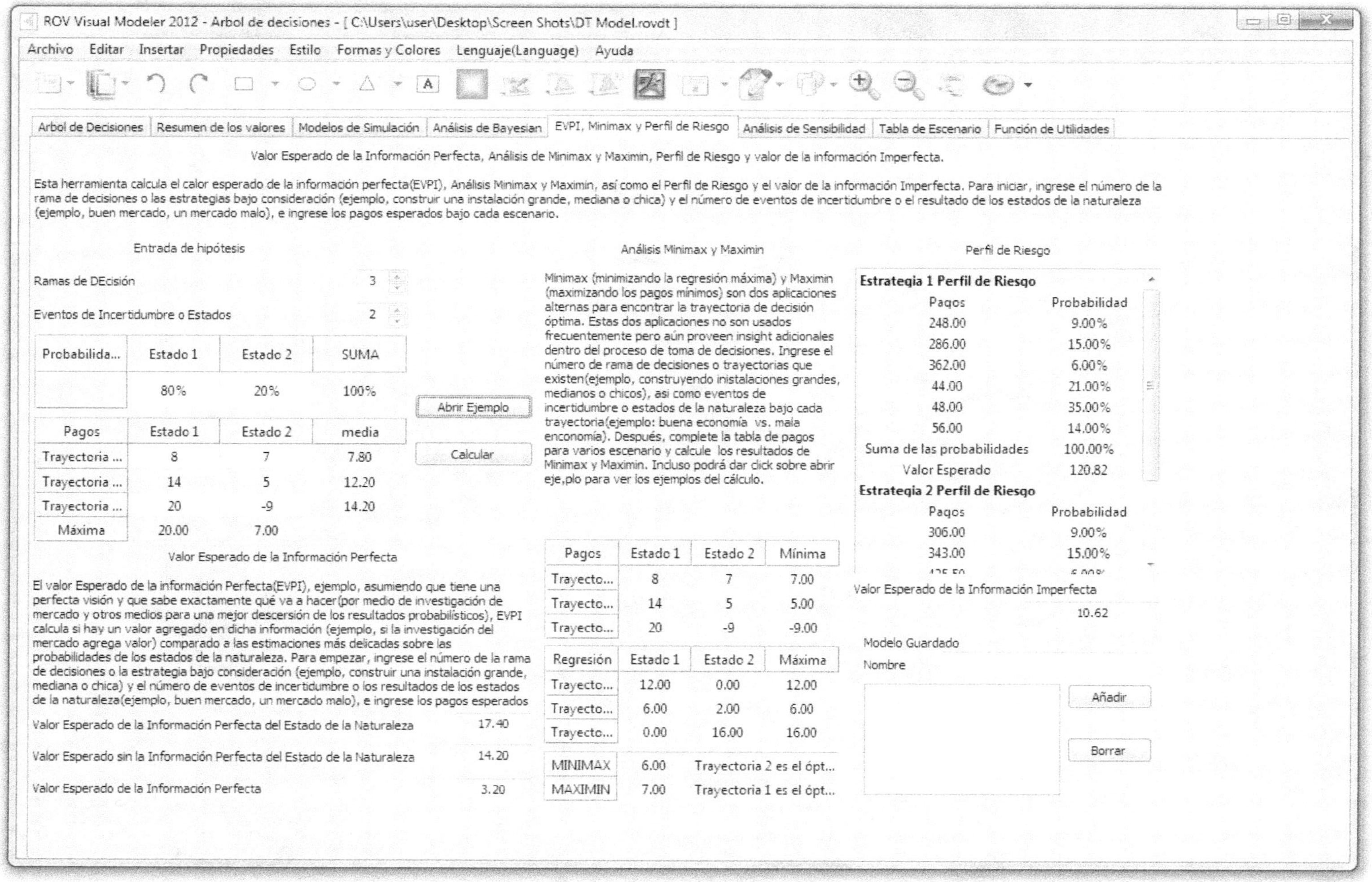
ROV Visual Modeler 2012 - Arbol de decisiones - [C:\Users\user\Desktop\Screen Shots\DT Model.rovdt]
Archivo Editar Insertar Propiedades Estilo Formas y Colores Lenguaje(Language) Ayuda
Arbol de Decisiones
Resumen de los valores
Modelos de Simulación
Análisis de Bayesian
EVPI, Minimax y Perfil de Riesgo
Análisis de Sensibilidad
Tabla de Escenario
Función de Utilidades
Valor Esperado de la Información Perfecta, Análisis de Minimax y Maximin, Perfil de Riesgo y valor de la información Imperfecta.
Esta herramienta calcula el calor esperado de la información perfecta(EVPI), Análisis Minimax y Maximin, así como el Perfil de Riesgo y el valor de la información Imperfecta. Para iniciar, ingrese el número de la rama de decisiones o las estrategias bajo consideración (ejemplo, construir una instalación grande, mediana o chica) y el número de eventos de incertidumbre o el resultado de los estados de la naturaleza (ejemplo, buen mercado, un mercado malo), e ingrese los pagos esperados bajo cada escenario.
Entrada de hipótesis
Ramas de DEcisión 3
Eventos de Incertidumbre o Estados 2
Probabilida... Estado 1 Estado 2 SUMA
80% 20% 100%
Pagos Estado 1 Estado 2 media
Trayectoria ... 8 7 7.80
Trayectoria ... 14 5 12.20
Trayectoria ... 20 -9 14.20
Máxima 20.00 7.00
Abrir Ejemplo
Calcular
Valor Esperado de la Información Perfecta
El valor Esperado de la información Perfecta(EVPI), ejemplo, asumiendo que tiene una perfecta visión y que sabe exactamente qué va a hacer(por medio de investigación de mercado y otros medios para una mejor descersión de los resultados probabilísticos), EVPI calcula si hay un valor agregado en dicha información (ejemplo, si la investigación del mercado agrega valor) comparado a las estimaciones más delicadas sobre las probabilidades de los estados de la naturaleza. Para empezar, ingrese el número de la rama de decisiones o la estrategia bajo consideración (ejemplo, construir una instalación grande, mediana o chica) y el número de eventos de incertidumbre o los resultados de los estados de la naturaleza(ejemplo, buen mercado, un mercado malo), e ingrese los pagos esperados
Valor Esperado de la Información Perfecta del Estado de la Naturaleza 17.40
Valor Esperado sin la Información Perfecta del Estado de la Naturaleza 14.20
Valor Esperado de la Información Perfecta 3.20
Análisis Minimax y Maximin
Minimax (minimizando la regresión máxima) y Maximin (maximizando los pagos mínimos) son dos aplicaciones alternas para encontrar la trayectoria de decisión óptima. Estas dos aplicaciones no son usados frecuentemente pero aún proveen insight adicionales dentro del proceso de toma de decisiones. Ingrese el número de rama de decisiones o trayectorias que existen(ejemplo, construyendo inistalaciones grandes, medianos o chicos), así como eventos de incertidumbre o estados de la naturaleza bajo cada trayectoria(ejemplo: buena economía vs. mala enconomía). Después, complete la tabla de pagos para varios escenario y calcule los resultados de Minimax y Maximin. Incluso podrá dar click sobre abrir eje,plo para ver los ejemplos del cálculo.
Pagos Estado 1 Estado 2 Mínima
Trayecto... 8 7 7.00
Trayecto... 14 5 5.00
Trayecto... 20 -9 -9.00
Regresión Estado 1 Estado 2 Máxima
Trayecto... 12.00 0.00 12.00
Trayecto... 6.00 2.00 6.00
Trayecto... 0.00 16.00 16.00
MINIMAX 6.00 Trayectoria 2 es el ópt...
MAXIMIN 7.00 Trayectoria 1 es el ópt...
Perfil de Riesgo
Estrategia 1 Perfil de Riesgo
Pagos Probabilidad
248.00 9.00%
286.00 15.00%
362.00 6.00%
44.00 21.00%
48.00 35.00%
56.00 14.00%
Suma de las probabilidades 100.00%
Valor Esperado 120.82
Estrategia 2 Perfil de Riesgo
Pagos Probabilidad
306.00 9.00%
343.00 15.00%
Valor Esperado de la Información Imperfecta
10.62
Modelo Guardado
Nombre
Añadir
Borrar

Figura 5.64 – ROV Árbol de Decisiones (EVPI, MINIMAX, Perfil de Riesgo)

ROV Visual Modeler 2012 - Árbol de decisiones - [C:\Users\user\Desktop\Screen Shots\DT Model Spanish.rovdt]

Archivo Editar Insertar Propiedades Estilo Formas y Colores Lenguaje(Language) Ayuda

Árbol de Decisiones | Resumen de los valores | Modelos de Simulación | Análisis de Bayesian | EVPI, Minimax y Perfil de Riesgo | Análisis de Sensibilidad | Tabla de Escenario | Función de Utilidades

El análisis de Sensibilidad sobre la entrada de probabilidad es realizada para determinar su impacto sobre los valores de la trayectoria de decisión. Primero, seleccione un nodo de decisión para analizar abajo, después seleccione un evento de probabilidad para probar desde la lista. Si existe múltiples eventos de incertidumbre con probabilidades idénticas, entonces estos se puede analizar independientemente o al mismo tiempo.

Pasos 1: Seleccione uno o más trayectoria de decisión desde la lista para analizar.

Pasos 2: Seleccione un evento de incertidumbre (estado de la naturaleza) o un pago de nodo terminal para modelar.

Pasos 3: Decida si desea cambiar la probabilidad del evento por su cuenta o cambiar todas las probabilidades/pagos similares al mismo tiempo.

○ Analiza las probabilidades/pagos en grupos
○ Analiza la probabilidad/pagos individuales

Si realiza un análisis agrupado, revisa los miembros del grupo, seleccione cualquier miembro del grupo adicional o deseleccione cualquier evento.

☑ Auto seleccionar miembros del grupo

Nodos de Decisión

Nodo y ID	Valor
Construya [1]	
☐ ¿Crítico?	120.82
☑ ¿Crítico?	131.44

Nodos de Incertidumbre y Nodos de Terminal

Nodo y ID	Probabilidad
¿Crítico? [1.1]	
☐ Tiempo de termina...	30.00%
☐ Tiempo de termina...	70.00%
¿Crítico? [1.2]	
☐ Tiempo de termina...	30.00%
☐ Tiempo de termina...	70.00%
Tiempo de terminación...	
☐ 12 Días	30.00%
☐ 14 Días	50.00%
☑ 18 Días	20.00%
Tiempo de terminación...	
☐ 12 Días	30.00%
☐ 14 Días	50.00%
☑ 18 Días	20.00%
Tiempo de terminación...	
...	.....

Modelo Guardado
Nombre   Model 1

Model 1

[Añadir] [Borrar]

La gráfica de sensibilidad muestra los valores de las trayectorias de decisiones bajo la variación del nivel de probabilidad. Los valores numéricos son mostrados en la tabla de resultados. La locación de la línea de cruce, en su caso, representa en qué evento probabilístico determinada trayectoria de decisión se vuelve dominante sobre los demás.

Pasos 4: Ingresar la entrada del rango de sensibilidad

Probabilidad de ___ de ___ 0.00% a 100.00% Tamaño 5.00%
Terminal de Pagos ___ de ___ a ___ Tamaño 20.00%

[Calcular]

Probabilidades	0.00%	5.00%	10.00%	15.00%	20.00%
¿Crítico?	122.20	124.18	126.16	128.14	130.12

Sensibilidad

Figura 5.65 – ROV Árbol de Decisiones (Análisis de Sensibilidad)

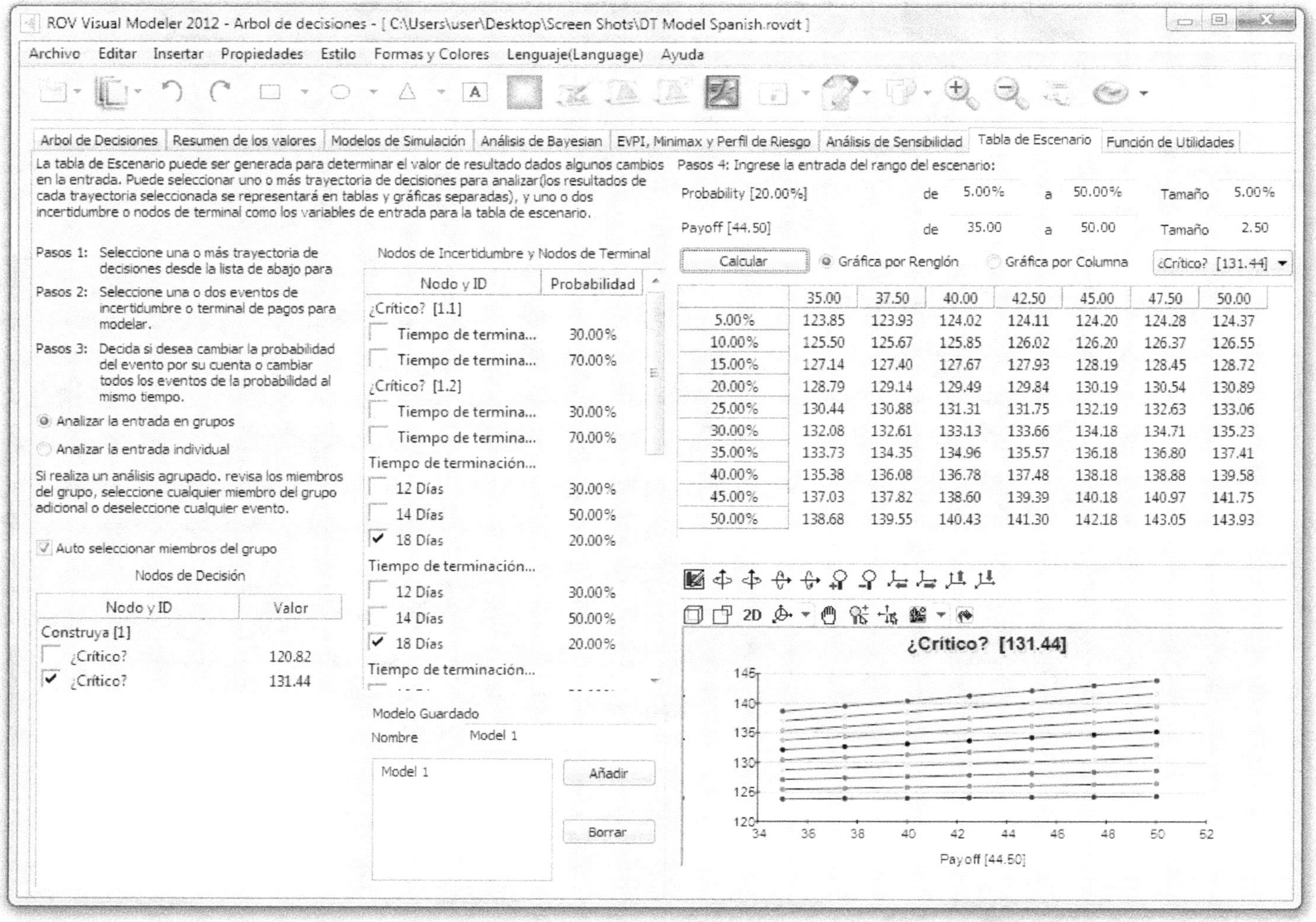

Figura 5.66 – ROV Árbol de Decisiones (Tabla de Escenario)

ROV Visual Modeler 2012 - Árbol de decisiones - [C:\Users\user\Desktop\Screen Shots\DT Model Model Spanish.rovdt]

Archivo   Editar   Insertar   Propiedades   Estilo   Formas y Colores   Lenguaje(Language)   Ayuda

Árbol de Decisiones | Resumen de los valores | Modelos de Simulación | Análisis Bayesian | EVPI, Minimax y Perfil de Riesgo | Análisis de Sensibilidad | Tabla de Escenario | Función de Utilidades

La tabla de Escenario puede ser generada para determinar el valor de resultado dados algunos cambios en la entrada. Puede seleccionar uno o más trayectoria de decisiones para analizar (los resultados de cada trayectoria seleccionada se representará en tablas y gráficas separadas), y uno o dos incertidumbre o nodos de terminal como los variables de entrada para la tabla de escenario.

Pasos 1: Seleccione una o más trayectoria de decisiones desde la lista de abajo para

Pasos 2: Seleccione una o dos eventos de incertidumbre o terminal de pagos para modelar.

Pasos 3: Decida si desea cambiar la probabilidad del evento por su cuenta o cambiar todos los eventos de la probabilidad al mismo tiempo.

○ Analizar la entrada en grupos
○ Analizar la entrada individual

Si realiza un análisis agrupado, revisa los miembros del grupo, seleccione cualquier miembro del grupo adicional o deseleccione cualquier evento.

☑ Auto seleccionar miembros del grupo

Construya [1]

Nodo y ID	Valor
¿Crítico?	120.82
¿Crítico?	131.44

Nodos de Incertidumbre y Nodos de Terminal

Nodo y ID	Probabilidad
¿Crítico? [1.1]	
Tiempo de termina...	30.00%
Tiempo de termina...	70.00%
¿Crítico? [1.2]	
Tiempo de termina...	30.00%
Tiempo de termina...	70.00%
Tiempo de terminación...	
12 Días	30.00%
14 Días	50.00%
☑ 18 Días	20.00%
Tiempo de terminación...	
12 Días	30.00%
14 Días	50.00%
☑ 18 Días	20.00%
Tiempo de terminación...	

Modelo Guardado
Nombre   Model 1

Model 1

Añadir   Borrar

Pasos 4: Ingrese la entrada del rango del escenario:

Probability [20.00%]   de   5.00%   a   50.00%   Tamaño   5.00%
Payoff [44.50]   de   35.00   a   50.00   Tamaño   2.50

Calcular   ○ Gráfica por Renglón   ○ Gráfica por Columna   ¿Crítico? [131.44]

	35.00	37.50	40.00	42.50	45.00	47.50	50.00
5.00%	123.85	123.93	124.02	124.11	124.20	124.28	124.37
10.00%	125.50	125.67	125.85	126.02	126.20	126.37	126.55
15.00%	127.14	127.40	127.67	127.93	128.19	128.45	128.72
20.00%	128.79	129.14	129.49	129.84	130.19	130.54	130.89
25.00%	130.44	130.88	131.31	131.75	132.19	132.63	133.06
30.00%	132.08	132.61	133.13	133.66	134.18	134.71	135.23
35.00%	133.73	134.35	134.96	135.57	136.18	136.80	137.41
40.00%	135.38	136.08	136.78	137.48	138.18	138.88	139.58
45.00%	137.03	137.82	138.60	139.39	140.18	140.97	141.75
50.00%	138.68	139.55	140.43	141.30	142.18	143.05	143.93

2D   ¿Crítico? [131.44]

Payoff [44.50]

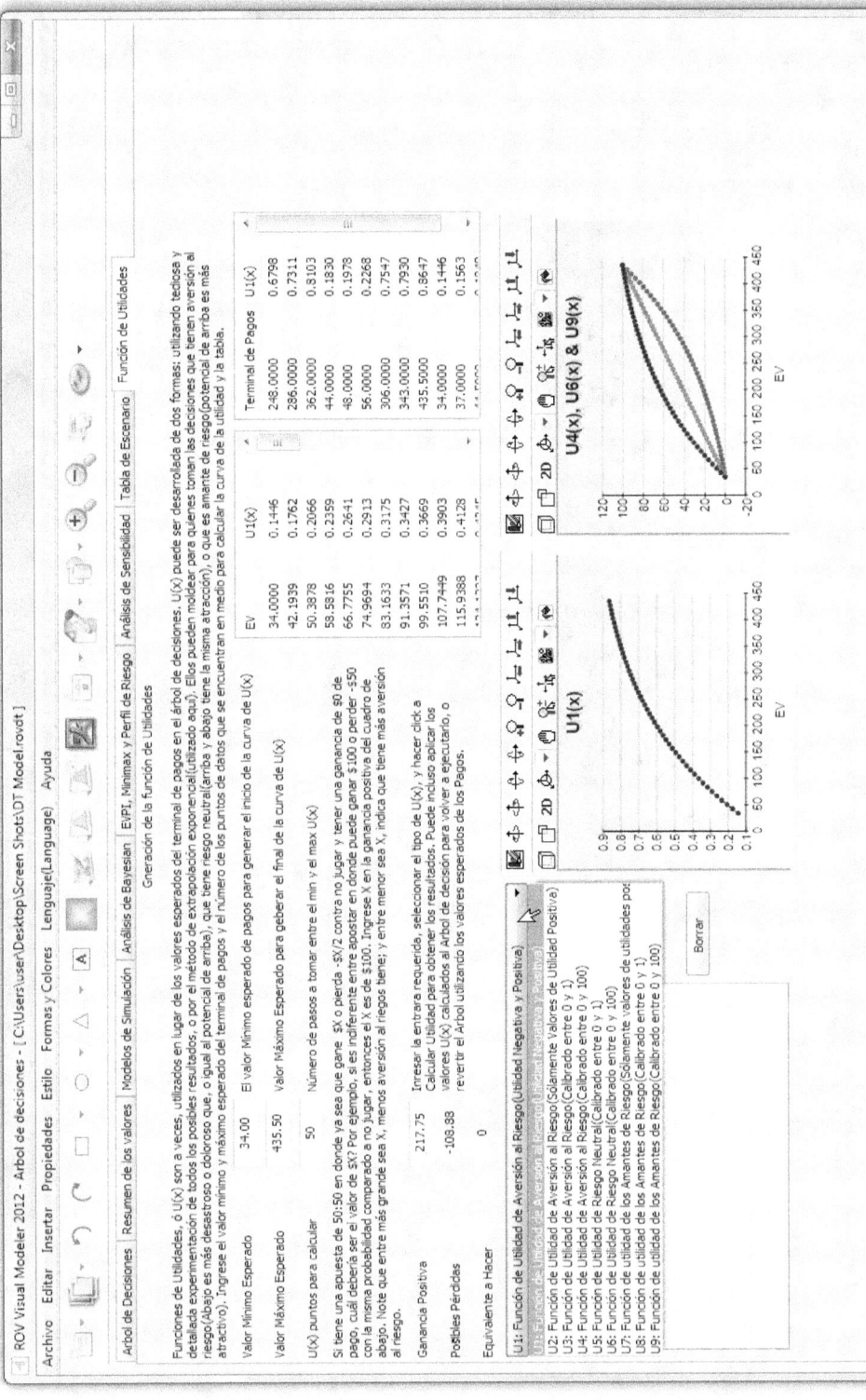

Figura 5.67 – ROV Árbol de Decisiones (Funciones de Utilidad)

6. AYUDAS Y TECNICAS VALIOSAS

Los siguientes son algunos rápidos consejos útiles y técnicas directas para los usuarios avanzados del **Simulador de Riesgo**. Para detalles sobre cómo usar herramientas específicas, por favor, busque la sección correspondiente en el manual del usuario.

Consejos: Supuestos (Interfaz del Usuario para establecer supuestos)

- Selección Rápida: Seleccione alguna distribución y escriba una letra y esta se ubicará en la primera distribución que empieza con esa letra (Ejemplo: presione Distribución *Normal* y teclee W, inmediatamente lo llevará a la distribución Weibull).

- Vista con click derecho: Seleccione alguna distribución, presione clic derecho y seleccione las diferentes visualizaciones de las distribuciones (iconos grandes, iconos pequeños, estado).

- *Tab* para actualización de Gráficos: Después de ingresar algunos nuevos parámetros (Ej. Escriba una nueva media o desviación estándar), presione *Tab* en el teclado o presione en cualquier parte sobre la interfaz fuera del marco para ver como el gráfico de la distribución de la probabilidad se actualiza automáticamente.

- Introducir Correlaciones: Usted puede introducir correlaciones por parejas directamente (las columnas se ajustan de acuerdo a la necesidad), use la herramienta de ajuste de la distribución múltiple para que automáticamente calcule e introduzca todas las parejas de correlaciones, o después de establecer algunos supuestos, use la herramienta de edición de correlación para introducir su matriz de correlaciones.

- Ecuaciones en un Supuesto de Entrada: Sólo celdas vacías o con valores estáticos pueden ser asumidas como supuestos; sin embargo, muchas veces habrá la necesidad de introducir una función o una ecuación en la misma, esto se podrá hacer sí, primero se introduce el supuesto y luego se escribe la función o la ecuación (cuando la simulación está corriendo, los valores simulados reemplazaran la función, y si la simulación se completa, la función o la ecuación se mostrarán de nuevo en la celda).

- Copiar y Pegar usando *Escape*: Cuando escoja una celda y use la función *copiar* del **Simulador de Riesgo**, este copia todo en el portapapeles de Windows, incluyendo el valor de la celda, ecuación, función, color, fuente, y tamaño; igualmente los supuestos y los pronósticos y las variables de decisión del **Simulador de Riesgo**. Posteriormente si Usted aplica la función *Pegar* del Simulador **de Riesgo**, tiene dos opciones. La primera, es aplicar dicha función directamente y todos los valores anteriormente nombrados serán pegados en la nueva celda. La segunda opción es, primero presionar la tecla *Escape* en el teclado y luego aplicar la opción *Pegar* del **Simulador de Riesgo**. Al oprimir *Escape* el **Simulador de Riesgo** entiende que usted quiere pegar el supuesto, pronóstico, o la variable de decisión y no los valores de la celda, el color, la ecuación, la función, la fuente y demás. Al oprimir *Escape* antes que la opción pegar le permite mantener el objetivo de la celda y sus valores y computaciones, y pega únicamente los parámetros del **Simulador de Riesgo**.

- Copiar y Pegar en Muchas Celdas: Usted puede seleccionar muchas celdas para copiar y pegar (incluyendo o no supuestos).

- Establecer supuestos: fije parejas de correlaciones usando el dialogo del supuesto (Es ideal para ingresar varias correlaciones, únicamente).

- Editar correlaciones: Configurar una matriz de correlación introducida manualmente introduciéndola o pegándola desde el portapapeles de Windows (Ideal para matrices de correlación grandes y correlaciones múltiples).

- Ajuste de una Distribución Múltiple: Automáticamente computa e ingresa parejas de correlaciones (ideal para relacionar el ajuste de variables múltiples, automáticamente calcula las correlaciones y decide cuál correlación es estadísticamente significativa).

- Estimación del Parámetro Estocástico: En los reportes de *Análisis Estadísticos y de Diagnósticos de Datos*, hay una pestaña de estimaciones de parámetros estocásticos que estiman la volatilidad, la deriva, la tasa de reversión a la media y la tasa de difusión y salto con base en datos históricos. Tenga en la cuenta que los resultados de los parámetros se basan únicamente en datos históricos, y que los parámetros pueden cambiar con el tiempo y en función con la cantidad de datos históricos. Además el análisis de resultado muestra todos los parámetros y esto no implica que modelo cual sea el proceso estocástico (Por Ejemplo: Movimiento browniano, reversión a la media, salto - difusión o un proceso mixto) que mejor se ajuste. Corresponde al usuario tomar esta decisión con base en la variable de series de tiempo que será pronosticada. El análisis no puede determinar qué proceso es mejor, pues esto corresponde al usuario (Por ejemplo el proceso de movimiento browniano es el mejor para modelar el precio de las acciones, pero éste no puede determinar que los datos históricos analizados pertenecen a una población o alguna otra variable, sólo el usuario sabrá esto). Por último un buen consejo es que si un determinado parámetro está fuera del rango normal, el proceso que requiere este parámetro de entrada es muy probable que el proceso no sea el correcto. (por Ej. Si la tasa de reversión a la media es de 110% es probable que ésta no sea la correcta.

Consejos: Análisis de Distribución, Gráficos y Tablas de Probabilidad

- Análisis de Distribución: Se usa para calcular en forma rápida los PDF, CDF, ICDF de las 42 distribuciones de probabilidad disponibles en el Simulador de Riesgo, y muestra estos valores en una *tabla*.

- Tablas y Gráficos de Distribución: Usados para comparar *diferentes parámetros de la misma distribución* (Ej. Las formas y valores PDF, CDF, ICDF de una Distribución Weibull con Alfa y Beta de (2,2), (3,5) y (3, 5,8), superponiéndolas una encima de otra).

- Gráficas Sobrepuestas: Usados para comparar *diferentes distribuciones* (introducción de supuestos teóricos y resultados de pronósticos empíricamente simulados) y superponerlos uno encima de otros para una comparación visual.

Consejos: Frontera Eficiente

- Variables de Frontera Eficiente: Para acceder a ellas, primero se establecen los límites del modelo antes de establecer las variables de la frontera eficiente.

Consejos: Celdas de Pronóstico

- Celdas de Pronóstico sin ecuaciones: Usted puede establecer pronósticos de salida sin una ecuación o valor alguno (Simplemente ignore el mensaje de advertencia), pero verifique que el gráfico del pronóstico resultante esté vacío. Los pronósticos de salida, se establecen típicamente en celdas vacías cuando hay macros que están siendo calculadas y la celda continuamente se estará actualizando.

Consejos: Gráficos de Pronóstico

- *El Tabulador* contra *la barra Espaciadora:* Presione el Tabulador en el teclado para actualizar el gráfico del pronóstico y obtenga el percentil y los valores de confianza una vez usted ingrese algunos supuestos, y presione la barra espaciadora para rotar entre varias pestañas en el gráfico del pronóstico.

- Vista Normal vs. Vista Global: presione sobre estas pestañas para rotar entre una interfaz con pestañas y una global donde todos los elementos del gráfico de pronóstico son visibles al tiempo.

- Copiar – copie la gráfica de pronóstico o la vista global dependiendo si desea la vista normal o global

Consejos: Pronóstico

- Vincular la Dirección de la Celda: Sí usted selecciona los datos en la hoja de cálculo y luego ejecuta la herramienta de pronóstico, la dirección en la celda de los datos seleccionados se incluirá automáticamente en la interfaz del usuario, de lo contrario tendrá que introducir manualmente la dirección en la celda o usar el icono de enlace para buscar la localización de los datos pertinentes.

- Pronóstico RMSE: Úselo como una medida de error universal sobre múltiples modelos de pronósticos para hacer comparaciones sobre la exactitud de cada modelo.

Consejos: Pronóstico: ARIMA

- Periodos de Pronóstico: El número de filas con datos exógenos tiene que exceder las filas de datos de series de tiempo pero como mínimo los períodos de pronóstico deseados. (Ej. Si quiere pronosticar 5 períodos en el futuro y tiene unos datos de series de tiempo con 100 puntos, usted necesitará, por lo menos 105 o más datos de puntos en la variable exógena), de lo contrario sólo corra ARIMA sin la variable exógena para pronosticar tantos períodos como desee y sin ninguna limitación.

Consejos: Pronóstico: Econometría Básica

- Separación de Variables con punto y coma: Separación de variables independientes usando punto y coma.

Consejos: Pronósticos: Logit, Probit y Tobit

- Requerimientos de Datos: Las variables dependientes para correr los modelos Logit y Probit deberán ser únicamente binarios (0 y 1), mientras el modelo Tobit puede tomar un binario y otro valor decimal numérico, Las variables independientes para todos los tres modelos pueden tomar cualquier valor numérico.

Consejos: Pronósticos: Procesos Estocásticos

- Supuestos de Entrada por defecto: En caso de duda, use los supuestos por defecto como un punto de inicio para desarrollar su modelo personalizado.

- Herramienta de Análisis Estadístico para la Estimación de Parámetros: Use esta herramienta para calibrar los parámetros en los modelos de proceso estocástico estimándolos con sus datos.

- Modelo de Proceso Estocástico: A veces, si la interfaz del usuario del Proceso Estocástico se bloquea durante mucho tiempo, es probable que sus supuestos sean incorrectos y el modelo no se ha especificado correctamente (Ej. Si la tasa reversión a la media es de 110% es probable que ese paso no sea el correcto, y así sucesivamente), por favor intente con otros supuestos o use un modelo diferente.

Consejos: Pronóstico: Líneas de Tendencias

- Resultados del Pronóstico: Vaya al final del informe para ver los valores pronosticados.

Consejos: Instalando Funciones

- Funciones RS: Se establecen hipótesis de entrada y se obtiene estadísticas de pronóstico que se pueden usar dentro de la hoja de cálculo. Para esto debe instalar primero las *funciones del Simulador de Riesgo* (Inicio, *Programas, Real Options Valuation, Risk Simulator, Tools, instalar funciones*), posteriormente, dentro de Excel, corra una simulación antes de establecer las funciones de Simulador de Riesgo. Vaya al ejemplo de muestra 24 para ver un ejemplo de cómo se usan estas funciones.

Consejos: Empezar los Ejercicios y los Videos

- Empezar los Ejercicios- Hay múltiples ejemplos paso a paso con resultados y ejercicios interpretados disponibles en *Inicio, Programas, Real Options Valuation, Acceso Directo del Simulador de Riesgo*, Estos ejercicios están destinados para que rápidamente tome agilidad con el uso del software.

- Usando los videos- Estos disponibles, gratis, en nuestro sitio Web en www.realoptionsvaluation.com/download.html   o www.rovdownloads.com/download.html

Consejos: La identificación del Hardware

- Clic derecho para copiar la identificación del Hardware- En la *instalación de la interfaz* del usuario, seleccione o de doble clic sobre *HWID* para seleccionar su valor, clic derecho para copiarlo o de clic sobre el correo HWID para ingresar y generar un correo con el HWID.

- Troubleshooter: Ejecute este solucionador desde *Inicio, Programas, Real Options Valuation, Carpeta del Simulador de Riesgo* y ejecute la herramienta *Obtener HWID* para obtener su HWID.

- Correlaciones— Cuando establezca parejas de correlaciones entre los supuestos introducidos, recomendamos usar la Simulación Montecarlo en el **Simulador de Riesgo**, en el menú de *Opciones*. El modelo Hipercubo Latino no es compatible con el método de cópula correlacionada para la simulación.

- Divisiones de la LHS—Un gran número de divisiones retardará la simulación mientras se provee una uniformidad en los resultados de la simulación

- Aleatoriedad: Todas las técnicas de aleatoriedad en la simulación en el menú *Opciones* han sido probadas y todos son buenos simuladores y consideran los mismos niveles de aleatoriedad con grandes números en los ensayos para ejecutar.

Consejos: Recursos en línea

- Libros, Videos básicos, Modelos, Instrucciones, son recursos disponibles en nuestro sitio web:

    www.realoptionsvaluation.com/download.html,
    www.rovdownloads.com/download.html

Consejos: Optimización:

- Resultados Inviables - Si al ejecutar la optimización retorna con un mensaje resultados no factibles, puede cambiar los límites de la igualdad (=) a una desigualdad (>= ó <=) y probar de nuevo. Esto aplica cuando usted ejecuta un análisis de frontera eficiente

Consejos: Perfiles

- Múltiples Perfiles: Cree y cambie muchos perfiles dentro de un modelo simple. Permite que usted corra escenarios sobre la simulación porque es capaz de cambiar los parámetros de entrada o los tipos de distribución del modelo, los efectos se ven en los resultados.

- Perfil requerido: Supuestos, Pronósticos, o variables de Decisión no pueden ser creados si no hay un perfil activo. Sin embargo, una vez exista, no hay que crear más al mismo tiempo. De hecho si se desea ejecutar un modelo de simulación agregando supuestos o pronósticos, usted debe tener el mismo perfil

- Perfil Activo: El ultimo perfil usado cuando usted salvó Excel será automáticamente abierto la próxima vez

- Múltiples Archivos de Excel: Cuando cambia entre muchos modelos abiertos en Excel, el perfil active será el único del actual modelo de Excel.

- Trabajo con perfiles cruzados: Sea cuidadoso cuando tenga muchos archivos de Excel abiertos porque si en uno de los archivos tiene un perfil activo y usted accidentalmente cambia a otro archive Excel y asume los supuestos y pronósticos de este archivo, estos no se ejecutarán y se invalidarán.

- Borrar Perfiles: Copiar y borrar perfiles ya existentes, pero tenga en cuenta que por lo menos un perfil debe existir en el archivo de Excel así borre los demás.

- Ubicación del Perfil: Los perfiles que Usted crea (Que contienen supuestos, pronósticos, Variables de Decisión, objetivos, límites, etc.), se guardan en una hoja de cálculo oculta y cifrada. Es decir se guardan automáticamente cuando usted salva Excel.

Consejos: Clic derecho y otras teclas de acceso directo

- Click derecho: Usted puede abrir el menú de acceso directo del **Simulador de Riesgo** dando click sobre cualquier celda en Excel

Consejos: Salvar

- Guardar el archivo Excel: Salve todo la configuración del perfil, supuestos, pronósticos, variables de decisión, y su modelo Excel (Incluyendo cualquier reporte, gráfico y datos extraídos del **Simulador de Riesgo**

- Guardar Gráficos: Guarde los gráficos de pronóstico permitiendo que tenga la misma configuración una ver recupere y aplique gráficas en el futuro (use los iconos de abrir y salvar en los gráficos de pronóstico).

- Guardar y Extraer datos simulados en Excel: Extrae supuestos y pronósticos ejecutados; el archivo de Excel guardará los datos para recuperarlos más tarde.

- Guardar Datos Simulados y Gráficos en el Simulador de Riesgo: Use el **Extractor de Datos** del **Simulador de Riesgo** y guarde un archivo *.RiskSim* el cual le permitirá abrir un dinámico gráfico de pronóstico con los mismos datos en un futuro sin tener que re-ejecutar la simulación.

- Guardar y generar reportes: Los reportes de simulación y otros reportes analíticos son extraídos en hojas de cálculos aparte, por eso el archivo entero de Excel tendrá que ser salvado para un futuro próximo

Consejos: Técnicas de Modelaje y Simulación

- Generador de Números Aleatorios: Hay seis generadores aleatorios de números debidamente respaldados (Ver el manual para los detalles) y en general los métodos por defecto de ROV del **Simulador de Riesgo** y el *Advance Subtractive Random Shuffle* están recomendados para usarse. No aplique otros métodos a menos que su modelo u análisis específicamente lo requiera, sin embargo, aun así recomendamos probar los resultados contra estos dos métodos aquí nombrados.

- SDK, DLL y OEM: Todos los análisis en el **Simulador de Riesgo** pueden ser invocados fuera del software y se pueden integrar a cualquier propiedad del software. Para ello contacte a admin@realoptionsvaluation.com para más detalles o use nuestro Kit de Desarrollo del Software para acceder a los archivos analíticos de *Dynamic Link Library* (DLL)

- Solucionador de problemas ROV Troubleshooter: Ejecute este solucionador para obtener su identificación del Hardware (HWID por sus siglas en inglés) para propósito de licencia y para ver algunas instrucciones sobre requisitos para volver a cargar el **Simulador de Riesgo** cuando ha sido accidentalmente deshabilitado

- Iniciar El **Simulador de Riesgo** cuando comienza Excel: Usted puede configurar para que el **Simulador de Riesgo** inicie automáticamente cada vez que usted abre Excel. Esta preferencia está en el menú **Simulador de Riesgo/ Opciones.**

- Modelo de Desarrollo: Si desea correr la súper velocidad en su modelo, pruebe al correr unas pocas simulaciones con súper velocidad, mientras construye el modelo con esto estará seguro que el producto final correrá bien. No espere hasta que el modelo final esté completo para no dar marcha a tras para identificar dónde los enlaces no cubrieron o dónde las funciones fueron incompatibles.

- Velocidad Regular: En caso de duda trabaje con la simulación de velocidad regular.

- Análisis Tornado: No deberá ser ejecutado sólo una vez. Esto se usa como una herramienta de un modelo de diagnóstico, lo que significa que podrá ser corrida muchas veces en el mismo modelo. Por ejemplo, en un gran modelo, el *Tornado* puede ser ejecutado la primera vez usando todas las instrucciones por defecto y así todos los precedentes serán mostrados (Seleccione *Mostrar todas las variables*). Este análisis simple mostrará un gran reporte y un gráfico tornado (potencialmente insatisfactorio). Sin embargo proporciona un gran punto de partida para determinar cuántos de los precedentes son considerados factores críticos de éxito. Por ejemplo el gráfico tornado podrá mostrar que las primeras 5 variables tiene alto impacto en la salida, mientras que las 200 restantes, tienen poco o ningún impacto, en cuyo caso un análisis en un segundo Tornado mostrará menos variables. Para la segunda ejecución seleccione *mostrar las 10 variables Top*, si las primeras 5 son críticas, crea así un buen informe y un gráfico Tornado el cual muestra un contraste entre los factores claves y los menos críticos.

(Nunca se debe mostrar un gráfico Tornado con sólo variables claves sin mostrar las variables menos críticas como contraste para los efectos del resultado)

- Variables Predeterminados: Los puntos de prueba por defecto pueden incrementar los valores en ±10% en un mayor valor para evaluar la no-linealidad (El gráfico Araña mostrará lo no lineal, y el Tornado mostrará la simetría si los efectos precedentes no son lineales)

- Valores Cero y Enteros: Supuestos con valores cero o enteros solo deben ser seleccionados en el gráfico Tornado antes de que se ejecute, de lo contrario el porcentaje de ruido o perturbación podrá invalidar el modelo (Ej. Si el modelo usa una tabla de consulta donde enero=1, febrero=2, marzo=3, etc. Perturbando el valor 1 en un rendimiento del ±10% , 0.9, y 1.1 el modelo no tendrá sentido)

- Opciones de Gráfico: Trate con varias opciones de gráfico para encontrar el mejor método para activar o no su modelo

Consejos: Solucionador de Problemas - Troubleshooter

- Solucionador de problemas ROV: Corra este solucionador para obtener la identificación de su Hardware (HWID por sus siglas en inglés) para propósito de licencia y para ver algunas instrucciones sobre requisitos y para volver a cargar el **Simulador de Riesgo** cuando ha sido accidentalmente deshabilitado.

www.ingramcontent.com/pod-product-compliance
Lightning Source LLC
Chambersburg PA
CBHW080806180526
45168CB00006B/2341